Я пришёл не для того, чтобы учить тебя.

Я пришёл любить тебя.

Любовь научит тебя.

БОНУС

Откройте для себя древние секреты исцеления, которые могут изменить вашу жизнь

Есть ли у вас или у ваших родных проблемы:
- ✓ физические;
- ✓ психические;
- ✓ эмоциональные;
- ✓ духовные?

Есть ли что-то, что беспокоит вас в течение многих лет, и вы нуждаетесь в помощи?

На нашем сайте в свободном доступе есть все ссылки, видеозаписи и другие материалы, описанные в этой книге, и всё это для вас – подарок от автора. Вы можете зарегистрироваться прямо сейчас: www.MyAncientSecrets.com/Belong

Доктор Клинт Дж. Роджерс и Доктор Нарам

После регистрации на сайте вы для себя откроете:
- ✓ как мгновенно уменьшить тревогу;
- ✓ как сбросить лишний вес и постоянно поддерживать нужный вес;
- ✓ как повысить иммунитет и энергию;
- ✓ как облегчить боль в суставах с помощью правильного питания;
- ✓ как улучшить память и концентрацию;
- ✓ как распознать и обрести свою цель жизни?
- ✓ и многое другое...

Вы получите доступ к видеоматериалам, соответствующим каждой главе этой книги, где демонстрируются описанные здесь секреты, чтобы можно было помочь себе и другим.

К тому же вы можете открыть для себя увлекательную, действенную игру, называемую «*30 дней, чтобы разблокировать свою древнюю тайную силу*». По мере того, как вы включитесь в игру, вы откроете для себя, как сразу же применять древние секреты исцеления в своей жизни. (ПРИМЕЧАНИЕ: В этой игре вам будет доступно ещё большее количество материалов, которые не вошли в настоящее издание книги.)

Чтобы узнать об этом, пройдите, пожалуйста, по ссылке: MyAncientSecrets.com/Belong

Я музыкант, пианистка - импровизатор. Познание Мистики Бога и самой себя - для меня увлекательный и бесконечный процесс. Однажды я случайно наткнулась на видео Доктора Нарама, и это была любовь с первого взгляда, мне очень хотелось познакомиться с ним и почувствовать его присутствие. Мне посчастливилось! Я встретилась с ним в Риме в октябре 2019 года. Я не имела тогда понятия о том, что буду участвовать в переводе этой чудесной книги о нём на русский язык. Я бесконечно благодарна Доктору Клинту за эту книгу, которая открыла моё сердце, и благодаря этой книге уже сотни тысяч людей трансформировали своё здоровье и жизнь в целом.

Ренара Ахундова Фризелл

Народные лечебные средства всегда были частью моей жизни, вплоть до интереса получить второе образование в медицине. Благодаря СМИ в моей жизни появился доктор Нарам. Его горячий энтузиазм и желание поведать древнеиндийские медицинские знания о силе травяных препаратов вселяли в меня веру в то, что моё здоровье в моих руках. В начале 2020 года, беспокоясь о человечестве, Д-р Нарам предложил своё решение для укрепления иммунитета во время пандемии. Внезапно Д-ра Нарама не стало, и я узнала, что его сподвижник, Клинт Роджерс, написал книгу о его работе. Без промедления я написала д-ру Клинту, что хочу перевести эту книгу на русский. Эта светлая книга не только об исцелении и секретах здоровья, она о самой жизни. Она созидающим образом повлияла на мою жизнь и уверена, что позитивно повлияет и на вашу.

Элиза Даниэли

Моя деятельность практически всегда была связана с образованием. Сейчас я заведую учебной частью в одной из частных школ. Уверена, что в процессе постоянного общения с детьми и преподавателями необходимо уделять внимание собственному духовному росту и здоровью. И это то, что мне действительно интересно. Первое знакомство с доктором Нарамом произошло благодаря нескольким видеороликам и рецептам по укреплению здоровья. А вскоре после этого мне предложили участвовать в переводе книги на русский язык. По моему глубокому убеждению, эти древние методы исцеления находятся в полном соответствии с истинной природой человека. Этим и объясняется их эффективность. Благодаря книге «Древние секреты мастера - целителя» высшая мудрость стала доступной, и теперь это лишь вопрос осознанного выбора. Огромная благодарность доктору Клинту Роджерсу за удивительный подарок – эту книгу.

Ирина Адлейба

Отзывы о «Древних секретах мастера-целителя»

«Книга доктора Клинта Дж. Роджерса является актом большого *сева* (служения) человечеству. Мир нуждается в огромной помощи, так как он загрязнён не только образом мышления большинства людей… Есть также ментальное, эмоциональное и духовное загрязнение. Древние секреты исцеления, описанные в этой книге, сегодня являются наиболее глубоким решением крупнейших проблем современного мира. Я знал доктора Нарама более 40 лет и очень уважаю его, а также лично встречался с его учителем-гуру Баба Рамдасом и знаю силу этой непрерывной линии целителей, которая, в конечном счёте, исходит от Дживаки (личного врача Будды). Я видел, как доктор Нарам использует древние принципы исцеления, чтобы помочь людям, которых я посылал к нему с целью обратить вспять и преодолеть ревматоидный артрит, эпилепсию, сильные менструальные кровотечения, инфекцию печени и лёгких, рассеянный склероз, сердечные блоки, рак, бесплодие, миому, диабет, проблемы с щитовидной железой, осложнения во время беременности, высокий уровень холестерина, высокое артериальное давление, выпадение волос, проблемы с мочевыводящими путями, перелом копчика, тяжёлые грыжи, псориаз, аутизм, экзему, шейный спондилёз, проблемы с мозгом, и это перечислено далеко не всё. Доктор Нарам обладает сиддхи (силой) для исцеления, переданной ему благодатью своего мастера. Секреты древнего исцеления, раскрытые в этой книге, сейчас необходимы больше, чем когда-либо».*

Х. Х. Харипрасад Свами (глава Общества йоги Йогидивайн)

«Доктор Панкадж Нарам является мировым авторитетом в области древних секретов исцеления. Эта книга вдохновляет читателей на применение древних секретов исцеления в своей жизни для обретения огромной энергии, здоровья и счастья. Я принимаю его травы от диабета и повышенного холестерина и достиг прекрасных результатов. Многие садху из Бхакти Ашрама принимают травяные средства доктора Нарама, и у всех улучшились показатели здоровья, а некоторые даже полностью выздоровели. Будь то диабет, артрит, астма, проблемы с щитовидной железой, заболевания суставов и позвоночника и многое другое – все болезни поддаются лечению и постепенно покидают тело пациента. Я благодарю доктора Клинта Дж. Роджерса за эту великолепную книгу, прочитать которую должен каждый человек».*

Возлюбленный брат Прембен, Садху Сухрад (Йоги Махила Кендра)

«Я знаю доктора Нарама как удивительного человека, поэтому, когда я услышал, что доктор Клинт Дж. Роджерс написал книгу о древних секретах исцеления, я был очень взволнован. Большинство приходящих на приём к доктору Нараму людей не имеют возможности общаться с ним и трёх минут, но благодаря этой книге каждый человек может отправиться с доктором в путешествие, соприкоснувшись с его огромной радостью, умиротворённостью, ясностью и глубокой мудростью. Это всё блестяще отражено в книге, которая является уникальным подарком всему миру. Сделайте себе подарок – прочитайте эту книгу». *

Джек Кэнфилд (Лидер по достижению успеха и соавтор книг «*Куриный бульон для души*»)

«Я знаю доктора Панкаджа Нарама более тридцати лет и видел, как его миссия по распространению секретов целительства по всему миру неуклонно растёт, включая популяризацию древних учений целительства в современном обществе. Доктор Нарам привнёс в мир древние методы исцеления, которые были утеряны для многих поколений. Я уверен, что вы найдете историю жизни доктора Нарама, рассказанную университетским исследователем доктором Клинтом Роджерсом, поистине увлекательной и вдохновляющей, поскольку вы откроете для себя сокровища древней мудрости, применимые в повседневной жизни». *

А. М. Наик (Председатель группы компаний Ларсен и Тубро, один из самых уважаемых руководителей не только в Индии, но и во всём мире)

«Книга «Древние секреты мастера-целителя» подобна лучу света в нашем мире. Я просто влюбилась в неё. Она так красиво написана и даёт огромную надежду людям, которые в ней нуждаются. Я не хотела, чтобы она заканчивалась. Я открыла для себя, что узнать секрет Амрапали просто необходимо. Это, несомненно, одна из моих самых любимых книг». *

Арианна Новакко (представительница Италии на конкурсе Мисс Мира 1994 года)

«Эта мощная книга изменит к лучшему так много жизней по всему миру. В Коране и Хадисе говорится о здоровье через пророка Мухаммада (мир ему): «Какую бы болезнь ни послал Всевышний, Он обязательно посылает и исцеление от неё» (Хадис N5354). Благодаря древним секретам, описанным в этой книге, очень многие найдут в них своё лекарство! Я молюсь, чтобы как можно больше людей посвятили свою жизнь изучению и распространению этой древней науки, чтобы помочь всем, кому нужна помощь, как в Африке, так и во всём мире». *

Её Превосходительство доктор Батильда Салха Буриан (бывший посол Танзании в Японии, Австралии, Новой Зеландии и Южной Корее)

«Замечательные истории о людях, обращающих вспять все виды болезней и недугов, не являются «медицинскими чудесами». Эти результаты предсказуемы, если следовать определённым принципам. Здоровье – это ваше право. Любознательность и постоянный поиск истины привели Клинта к его уникальному жизненному пути и миссии. Он обладает впечатляющими познаниями о полезных, но в целом неизвестных методах древнего исцеления. Я желаю ему самого наилучшего в его огромной миссии помощи человечеству».*

Джоэл Фурман, доктор медицинских наук (президент Фонда исследований в области питания и автор бестселлера по рейтингу Нью Йорк Таймс, который переиздавался шесть раз)

«Ух ты! Книга «Древние секреты мастера-целителя» меняет представления большинства людей о жизни и здоровье. Каждая история, описанная в книге, меняет жизнь читателей. Читая страницу за страницей, я всё время думала о том, как же сильно я хочу, чтобы мой сын и те люди, которых я люблю, прочитали это».*

Венди Лусеро-Шайес (олимпийский призёр по прыжкам в воду, 9-кратная чемпионка США)

«Очень хорошо следовать старинным традиционным методам лечения, описанным в этой книге. Доктор Нарам, будучи Великим Учителем, знает методы изготовления подлинных древних лечебных средств с использованием соответствующих ингредиентов. Он помог многим людям достичь глубокого исцеления без побочных эффектов, приводящих к другим заболеваниям. Даже у меня были проблемы с желудком, диабет, а также повышенное артериальное давление. После трёх лет лечения у доктора Нарама мне стало намного лучше, и сейчас я очень хорошо себя чувствую». *

Его Высокопреосвященство Намха Дримед Ранджам Ринпоче (Верховный глава линии Рипа, буддизм Ньингма Ваджраяна)

«Я рада поделиться этими секретами с другими людьми, чтобы богатство знаний о древнем врачевании распространилось по всему миру, потому что я знаю, насколько это помогло мне. У меня были миомы, и я теряла много крови, чувствуя себя очень слабой и вялой. Западные врачи хотели удалить мне матку, но я верила, что, если тело создает проблему, оно также может исцелить себя. После встречи с доктором Нарамом вся моя диета изменилась, и я начала принимать некоторые травы, которые помогли мне одновременно очистить и напитать моё тело, осуществить детоксикацию и дать полноценное питание организму. Сейчас я с радостью говорю, что наслаждаюсь жизнью гораздо больше, чем раньше. И теперь не только мои миомы исчезли, но и коленям, которые сильно пострадали за годы профессионального бодибилдинга, стало лучше! Понадобится вера и изменение вашего мышления от прошлого к настоящему, от того, что было, к тому, что есть. Но если у вас есть жгучее желание, доктор Нарам может помочь вашей мечте стать реальностью». *

Иоланда Хьюз (2-кратная победительница конкурса «Мисс Интернэшнл бодибилдинг»)

«Люди называют доктора Нарама по-разному, но я называю его своим гуру исцеления. В течение многих лет я принимал его травяные добавки, чтобы естественным путём поддерживать уровень гормонов в крови, в том числе тестостерона, проверял по анализам крови их влияние на организм. И я чувствую себя прекрасно. В возрасте 73 лет я всё ещё занимаюсь в тренажёрном зале и готовлюсь к соревнованиям «Мистер Мира». Здесь так много связано с позитивным мышлением, и мне нравится, что доктор Нарам даёт мне советы и рецепты, позволяющие иметь крепкое здоровье и воплощать свои мечты в жизнь абсолютно натуральным и нетоксичным способом».*

Садананд Гогой (5-кратный победитель соревнований Мистер Индия Мастерс)

«Как только я начал читать эту книгу, я не хотел выпускать её из рук! Эта книга блестяще соединяет восток и запад, как это сделала книга «Автобиография Йога», таким искренним, интересным и свежим образом. Эта книга распространится по всему миру, затрагивая миллионы жизней, поскольку древние секреты, которыми делится доктор Нарам, меняют наши представления о здоровье и глубинном исцелении». *

Панкудж Парашар (артист, музыкант и режиссёр Болливуда)

«Каждый врач, обученный в западной медицине, ценит её сильные стороны, но в то же время понимает её ограничения. Мышление Эйнштейна навсегда изменило наше представление об энергии и физике. Существует истина, которую можно обнаружить за пределами нашего нынешнего мышления и обусловленности в медицине. Открытость нашего ума к накопленным тысячелетиями знаниям восточной медицины позволяет дополнить и расширить западную медицину с большей эффективностью и возможностями исцеления. Книга «Древние секреты мастера-целителя» открыла мой разум, надеюсь, откроет и ваш, пространству, где есть гораздо больше для дальнейшего обучения и извлечения пользы». *

Билл Граден, доктор медицины

---

*Пожалуйста, обратите внимание ниже на медицинскую оговорку к этой книге.
Ещё больше важных отзывов об этой книге можно найти на сайте MyAncientSecrets.com

Древние секреты
мастера-целителя

Древние секреты мастера-целителя

западный скептик,
восточный мастер
и величайшие секреты жизни

КЛИНТ ДЖ. РОДЖЕРС, ДОКТОР ФИЛОСОФИИ

Wisdom of the World Press

Древние секреты мастера-целителя
Западный Скептик, Восточный мастер и Величайшие секреты жизни
Клинт Дж. Роджерс Доктор Философии

Авторское право © 2020 Пол Клинтон Роджерс
Все права защищены.
Никакая часть этой книги не может быть воспроизведена или сохранена в поисковой системе или передана в любой форме или любыми средствами, электронными, механическими, копировальными, записывающими, или иным образом без письменного разрешения издателя.

Опубликовано издательством Wisdom of the World Press
www.MyAncientSecrets.com

ISBN-13: 978-1-952353-23-9
eISBN: 978-1-952353-55-0

Дизайн обложки Даниэля О'Гина
Внутренний формат Дженни Смолленбройк

Переводчики:
Элиза Даниэли
Ренара Ахундова Фризелл
Ирина Адлейба

Напечатано в США
Wisdom of the World Press

Примечание о новых словах: Эта книга содержит много специальных терминов, которые, вероятнее всего, будут новыми для вас, как новыми были и для меня. Например, когда я впервые услышал слово мармаа, я подумал, что это может означать всё, что угодно – сорт масла, милое животное или то, как пьяный пират может называть свою мать («Ах, я люблю мою дорогую мармуу!»). Оказалось, ни одно из этих значений не является истинным. Некоторые слова поначалу могут показаться странными. Я сделал всё возможное, чтобы точно перевести их значение и произношение и, самое главное, объяснить, как вы сможете их применять. Каждая глава содержит заметки из дневника, где я сохранил рецепты лечебных средств, цитаты и вопросы. Я приглашаю вас как бы стать исследователем интернет-ресурсов, которыми я поделился в книге. Примените их и увидите, что произойдёт. Также в конце книги есть глоссарий.

*Медицинская оговорка: Все материалы этой книги могут быть использованы только в образовательных целях. Они не предназначены для использования в диагностике или лечении каких-либо медицинских проблем или эмоциональных состояний. Автор не даёт медицинских консультаций и не назначает применение какой-либо техники как способа лечения физических, эмоциональных или иных медицинских проблем без консультации врача, прямо или косвенно. Пожалуйста, обратитесь за консультацией по устранению этих проблем к квалифицированному врачу, особенно, если речь идёт о лекарствах. Цель автора состоит только в том, чтобы предоставить информацию общего характера о физическом, эмоциональном и духовном благополучии. Случаи, описанные в этой книге, удивительны, и важно помнить, что для разных людей результаты могут быть различными, они зависят от многих факторов и могут быть нетипичными для всех. В случае, если вы используете любую информацию из этой книги для себя, а это является вашим правом, автор и издатель не берут на себя ответственность за ваши действия. Ответственность за свои действия и их результаты вы автоматически берёте на себя. Занимайтесь самообразованием и со временем вы сможете сделать наилучший выбор для достижения желаемых результатов.

Содержание

Глава 1:	Древние секреты исцеления, которые могут спасти вашу жизнь	1
Глава 2:	95% людей не знают самого важного о себе	19
Глава 3:	Мистическая Индия, древняя наука и мастер-целитель	41
Глава 4:	Что важнее всего?	59
Глава 5:	Великий секрет преуспеть в чём угодно	67
Глава 6:	Может ли коровье масло гхи и секретные точки на вашем теле привести кровяное давление в норму в течение нескольких минут?	83
Глава 7:	Момент, который изменил мою жизнь	95
Глава 8:	Источник молодости	117
Глава 9:	Современные медицинские чудеса из древней науки?	127
Глава 10:	Можно ли родить в период менопаузы?	151
Глава 11:	Секретная диета для тех, кто хочет жить дольше 125 лет?	163
Глава 12:	Древние секреты для оказания помощи животным тоже?	181
Глава 13:	Уроки истории: величайшие препятствия и величайшие открытия	195
Глава 14:	Секреты, помогающие раскрыть ваше жизненное предназначение	209
Глава 15:	Слоны, Питоны и Бесценные Моменты	221
Глава 16:	Неожиданная новая проблема	231
Глава 17:	Прощание	237
Глава 18:	Древняя мудрость, современный мир	243

Эпилог: Божественное руководство, секреты самоисцеления
и принципы воплощения мечты в реальность 257
Послесловие: Мистические чудеса любви 265
Примечание автора: Что дальше? 279

Приложение
Глоссарий 285
Травяные формулы, упомянутые в этой книге 294
Забавные фотографии и благословения 296
Ещё одна забавная история для вас 304
Об авторе 307

Вы не случайно читаете эти слова. Вы и я установили связь. И я верю, что вы пришли к данной книге именно в этот момент времени по определённой причине.

Кого вы любите глубоко? И насколько вы готовы помочь им, если они отчаянно в чём-то нуждаются?

Любовь является одной из самых мощных сил внутри вас. Верьте в неё.

Даже для такого университетского учёного-исследователя, каким являюсь я, любовь оказалась той силой, которая побудила меня выйти из зоны комфорта для поиска решений за рамками того, что я считал логичным или возможным.

«Сын? – по тону отца я понял, что что-то не так. – Ты мог бы вернуться домой? Мне нужно с тобой поговорить».

Это произошло весной 2010 года. Я был аспирантом-исследователем университета Йоэнсуу в Финляндии, и звонок раздался тогда, когда я направлялся в Индию. Я и понятия не имел, что направление моей жизни вот-вот резко изменится.

Я немедленно вернулся в Соединённые Штаты и встретился с отцом в его офисе в Мидвейле, штат Юта. Мы сидели рядом в креслах перед его рабочим столом. Папа довольно долго смотрел в пол, не зная, как начать разговор. После невыносимо долгой тишины отец медленно поднял глаза навстречу моему растерянному взгляду.

«Я не знаю, как тебе это сказать, – сказал он, – но боль стала очень сильной. Ночью я лежу без сна в такой агонии, что не знаю, хочу ли я дожить до утра. Вполне возможно, я не проживу дольше недели».

От его слов у меня перехватило дыхание. Страх и печаль парализовали меня. Это было так не похоже на моего отца! Ведь он был моим героем, моей скалой! И он поддерживал меня на каждом шагу моей жизни. В последнюю нашу встречу он был в хорошем самочувствии, по крайней мере мне так казалось. Конечно, у него были проблемы, как и у всех, кто начинает стареть. Но такое?!

Всё, что казалось для меня важным до этого момента, перестало существовать, и я отчаянно пытался понять, как ему помочь.

Мой отец уже получал лучшую медицинскую помощь, которую только можно было найти. Четверо выдающихся врачей прописали ему двенадцать лекарств от всего: тяжёлого артрита, повышенного кровяного давления и высокого уровня холестерина, проблем с желудком и кишечником, плохого сна... Но сложности не отступали. Напротив, боль только усиливалась. Мой разум и тело были в шоке. Я чувствовал себя так, словно меня неожиданно ударили кулаком в живот.

Мои папа и мама, обнимающие друг друга.

И ничто из того, чем я занимался до этого момента, не давало мне знаний о том, как ему помочь. Я чувствовал себя совершенно беспомощным. Многие годы я занимался тем, что помогал людям инвестировать их пенсионные сбережения на фондовом рынке. Это давало мне весьма неплохой финансовый доход, но не приносило особого удовольствия. Тогда я решил продвинуться дальше в науке и вскоре получил степень доктора в области учебной психологии и технологии. Докторантура хорошо подготовила меня к серьёзным научным исследованиям, но я ровным счётом ничего не знал об исцелении. Один из моих профессоров в аспирантуре однажды сказал, что «накопление высших степеней обычно означает, что вы знаете всё больше и больше о всё меньшем и меньшем».

И вот мы здесь. «В этом месяце два моих врача сказали, что не знают, чем ещё могут помочь», – пояснил отец. Решив, что ему уже недолго осталось, он позвал меня, чтобы помочь завершить дела. Видя, что отец уже потерял веру в то, что выздоровеет, я сказал: «Папа, я никогда не делился с тобой тем, что видел в Индии. Могу ли я рассказать тебе несколько историй?»

Опытом, которым я поделился с ним, делюсь и с вами в этой книге. Я не имел понятия, поможет ему всё это или нет, но испытывал полное отчаяние и не знал, что же ещё сделать.

Возможно, это то, что жизнь неизбежно делает с нами: она подводит нас к той точке отчаяния, когда всё, что у нас есть, и всё то, кто мы есть, – всего этого недостаточно. И мы это знаем. И именно в этот момент мы либо сдаёмся, либо идём в неизвестность, отдавая всю ситуацию на попечение высшей силе.

В тот момент, когда пишутся эти строки, я отчётливо понимаю, что вы (или тот, кого вы очень любите) можете находиться в таком же положении. Я молюсь о том, чтобы эта книга преобразила и принесла благословение в вашу жизнь, дав вам самое важное: надежду и храбрость. Надежду, что есть решение для каждой проблемы, с которой вы можете столкнуться, и храбрость, чтобы быть открытым для самых неожиданных источников, из которых будут получены эти решения.

То, что случилось с моим отцом, помогло мне понять, что любовь может направлять даже в самые тёмные времена нашей жизни. К трудному разговору с отцом я вернусь немного позже в своей книге, вначале же считаю нужным поделиться с вами рассказом о совершенно неожиданной для меня череде предшествовавших событий.

В 2009 году в Калифорнии я встретил доктора Панкаджа Нарама (произносится Пан-кхадж *Нах-рхам*). Относительно неизвестный в Соединённых Штатах, он был признан мастером-целителем более миллиона людей в странах Европы, Африки и Азии, включая его родину – Индию. Доктор Нарам принадлежал к многовековой непрерывной линии Мастеров-целителей, которая ведёт своё начало от личного врача Будды. Каждый Мастер хранил и передавал древние секреты оказания помощи тем, кому было необходимо оздоровление на умственном, физическом, эмоциональном и духовном уровнях.

Меня никогда не привлекала альтернативная медицина (или люди, которые её пропагандировали), предполагая, что лучшие медицинские открытия могут быть получены лишь в ходе солидно финансируемых научных исследований в университетах и больницах. Те, кому доктор Нарам помог, говорили, что он сразу же распознавал их проблемы, просто касаясь их пульса. Затем назначал им курс лечения, основываясь на природных силах, и это помогло им исцелиться даже от «неизлечимых» недугов. Эти описания создали в моём воображении образ Нарама, как целителя Джедды из фильма *«Звёздные войны»*.

К моменту встречи с доктором Нарамом мой настрой был весьма скептическим. Ну как возможно было делать всё то, что о нём рассказывали? До событий, описанных на этих страницах, моё отношение к здоровью можно было назвать типично американским. Я потреблял много переработанных продуктов, фаст-фуда, и всякий раз, когда заболевал, то находил ответы в гугл-поисковике или обращался к врачу. Я предполагал, что для диагностики моей проблемы врачи обязательно должны использовать термометр для измерения температуры, проткнуть меня стерильной иглой, чтобы получить кровь для анализа, а в некоторых случаях могут «пробить» меня электромагнитным излучением или попросить помочиться в баночку. На основании полученных результатов я ожидал получить рецепт на таблетки или уколы, в крайнем случае – направление на хирургическую операцию. И это всё должно было нормализовать моё самочувствие. Тем более, что я предполагал получить наилучшие для меня рекомендации, основанные на самых современных исследованиях. И исходя из всего этого, я не понимал, как же доктор Нарам мог так точно диагностировать и эффективно помогать людям с помощью того, что он называет «шестью секретными ключами глубокого исцеления».

И даже после встречи с доктором, наблюдая пациентов и результаты его работы, у меня всё равно оставалось много сомнений, и я изо всех сил пытался понять то, что представлялось моему взору. С любопытством университетского исследователя, смешанным со здоровой дозой западного скептицизма, я уделял много времени посещению его клиник, допрашивая доктора Нарама и тех, кому он помогал выздоравливать. И даже сейчас, когда я пишу эти слова, понимаю, что вряд ли бы поверил в эту историю, если бы сам не прожил её.

В своём путешествии я проделал путь от гостиницы Лоуз Лакшери Хоутел в Голливуде, штат Калифорния, до лучшего ресторана-пиццерии в Италии; от развалин Граунд Зеро в Нью-Йорке до трущоб Мумбая в Индии; от моих исследований в чистом и опрятном университете Йоэнсуу в Финляндии до полётов на вертолёте для посещения пожарных ям и скрытых храмов в отдалённых районах Гималайских гор. За последние десять лет вместе с доктором Нарамом я посетил более ста городов в двадцати одной стране.

Гораздо удивительнее тех мест были люди, которые приходили тысячами, чтобы увидеть доктора Нарама: от полицейских, священников и мафиози до монахинь, кинозвёзд и проституток. Я видел женщин, которые носили сари, бурки, бикини; мужчин в рабочей форме или религиозных одеждах, и даже пару голых свами! Приходили миллиардеры в отутюженных тёмных костюмах, титаны бизнеса, политики и СМИ; и беспризорные дети, одетые в грязную, помятую одежду. Люди приводили своих детей, соседей, животных. С доктором Нарамом я встретил мощных ринпоче, одетых в шафрановые одежды, и лам в храмах золотистого цвета; облачённых в оранжевое йогов или свами, которым поклоняются миллионы людей в ашрамах возле великих рек; мистических тантрических агхори – мастеров в чёрных одеждах около горящих погребальных костров.

Я был свидетелем проблем, с которыми сталкивался каждый из них, и наблюдал, как доктор Нарам в своей белоснежной одежде помогал всем и каждому.

В разных клиниках я записывал видео и документировал сотни случаев заболеваний, фотографировал пациентов с их разрешения (некоторые

Тягинатх, 115-летний Агхори-мастер, которого я видел несколько раз вместе с доктором Нарамом.

фотографии размещены в этой книге) и просил показать копии медицинских отчётов и другие документальные свидетельства конкретных случаев. По крайней мере, с некоторыми из подобных проблем (например, тревожность, несварение желудка, высокое кровяное давление, бесплодие, увеличение веса, выпадение волос, аутизм) вы, наверняка, сталкивались. Я часто говорил с людьми до их встречи с доктором Нарамом и после, несколько лет спустя, и стал свидетелем всего пути их преображения.

Кроме того, я записал многие из наших бесчисленных бесед с доктором Нарамом. В них были раскрыты дошедшие до нас из глубины веков древние секреты мастеров-целителей. К моему удивлению, я также обнаружил, что много средств решения проблем со здоровьем можно найти на кухнях в наших собственных домах, а мы, зачастую, просто не знаем, как ими пользоваться.

Движимый любовью к своему отцу, с Древними секретами мастера-целителя, я прошёл путь от западного скептика в отношении этой древней науки исцеления до .... Словом, вы увидите, когда прочтёте.

Всё, что я наблюдал за время, проведённое с доктором Нарамом, было вызовом мне и моим представлениям о здоровье и жизни, и я испытывал такое впервые. Эта книга отражает первый год этого путешествия. К сожалению, доктор Нарам скончался 19 февраля 2020 года, всего за несколько месяцев до публикации книги. И теперь поделиться ею ещё более важно, чем когда-либо.

Делясь этими драгоценными секретами с другими, я был потрясён, как же мало известно о существовании такой древней науки исцеления. А что привело вас к этой книге? Возможно, вы даже не имели понятия о глубоком исцелении, сделав такой выбор. Я рад, что теперь вы можете узнать об этом и полностью изменить свою жизнь и жизнь тех, кого вы любите. Вы увидите, что возможно намного больше того, чего вы ожидали.

Клинт Дж. Роджерс, Доктор Философии
Мумбай, Индия
Март 2020 г

ГЛАВА 1

Древние секреты исцеления, которые могут спасти вашу жизнь

Лучшее в жизни происходит неожиданно. Лучшие приключения, как оказалось, никогда не были запланированы. Освободитесь от ожиданий. Лучшее придёт тогда и от того, от кого вы меньше всего этого ожидаете.

Неизвестный автор

Мумбай, Индия

Любить глубоко – это сила, которая может поднять вас до небесных высот, а иногда она может поставить на путь, который приведёт в развёрстую пасть ада.

Решма молила о любой возможности для спасения своей единственной дочери. Девочка находилась в опасной для жизни коме из-за осложнений лечения рака крови. «Надежды нет, – сказали ей врачи в Мумбайской больнице. – В нашей практике не было никого, кому удалось бы выйти из такого тяжёлого состояния. Пришло время отпустить её». Что вы можете сделать, когда тот, кого вы глубоко любите, – на грани смерти, и вы отчаянно хотите помочь, но не знаете, как? И как бы вы себя чувствовали в ситуации, когда всё, что вы пытаетесь сделать, только ухудшает положение?

Руководствуясь Вдохновением или Отчаянием?

В Мумбае, в Индии, я посетил клинику доктора Нарама, который, как мне о нём говорили, был всемирно известным целителем. Я попал в его клинику благодаря ряду невероятных обстоятельств, о которых я напишу далее. Пока только могу сказать, что пребывание в Индии было нелёгким для моего восприятия, и вся деятельность, бурлившая вокруг доктора Нарама, немного сбивала меня с толку. Это было в один из моих последних дней в клинике. Я провёл там целый день и поинтересовался у доктора Нарама, почему люди приезжают к нему со всего мира только для того, чтобы увидеть его в течение пяти минут. Как они вообще узнали о нём?

Улыбнувшись, доктор Нарам пригласил меня в студию посмотреть, как его записывают для телешоу о древнем методе исцеления, которое транслируется в 169 странах. Из любопытства я решил пойти.

Хотя во время записи доктор Нарам в основном говорил на хинди, съёмочный процесс меня заворожил. Я никогда раньше не бывал за кулисами ТВ-шоу и был поражён, сколько стараний прилагалось для каждой детали. Потребовалось около сорока минут, чтобы установить правильное освещение, и чтобы режиссёр, наконец, сказал: «Готово! Тишина! Мотор!»

Доктор Нарам во время записи для телевизионного шоу, транслируемого ZeeTV в 169 странах.

И тишина наступила. Доктор Нарам начал говорить на камеру так, словно он обращался к своему лучшему другу. Все замерли от его присутствия, его голоса. Внезапно в соседней комнате раздался шум, и это привело меня в раздражение, ведь для подготовки к работе и записи понадобилось очень много времени. Неожиданно в студию ворвалась женщина, на ней был зелёный платок, она говорила очень громко, и, казалось, никого и ничего не видела.

Режиссёр тоже был раздражён, но доктор Нарам, увидев женщину, попросил прекратить запись. Он подошёл и терпеливо слушал, как она его умоляла: «Доктор Нарам, я нуждаюсь в вас. Пожалуйста, пожалуйста, спасите жизнь моей дочери. Она вот-вот умрёт. Я прошу вас…». Когда она расплакалась, моё сердце смягчилось.

«Каждое утро я смотрю ваше телешоу в Бангладеш, – сказала она, – вы помогаете многим людям. Мы используем домашние средства, о которых вы рассказываете. Каждый раз, когда мы заболеваем, они срабатывают. Я нашла адрес этой телестудии, села в такси и приехала сюда, чтобы спасти мою дочь».

Женщину звали Решма. Она проехала со своей одиннадцатилетней дочерью, Раббат (произносится Рах-бхат), более тысячи миль из Бангладеш до Мумбая, в одну из лучших онкологических больниц в мире. У Раббат был рак крови, и после прибытия в больницу она стала жертвой страшной инфекции лёгких – одного из возможных побочных эффектов её лечения. По описаниям Решмы, Раббат была игривой и улыбчивой, но, когда инфекция поразила организм, она стремительно впала в кому. Вот уже одиннадцать дней Раббат лежала без сознания, в полной зависимости от аппарата искусственной вентиляции лёгких. Несмотря на самое дорогое медицинское оборудование, лучшие врачи больницы вынуждены были признать, что шансы на жизнь у Раббат нулевые, и медики предложили отключить девочку от системы жизнеобеспечения.

Решма исчерпала все финансовые ресурсы мужа, семьи, ей пришлось сделать серьёзные долги в попытках спасти свою дочь. Чтобы поддерживать жизнь дочери в отделении интенсивной терапии, Решме нужно было платить 1000 долларов в день, которых у неё не было, как не было и времени на спасение. Чем дольше Раббат не проявляла никаких признаков улучшения, тем более решительно врачи призывали Решму прекратить жизнеобеспечение дочери.

Как любая преданная мать, Решма отчаянно искала что-то или кого-то ещё, кто мог бы помочь. Давление на то, чтобы она дала согласие на прекращение поддержания жизни дочери, нарастало,

> *«Независимо от того, насколько велики проблемы или трудности, никогда не теряйте надежду!»*
>
> Баба Рамдас (Учитель Доктора Нарама)

как вдруг крошечная искра надежды шевельнулась внутри – Решма вдруг вспомнила, что доктор Нарам жил в Мумбае. Отчаяние и интуиция матери привели её туда, где доктор снимался для передачи, и это всего за двенадцать часов до его отъезда из страны! Доктор Нарам путешествовал так часто, что он редко находился в Индии, а тем более в студии звукозаписи, поэтому Решма восприняла это как знак свыше.

«Вы, должно быть, здесь не случайно, – сказала Решма, – Аллах [Господь] привёл меня к Вам. Вы моя единственная надежда!»

Мне казалось, что она слишком давит на доктора, и я внимательно наблюдал, как Нарам отреагирует на это.

Он нежно коснулся руки Решмы и сказал: «Мой Мастер учил меня: как бы ни была велика проблема или трудность, никогда не теряй надежды!»

И поскольку доктор Нарам вскоре должен был покинуть страну, он обещал отправить на следующий же день в больницу одного из своих лучших студентов-доктора Джованни Бринцивалли, чтобы он осмотрел её дочь. Затем, обращаясь ко мне, Нарам сказал: «Клинт, почему бы тебе не сопровождать доктора Джованни? Ты можешь научиться чему-то ценному».

Провести один из последних дней пребывания в Индии в больнице? По правде говоря, это не входило в мои планы. Однако я туда отправился. И это решение оказалось основополагающим.

Расстояние между жизнью и смертью

На следующий день Решма встречала меня и доктора Джованни у входа в больницу. Выглядела она тревожной. Её длинные тёмные волосы были стянуты в узел на затылке, сама она была завёрнута в зелёный платок. Не теряя времени, она быстро провела нас в реанимацию, где её дочь, Раббат, лежала в коме. Как и во всех других больницах, отделение интенсивной терапии было стерильным и тоскливым. В палате было четыре кровати, на каждой из которых лежал пациент в глубокой коме. Тяжесть, казалось, нависла в самом воздухе, и я очень надеялся, что мне не придётся здесь долго находиться. Родственники больных стояли в сдержанном молчании. Глаза их были полны слёз, а шёпот едва пробивался сквозь непрерывные звуки аппаратов и мониторов. Мрачная атмосфера напомнила мне опознавание в морге, и я был поражён вероятностью того, что эти семьи, в том числе и Решмы, могут вскоре стоять над гробом или пламенем погребального костра, окутывающим их любимого человека.

Доктор Джованни прошёлся перед кроватью Раббат, одетый в белые брюки и белую рубашку на пуговицах. Его волосы были слегка тронуты сединой. Джованни обладал мягким нравом. Когда он прослушал пульс Раббат, взгляд его горящих глаз, обычно сопровождаемый широкой, весёлой улыбкой, теперь стал тусклым от беспокойства.

Я стоял рядом с Решмой в изножье кровати, на которой находилась её дочь. «Не так давно я смотрела, как она играла со скакалкой, улыбалась и ела мороженое в нашем саду», – сказала она мне, когда мы смотрели на хрупкое маленькое тело её дочери, завёрнутое в одеяло, как в кокон. Раббат едва дышала. Её глаза дёргались и были покрыты крошечными полосками ленты. Её юное лицо и тело были вздутыми и опухшими, словно смерть уже овладела ими. Острая игла, пронзившая её запястье, была подключена к ИВЛ. Трубки, выступающие из носа и рта, помогали ей дышать, в то время как электрические провода, прикреплённые к груди и голове, отслеживали её жизненные показатели.

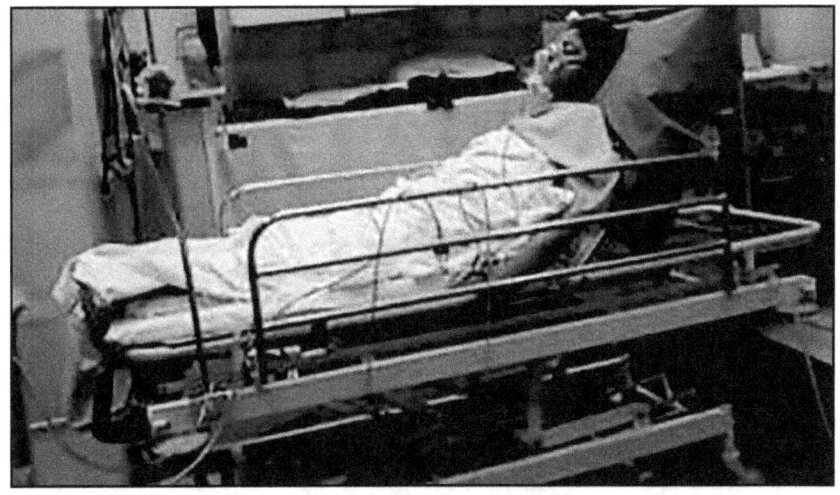

Раббат в коме, сфотографированная матерью.

Не зная, что сказать, пока мы с Решмой смотрели на девочку, которая находилась в коме, я вспомнил вопрос, который доктор Нарам мне задал, когда мы впервые встретились. Вопрос, который он задаёт всем. И я тоже спросил у Решмы: «Что Вы хотите?»

Она посмотрела прямо на меня и со слезами, непрестанно льющимися по щекам, ответила на ломанном английском: «Всё, чего я хочу, это чтобы моя маленькая девочка открыла глаза и снова сказала: «Мама». Голос Решмы дрожал, когда она говорила.

Моё сердце сжалось, чувствуя чужую боль и мольбу, ведь я не знал, станет ли это когда-нибудь реальностью.

Оглядывая эту больницу, оснащённую самым высокотехнологичным медицинским оборудованием, я думал, если кто-то и может спасти её дочь, разве это не должно произойти именно в этом месте? Это медицинское учреждение можно было сравнить с теми, что я видел в Соединённых Штатах или в Европе. Это была одна из лучших больниц для лечения онкологических заболеваний, и лечащий врач Раббат был известным онкологом и одним из самых больших авторитетов в этой области, не только в Индии или Азии, но и во всём мире. И если у него не было решения, то, очевидно, решения не было ни у кого.

«Что ты хочешь?»
(Ключевой вопрос, который доктор Нарам задавал всем)

Был ли самонадеянным доктор Нарам, когда думал, что древние методы исцеления могут бросить вызов ситуации, когда лучшие эксперты не могли ничего сделать? Или, может быть, доктор Нарам знал, что случай безнадёжный, и чтобы самому избежать появления в больнице, послал туда своего студента. Если да, то почему он не мог просто быть честным с Решмой и сказать ей, что и у него нет решения? Зачем давать ей ложную надежду, посылая доктора Джованни? Я беспокоился, что надежды Решмы были ложными, и, вложив всю свою веру в древние методы исцеления доктора Нарама, она обрекала себя на неизбежное горе.

Это действовало очень отрезвляюще – стоять рядом с Решмой, беспомощно глядя на её дочь. Я начинал чувствовать и понимать ещё больше то давление и ту травму, которые переживала Решма. Она пожертвовала всем. Она оставила своего мужа и двух маленьких сыновей в Бангладеш в поисках лучшего лечения для своей единственной дочери. И когда у Раббат были признаки улучшения, Решма верила, что всё это того стоило. Пока не настал тот зловещий день, когда грибковая инфекция внезапно вторглась во всё тело её дочери. «Однажды у Раббат начало сжимать горло, – тихо объясняла Решма, – сказала, что чувствует, будто кто-то душит её. Вскоре после этого она впала в кому». Печальная реальность заключалась в том, что это были побочные эффекты дорогостоящего лечения, и теперь они угрожают жизни Раббат больше, чем сам рак. Медсестра сказала Решме, что, если кислородные трубки будут удалены изо рта Раббат, она, скорее всего, будет жить всего несколько минут.

Любовь Решмы к дочери была столь же широкой и мощной, как океанская волна, но теперь, поднимаясь к небу, она падала и разбивалась о песок. Глядя на свою дочь, Решма столкнулась с мучительными вопросами. Неужели это было конечным результатом всех её молитв, слёз, денег? Должна ли она стать той, кто сделает страшный выбор, положив конец жизни своей дочери? Как такое может быть? Это решение, с которым никто не должен сталкиваться – ведь это непостижимый ужас для матери.

Свидетельство отчаяния Решмы вызвало во мне эмоции, которые уже были давно похоронены внутри меня. Мне было восемь лет, я навещал свою сестру в больнице незадолго до её неожиданной смерти. Мальчиком я видел, как моя сестра страдает, и чувствовал себя совершенно беспомощным, чтобы сделать хоть что-нибудь. Поражённый этим воспоминанием, когда Решма стояла рядом со мной и тихо плакала, я чувствовал, как на глаза наворачиваются слёзы.

В тот момент я был потрясён тем, насколько хрупка жизнь; расстояние между жизнью и смертью для любого из нас может быть только один или два вдоха. Я осознал, как воздух вошёл, а затем вышел из моих лёгких.

Каждый вдох, я понял, является подарком.

Моя печаль превратилась в неловкий дискомфорт. В тот момент я чувствовал, что, возможно, было вообще ошибкой приехать в Индию, тем более стоять здесь, наблюдая за этой маленькой девочкой, борющейся за каждый оставшийся вдох, не имея ни малейшего представления о том, как доктор Нарам или его древние методы помогут ей.

Озадаченный решением Решмы обратиться к доктору Нараму, и в попытке преодолеть свой собственный дискомфорт, я обратил внимание на доктора Джованни.

Слёзы и лук

Я видел, как доктор Джованни взял Раббат за руку и нащупал её пульс, затем он позвонил доктору Нараму, чтобы обсудить ситуацию. Надо сказать, что прежде, чем обучаться у доктора Нарама в течение семнадцати лет, доктор Джованни окончил старейшую и одну из самых уважаемых медицинских школ в Европе. При первой же встрече с ним я задумался над вопросом, почему этот высокообразованный врач из престижной медицинской школы был заинтересован в изучении этих древних методов лечения, к тому же на протяжении столь длительного времени. Несмотря на его опыт работы в западной и восточной медицине, я задался вопросом, как доктор Джованни оценит этот, казалось бы, мрачный прогноз.

В клинике я видел, как доктор Нарам или доктор Джованни назначают травяные формулы или домашние лечебные средства. Хотя люди рассказывали мне, что это помогло им исцелиться, у меня было подозрение, что это скорее всего сработал эффект плацебо, чем всё остальное. Возможно, пациенты просто верили, что доктор Нарам может им помочь, и их убеждения создавали положительный результат улучшения самочувствия. Но как эффект плацебо сможет повлиять на Раббат, которая была без сознания? Она даже не могла просто поверить в то, что ей что-либо поможет. Вера есть вера, но факты есть факты. Эта девочка была в коме. Она не могла ничего принимать, следовательно, не могло быть и речи о домашних средствах или травяных добавках. Да и как можно было даже назначать какие-то природные целительные средства?

Я внимательно слушал, как доктор Джованни начал говорить: «Доктор Нарам говорит, что есть вещи, которые мы должны сделать немедленно». Вместо того, чтобы предложить сочетание современных и древних, западных и восточных подходов, д-р Джованни сосредоточился исключительно на древних методах исцеления.

Во-первых, он вытащил травяные таблетки из своей сумки, попросил Решму раздавить их, смешать с маслом гхи (очищенное масло, созданное путём термической обработки, при которой удаляются твёрдые частицы молока) и нанести это на пупок Раббат. Доктор Джованни объяснил, что в тех случаях, когда человек не может есть, эта область тела действует как второй рот, используемый ещё в древние времена, чтобы помочь необходимым питательным веществам попасть в организм.

Такой подход казался странным, но так как врачи в больнице

уже сделали всё возможное, и терять было нечего, никто его не останавливал.

Затем доктор Джованни проинструктировал Решму, куда и как часто нажимать на ладонь, руку и голову дочери. «Согласно линии целителей доктора Нарама, этот более глубокий инструмент исцеления называется *мармаа-шакти*», – сказал Решме доктор Джованни. Это было очень своеобразное зрелище – наблюдать за уважаемым европейским врачом, занимающимся этими странными вещами с такой уверенностью. То, что он сделал дальше, было ещё более странно.

«Нам нужен лук, – сказал он, – и немного молока». Кто-то принёс ему луковицу из кухни, которую он положил на стол рядом с лицом Раббат. Джованни нарезал лук на шесть частей, казалось, что от его испарений глаза девочки стали подёргиваться, а затем слегка увлажнились. Доктор Джованни положил кусочки лука в миску и оставил её на столике слева от головы Раббат. Затем он заставил Решму налить молоко во вторую миску и установить её с правой стороны от головы дочери.

«Не трогайте чаши, – пояснил он. – Просто оставьте их здесь, пока Раббат спит».

Это было сюрреалистично. Нас окружало самое дорогое и современное медицинское оборудование, нарезанный лук и налитое в миску молоко. Я ничего не сказал, но подумал: «Неужели?» Я не участвовал, но смотрел со стороны, не желая связываться с таким странным, суеверным подходом. У меня не укладывалось в голове: как то, что сделал доктор Джованни, могло изменить ситуацию? Решма, по всей вероятности, была благодарна, что можно хоть что-то сделать, кроме как смотреть, как её дочь цепляется за жизнь.

Поскольку не было никаких шансов на то, что это может повредить Раббат, персонал больницы не остановил Решму и доктора Джованни, но выражение их лиц отражало и моё собственное сомнение в том, что из этого выйдет хоть какая-то польза.

Когда мы с доктором Джованни покинули больницу в тот день, я не думал, что мы снова увидим Раббат, разве что нас пригласят на её похороны. Пока наш водитель медленно пробивался сквозь громкие горны автомобильных сигналов в пробках Мумбая, меня окутала тихая печаль. Это чувство было слишком знакомо – фон моей жизни за пределами опыта этого дня. Воспоминания полились потоком. Большинство людей считали, что я был счастливым и успешным с раннего возраста, но где-то глубоко внутри я чувствовал себя по-другому. Я носил всепроникающее меланхоличное чувство одиночества, о котором редко говорил даже своим близким. Вместо этого я искал способы отвлечься от него.

Я не беспокоился о своей собственной смерти, но страх потерять любимого человека вызывал особенно чувствительные эмоции с тех пор, как я в детстве потерял свою сестру Дениз. И то, что она покончила с собой после нескольких попыток, сделало эти чувства ещё более болезненными.

Я помню ту ночь, как я выходил из тёмной комнаты, где смотрел телевизор, в мгновение ока вырвавшись из воображаемого мира комедийного сериала в мрачную реальность моей собственной семьи. Я пошёл в гостиную, смущённый мигающими аварийными огнями машин на улице. Папа отвёл меня в боковую комнату, где в слезах собрались вместе мои братья и сёстры. Сквозь слёзы он сказал, что моя сестра ушла. Она покончила собой.

Несмотря на то, что мне было всего восемь лет, я задавал себе одни и те же вопросы снова и снова. *Почему ничего не сработало ни у врачей, ни у моих родителей? Что бы я мог бы тогда сделать, чтобы помочь ей? Было ли что-то ещё, что я мог бы сказать или сделать, что изменило бы ситуацию?* Терапевт, который встречался с нашей семьёй, сказал мне, что я не должен чувствовать себя виноватым, но я просто не мог остановиться.

С тех пор вопросы, которые у меня были в детстве, превратились в сильное желание узнать, в чём состоит жизнь. *Почему жизнь стоит того, чтобы жить? Достаточно ли моё присутствие для тех людей, которых я люблю? Провожу ли я всё время, делая те вещи, которые действительно имеют значение? Проживаю ли я свою жизнь стоящим образом?*

Пребывание в больнице с Решмой и Раббат вновь подняло внутри меня все эти вопросы и эмоции. Я опять размышлял о том, как на самом деле коротка и драгоценна жизнь.

Невообразимое

На следующий день раздался звонок от Решмы. Она звонила с удивительной новостью: зависимость Раббат от аппарата искусственной вентиляции лёгких снизилась со 100 до 50 процентов. Она всё больше дышала самостоятельно! И хотя она оставалась в коме, а её жизненные показатели были по-прежнему критичными, состояние девочки стабилизировалось. Доктор Джованни выглядел обнадёженным, но я сомневался, что это будет чем-то большим, чем кратковременная передышка для матери, отчаянно нуждавшейся в знаках надежды.

Через три дня после нашего визита в больницу Решма вновь позвонила: «Она пробудилась!»

«Что?» – удивлённо спросил доктор Джованни.

«**Она пришла в сознание!** – воскликнула Решма. – Раббат, моя маленькая девочка, открыла глаза!» Дрожащим голосом, акцентируя каждое слово, Решма воскликнула: «Она посмотрела мне в глаза и позвала меня: «Мамочка!» Голос Решмы сменился звуком тихого, благодарного плача. Я был в шоке. Мой мозг был разбит. Могло ли это быть правдой?

Мы с доктором Джованни вернулись в больницу. У него были с собой для Раббат травяные таблетки, и теперь она уже могла их проглотить. По дороге в больницу я всё ещё гадал, будет ли Раббат по-прежнему в сознании, когда мы приедем? Может быть то, что она открыла глаза, не более, чем случайность?

Мои сомнения исчезли в тот момент, когда мы вошли в дверь её больничной палаты и увидели эту красивую девочку, бодро сидящей на кровати!

Когда доктор Джованни измерял её пульс, Раббат посмотрела на множество колец на его пальцах. Думая, что он, возможно, суеверен, Раббат спросила его: «У вас есть страх перед будущим?» Мы засмеялись, удивляясь тому, насколько она была бдительной и сознательной. Я был впечатлён её сильным голосом и тем, что она владела английским лучше, чем её мать. Глаза девочки искрились жизнью, она с неподдельным интересом смотрела вокруг.

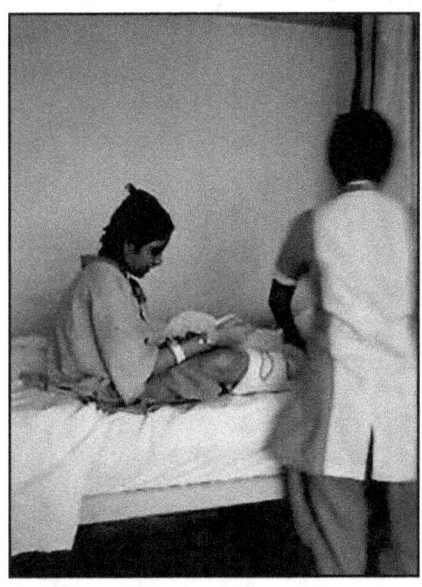

Раббат, за которой ухаживает медсестра, вскоре после выхода из комы.

Я записал эту встречу на свою видеокамеру. — «Ты хорошо выглядишь», — сказал я ей.

– Да, но не так, как раньше, дома, – сказала она. – Если бы вы видели меня раньше! Та Раббат и эта Раббат – не одно и то же.

– Ну, ты определённо выглядишь лучше, чем тогда, когда я видел тебя последний раз, – сказал я мягко.

Она улыбнулась.

– Как это началось? – спросил я.

Раббат рассказала историю боли, которая однажды возникла в её теле, и всей путаницы в связи с тем, почему ей становилось всё хуже. Она поделилась своими последними воспоминаниями перед тем, как впала в кому, и рассказала, о чём она подумала, когда вышла из неё. Решма рассказала Раббат о том, кто помог ей, и поэтому, помимо благодарности доктору Джованни, девочка сказала: «Вся благодарность в мире дяде Нараму». Ведь он – чудо-человек, спасший мне жизнь».

– Доктор Нарам – это твой дядя? – спросил я, запутавшись.

Она засмеялась

– Нет, но в моей культуре мы называем пожилых мужчин – «дядя», а пожилых женщин – «тётя», в знак любви и уважения.

Я улыбнулся её ответу, но был полностью обескуражен тем, что я видел. Она же три дня назад была в коме! Как можно помочь больному простым нажатием точек на теле или размещением лука и молока рядом с головой? Был ли этот результат вообще связан с тем, что делал доктор Джованни, или она проснулась из-за какого-то другого фактора?

Д-р Джованни и я с Решмой и Раббат в больнице вскоре после её выхода из комы.

Быстрого выздоровления Раббат было недостаточно для того, чтобы всё это уложилось в моей голове. Самым шокирующим было то, что это происходило на наших глазах в реанимационной палате, где лежали другие пациенты в состоянии комы.

«Заразное» исцеление

Многие люди, которые проходят через двери реанимации, не часто остаются в живых. Волею судьбы у медсестры, отвечающей за уход Раббат, сестра находилась в той же палате и тоже в состоянии комы. Она поступила в больницу с тяжёлым заболеванием и вскоре впала в бессознательное состояние.

Как и в случае с Раббат, врачи сказали медсестре, что надежд у её сестры нет. Став свидетельницей замечательного выздоровления девочки, медсестра расспросила Решму о том, что она делала. И женщина повторила всю процедуру для своей сестры.

Когда мы закончили общаться с Решмой и Раббат, медсестра подозвала нас с доктором Джованни к кровати сестры. Глаза больной, которые несколько дней назад при нашем последнем посещении были закрыты, теперь были распахнуты, и она была полностью в сознании. К тому же она улыбнулась в тот момент, когда увидела нас.

«Конечно, потребовалось время, чтобы эти древние методы исцеления начали действовать, – сказала медсестра. – Поначалу изменения происходили медленно, пока, наконец, она не пришла в сознание. А теперь вы сами можете наблюдать удивительный результат!» Она говорила с восторгом и благодарностью.

Медсестра рассказала мне, что семьи и других пациентов с воодушевлением начали внедрять древние методы лечения. Из четверых пациентов этой палаты трое уже вышли из состояния комы и покинули отделениие интенсивной терапии, а один даже был выписан домой. С изумлением она говорила о том, что древние методы лечения привели к такому глубокому исцелению даже в тех случаях, когда врачи уже опустили руки.

В полном восторге я вышел из больницы, размышляя о том, поверят ли мне дома, в Соединённых Штатах, когда я буду об этом рассказывать! Мне даже показалось вероятным, что они заподозрят меня в том, что я что-то покуривал в Индии! И как же я был рад, что у меня с собой была видеокамера и дневник, где я запечатлел всё то, чему оказался свидетелем.

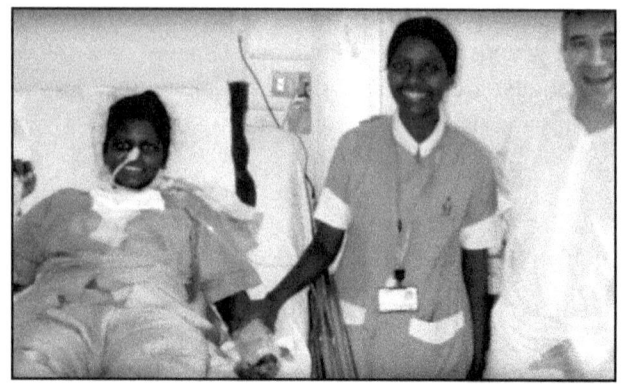

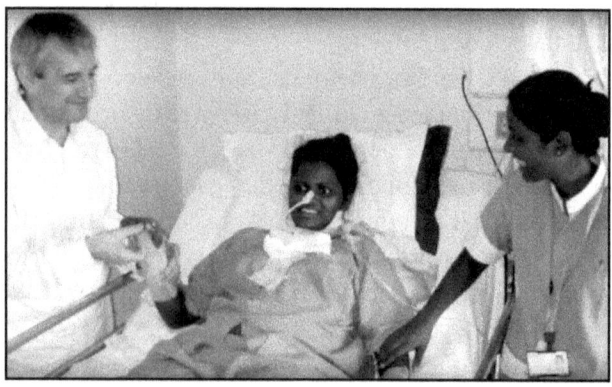

вверху: доктор Джованни, медсестра и её сестра на следующий день после того, как она вышла из комы.
внизу: доктор Джованни демонстрирует точку мармаа для медсестры и её сестры.

Я задавался вопросом, каким образом эти древние методы приводили к такому глубокому исцелению? Если эти методы были настолько эффективны в самых критических случаях, когда человек был на грани жизни и смерти, то почему как можно больше людей не знали о такой альтернативе? Что, если бы моя семья знала об этом, когда моей сестре требовалась помощь? Могло ли это спасти ей жизнь? Почему именно лук и молоко? Как это вообще сработало? И срабатывает ли это в каждом случае? Откуда взялись эти «древние секреты», и как доктор Нарам узнал о них? И, прежде всего, почему я оказался свидетелем этого?

Заметки из моего дневника

Три древних секрета исцеления для оказания помощи тому, кто в коме *

1) Травяные средства исцеления – размять набор трав, смешать с маслом гхи в пасту и положить на пупок (например, в травяных формулах доктора Джованни, используемых для Раббат, были таблетки, которые доктор Нарам создал для поддержки здорового функционирования мозга и лёгких*, позже, в лечение родственницы медсестры он добавил одну таблетку для печени*).

2) Мармаа Шакти – ряд точек, которые Решма старательно нажимала на теле дочери по 15–21 раз в день, как показал ей доктор Джованни, произнося имя Раббат и обращаясь к ней с любящими речами:

а) На правой руке, в верхней части указательного пальца, нажмите и отпустите 6 раз (фото)

б) Точка прямо под носом и над верхней губой – нажмите и отпустите 6 раз (фото).

в) Сожмите голову осторожно 6 раз, поставив одну ладонь на лоб, другую ладонь на затылок, расставив все пальцы, касаясь и сжимая кожу головы (фото).

г) В некоторых случаях могут быть добавлены дополнительные точки.

3) Домашнее средство – нарезать свежий сырой лук на 6 частей, положить в чашу с левой стороны головы больного; налить молоко в другую чашу и установить её с правой стороны головы. Чаши должны оставаться там до тех пор, пока человек находится без сознания.

(Два других секрета для оказания помощи тому, кто находится в коме, раскрываются позже в этой книге.)

---

*Информация (включая основные ингредиенты) о любых травяных формулах и таблетках, упомянутых в этой книге, представлена в диаграмме в приложении. Бонусный материал: чтобы «встретиться» с Решмой, Раббат, её медсестрой и доктором Джованни, смотрите отснятое мной видео. Для того, чтобы понять этот метод более глубоко, посетите в свободном доступе сайт www.MyAncientSecrets.com/Belong

*Важная медицинская оговорка: эта книга предназначена только для образовательных целей. Информация, собранная в этой книге и на сайте, не предназначена для использования и не должна использоваться для диагностики или лечения каких-либо медицинских или эмоциональных состояний. В период публикации этой книги, насколько мне известно, представленные древние секретные средства исцеления не были ни доказаны, ни опровергнуты в ходе каких-либо западных медицинских исследований и клинических испытаний. Эти методики основаны на древних учениях для общего оздоровления. Когда вы читаете, пожалуйста, помните, автор не осуществляет медицинские консультации и не предписывает использование какой-либо техники в качестве лечения без консультации опытного врача. Пожалуйста, обратитесь к врачу для назначения лечения. Кроме того, случаи, описанные в этой книге, являются экстраординарными, и важно помнить, что результаты могут быть абсолютно разными в каждом конкретном случае и зависеть от многих факторов. В случае, если вы пользуетесь любой информацией из этой книги, – это является вашим правом; ни автор, ни издательство не несут никакой ответственности за ваши действия. Именно вы ответственны за свои действия и их результаты. Внимательно изучите все материалы для того, чтобы сделать лучший выбор и добиться желаемых результатов.

Скриншоты из видеосъёмки Раббат, её матери Решмы и счастливой медсестры.

Возможно, именно сейчас необходимо рассказать, как я встретил доктора Нарама. Это произошло в октябре 2009 года во время моей поездки в Калифорнию. В тот период у меня не было абсолютно никакого интереса к «альтернативному исцелению», как не было и желания ехать в Индию. Я был занят чем-то гораздо более важным – пытался произвести впечатление на девушку.

Заметки Вашего дневника

Чтобы углубить и увеличить эффективность от прочтения этой книги, уделите несколько минут тому, чтобы ответить на следующие важные вопросы:

Кого Вы любите?

_____

_____

_____

_____

Чего Вы хотите? (Для себя? Для тех, кого Кого Вы любите?)

_____

_____

_____

_____

Какие идеи, вопросы или озарения посетили Вас в процессе чтения этой главы?

_____

_____

_____

_____

ГЛАВА 2

95% людей не знают самого важного о себе

*Если вы хотите рассмешить Бога,
расскажите ему о своих планах.*

Вуди Аллен

Лос-Анджелес, Калифорния (несколько месяцев назад)

Вы когда-нибудь встречали кого-то, кто в конечном итоге полностью изменил бы вашу жизнь, только вы осознали это намного позже?

Осенью 2009 года я работал в Финляндии в качестве университетского исследователя. В свободное время я был добровольцем в организации, находящейся в Сан-Франциско, и называлась она Мудрость Мира. Проект под девизом «10 дней, чтобы коснуться 10-ти миллионов» работал для распространения вдохновляющих сообщений во время праздников с тем, чтобы помочь снизить уровень депрессии и самоубийств. Для привлечения большего внимания мы создали серию интервью с известными людьми.

Организация этих интервью со знаменитостями и была одной из моих обязанностей. Посмотрев на составленный нами список звёзд, спортсменов и других потенциальных участников интервью, мой брат Джеральд сказал, что мне необходимо встретиться с Гейл Кингсбери. Она, в свою очередь, координировала мероприятие в высококлассном отеле Голливуда. По словам Джеральда, там будут присутствовать известные люди, и единственный способ получить к ним доступ – это принять участие в мероприятии в качестве добровольца. Что я и сделал.

Одетый в красную рубашку с короткими рукавами и тёмные джинсы, я чувствовал себя неуютно в причудливом отеле, но всё изменилось, когда я оказался рядом с Гейл. Она была не только прекрасным организатором мероприятия, но и человеком, делающим всё «от сердца». В коридоре во время перерыва я сказал ей, что основная причина, побудившая меня к добровольному участию в мероприятии, – встретиться с ней и попросить о помощи. Наш проект тронул Гейл, и она обещала помочь. Я вручил ей список тех, кого мы планировали пригласить на интервью – кинозвёзд, спортивных знаменитостей, музыкантов. Она посмотрела, а потом надолго задумалась. «Я прочувствовала цель вашего проекта и предполагаю, что большинство людей из этого списка – не те, кто вам действительно нужны. Многие из них не являются теми, кем они кажутся, и они не могут соответствовать вашей миссии, – вновь повторила она. – Знаешь, кого я хотела бы предложить?»

– Кого?

– Ты обязательно должен взять интервью у доктора Нарама.

– А кто это?

– Он мастер-целитель из Индии. Среди его пациентов были мать Тереза и Далай Лама. И у него клиника в этом же отеле.

Мастер-целитель?! Это было совсем не то, что мы имели в виду. Я собирался спросить её, может быть, она представит меня кому-нибудь ещё.

Именно тогда глаза Гейл сосредоточились на ком-то позади меня. «Удивительно. Вот он», – сказала она.

Я обернулся, и моему взору представился индус в уникальном белом костюме и женщина в длинном декорированном традиционном пиджаке. Они направлялись в нашу сторону. Внутренне улыбаясь, я подумал, что не единственный, кто выглядел здесь неуместно.

«Доктор Нарам, это Клинт, – сказала Гейл, когда они подошли к нам. – Доктор, Вы должны услышать о проекте Клинта совместно с Мудростью Мира. Может быть, Вы дадите интервью, если у вас есть время».

Доктор Нарам повернулся и посмотрел на меня. Ростом около пяти футов и одного дюйма, он был на фут ниже меня. Доктор был одет в белый костюм в стиле Неру; его чёрные волосы с серебристой прядью впереди блестели, а усы были аккуратно подстрижены.

Выглядел он молодо, но что привлекло моё внимание, так это его внимательные глаза и энергичный, умиляющий стиль разговора.

«Очень рад с вами встретиться, – сказал он тепло. – А что такое Мудрость Мира?»

Я рассказал доктору Нараму о создателе проекта, моём друге Гэри Малкине-музыканте, который не раз был награждён различными престижными премиями и отмечен наградами. Цель, которую преследовал Гэри, – дать почувствовать каждому связь со всем миром и войти в контакт с самым прекрасным в

Мастер-целитель доктор Панкадж Нарам. Фото из Викимедиа.

себе самом. Одним из талантов Гэри является создание медиуммузыки, с помощью которой проявляются моменты благоговения и вдохновения, это побуждает людей вспомнить о самом важном. Я объяснил ему, что мы готовим специальный проект к праздникам и каникулам.

«Что ты хочешь?» – спросил он меня. Его голос был обезоруживающе искренним. Его любознательные тёмно-карие глаза мягко сосредоточились на моих сине-зелёных – усталых и несколько измученных. Мой ответ удивил меня самого.

«У меня была сестра, – начал я. – Она покончила собой. И это один из самых трудных моментов, с которыми я когда-либо сталкивался». Это было не то, о чём я обычно открыто мог говорить, и, конечно, не с тем, кого я только что встретил. Когда я говорил о сестре, я чувствовал боль потери: «Я хочу сделать что-то, чтобы помочь тем, кто находится в той же ситуации, в которой была и моя сестра. Мне хочется помочь принести больше мира этой планете».

«Я понял. Как я могу помочь?» – спросил он с неподдельным интересом.

«Мы делаем интервью с замечательными людьми, которые могут дать надежду или вдохновить слушателей. Гейл сказала, что я обязательно должен взять интервью именно у Вас».

Доктор Нарам уезжал на следующее утро, поэтому мы

договорились записать интервью в ту же ночь в отеле после того, как закончится приём посетителей в клинике. Назначив время и место, доктор Нарам полез в карман своего белого пиджака и что-то из него вытащил. «Это для тебя, подарок. Его благословил великий мастер, которому более 147 лет. Ты делаешь очень важную работу».

Его тёмная рука, украшенная несколькими массивными кольцами, резко контрастировала с ярко-белым рукавом пиджака. В руке он держал блестящее кольцо с надписью, похожей на санскрит.

Не имея ни малейшего представления, как реагировать на слова доктора Нарама о том, что кому-то было 147 лет, я поблагодарил его за подарок. Затем доктор Нарам и женщина, которая была с ним, продолжили движение по коридору, а я положил кольцо в карман.

После этой необычной встречи я вернулся к своим волонтёрским обязанностям. Пытаясь связаться с другими людьми, у которых мы хотели взять интервью, я размышлял о том, какой контрастный город этот Лос-Анджелес (Эл Эй). В то время, как телевидение и фильмы в основном показывают образ жизни богатых и знаменитых в Беверли-Хиллз и Голливуде, развлечения в Диснейленде и красивые пляжи в Южной Калифорнии, я был потрясён, обнаружив, что в городе – более пятидесяти тысяч бездомных: мужчин, женщин и детей. Это больше людей, чем всё население Иден-Прери в штате Миннесота, где я вырос. Мне предоставилась возможность увидеть, как живут эти люди, благодаря Лэсу Брауну-известному мотивационному спикеру, который вызвался помочь нашему делу. Он начал наше десятидневное мероприятие, выступая в приюте для бездомных в одном из самых преступных районов Лос-Анджелеса.

В течение дня я мысленно возвращался к Доктору Нараму в его белом одеянии. Перед тем, как взять у него интервью, мне было любопытно узнать о нём как можно больше, и я обратился к интернету. В то время о докторе было немного информации на английском языке. Я видел его фотографии с некоторыми голливудскими и болливудскими звёздами, к примеру, с Лив Тайлер, известной своими ролями в фильмах «Властелин Колец», «Армагеддон», «Невероятный Халк». Как и говорила Гейл, я даже обнаружил фотографии доктора Нарама с Далай Ламой и Святой Матерью Терезой. К тому же я нашёл описание работы его фонда по оказанию помощи больным, бездомным и брошенным людям.

Помимо графика турне, в который входило посещение различных городов, я обнаружил несколько статей на случайных веб-сайтах о людях, которые для встречи с ним специально отправились в Индию. Они рассказывали о его способности понимать человека, лишь касаясь пульса. В интернете я нашёл много всего разного о нём и его методе, но вся концепция того, чем он занимался, для меня была более чем странной. Люди утверждали, что он помог им преодолеть таким образом серьёзные болезни и проблемы, но то, как он это делал, было выше моего понимания. Кроме того, где бы он ни был, он одинаково служил и богатым, и обездоленным, то же самое он делал и в Лос-Анджелесе – со знаменитостями Голливуда и бездомными.

Доктор Нарам делает пульсовую диагностику Святой Матери Терезе, Его Святейшеству Далай-Ламе и Королевскому бенгальскому тигру.

Я задавал себе вопрос, нужно ли мне брать у него интервью. Как может быть правдивой любая из прочитанных мною историй? И если бы его метод был настолько эффективным, о нём знало бы больше людей. И разве не было бы больше информации о нём? С нашей первой встречи доктор Нарам казался искренним, симпатичным и доступным. Мне нравились его бдительность и открытость. Тем не менее я задавался вопросом: *может, это просто какой-то спектакль?*

Мой диплом университетского исследователя принуждал меня изучать то, что требовало доказательств, и помня об этом, я направился в гостиничный номер, который служил приёмной в клинике доктора Нарама.

Там было ещё несколько ожидавших его человек, поэтому я сидел и терпеливо ждал. На столе были те же фотографии, что и в интернете. Когда, наконец, настала моя очередь войти, доктор Нарам с улыбкой приветствовал меня.

125-летний мастер?

Я задавался вопросом, будет ли у доктора Нарама спад энергии после приёма всех посетителей, но то, что я увидел, застало меня врасплох. Он был полон жизни и внимания. Я снимал наше интервью на видеокамеру и попросил доктора Нарама представиться.

«У меня был мастер, который дожил до 125 лет, у которого был мастер, который дожил до 145 лет, оба они принадлежали к непрерывной линии мастеров-целителей, которая существует более 2 500 лет. Эта линия называется *Сиддха-Веда*. В этой линии на сегодняшний день ещё жив брат моего мастера, он благословил кольцо, которое я дал тебе. Сейчас ему 147 лет. Каждый мастер прожил более 125 лет, зная и передавая секреты долголетия, здоровья и счастья».

Я понятия не имел, как мне реагировать на всё сказанное. Если бы это было правдой, и эти люди действительно жили так долго, разве бы об этом не было бы широко известно? Разве люди, которых он упомянул, не были бы занесены в *Книгу рекордов Гиннесса*?

«Первым мастером в нашей линии был Дживака. Он был личным врачом Господа Будды. Ты можешь себе представить, каким просвещённым должен быть целитель, чтобы так близко работать с Буддой. Среди других известных пациентов Дживаки была Амрапали, считающаяся одной из самых красивых женщин в мире, а также индийский король Бимбисара. Дживака и каждый из великих мастеров этой линии записали в древних рукописях тайные знания о достижении отменного здоровья, неограниченной энергии и душевного спокойствия в любом возрасте».

Когда я спросил доктора Нарама, как возможно жить так долго и продолжать работать, он передал мне «секретный рецепт» неограниченной энергии от своего 125-летнего мастера. Он состоял в замачивании фенхеля, миндаля и фиников на ночь и смешивании их утром. Я сомневался, что когда-либо использую его, но записал его в моём блокноте на всякий случай.

– Спасибо, – сказал я. – Но как вы лечите людей от неизлечимых болезней?

– Это не я, это древние секреты моей линии врачей, к которой я принадлежу. Я отдаю должное своему мастеру. Знаете ли вы термин «конвейерная лента»?

Я кивнул.

«Я как конвейерная лента доставляю древние секреты в современный мир. И хотя то, что происходит, часто выглядит как волшебство, в действительности, это древняя наука, это технология трансформации для более глубокого исцеления».

«Хорошо», – подумал я про себя.

Поиск семян надежды

Возвращаясь к первоначальной причине, из-за которой, собственно, и были организованы все эти интервью, я задал доктору Нараму вопрос: «Как Вы думаете, что может помочь людям, которые борются с одиночеством, депрессией, а порой и с суицидальными мыслями во время праздников, каникул?»

– Очень хороший вопрос, – ответил доктор Нарам. – Депрессия и самоубийство распространены как среди известных и всеми любимых звёзд, так и среди тех, кто неизвестен, среди богатых и бедных. Я знаю как атеистов, так и духовных лидеров с миллионами последователей, которые покончили жизнь самоубийством. Любой человек может потерять близкого ему человека именно по этой причине.

Доктор Нарам рассказал о том, как с ним регулярно связывались те, кто был в депрессии или с мыслями о самоубийстве, и что он был безмерно благодарен своему учителю за благословение для помощи людям в подобных ситуациях. «Самое главное – понять их, а не осуждать. Некоторые дети пытаются покончить жизнь самоубийством только для того, чтобы привлечь внимание своих родителей, моля о понимании испытываемой ими боли и разочаровании. Как только родитель поймёт, то всё может стать лучше. Тот, кто борется с депрессией, сталкивается с большой проблемой. И мой мастер научил меня, как помочь выйти из неё победителем».

Я внимательно слушал.

«Большинство людей не знают, каково это быть настолько подавленным, что хочется себя убить, – продолжил доктор Нарам. – Что приводит к тому, что кто-либо хочет причинить себе вред? Некоторые причины заключаются в том, что человек не в состоянии встретиться со страхами, разочарованиями, горем, чувством вины, гневом, одиночеством или финансовыми проблемами. Каждая из этих проблем может практически парализовать мозг. Мой мастер сказал: «Есть восемь различных видов страха, с которыми люди могут столкнуться. Одной из самых мощных проблем на этой планете является страх быть отвергнутым. Как только мальчик или девочка, женщина или мужчина чувствуют себя отвергнутыми родителями или возлюбленными, они могут оказаться в глубокой депрессии. И вы можете себе представить, что чувствуют гомосексуалисты, парень или девушка, особенно в тех странах, где это неприемлемо, когда общество от них отказывается, или даже Бог их отвергает? На самом деле, Бог не может их отвергнуть, потому что Бог в них, а Бог есть любовь; но как они могут почувствовать любовь, отвергнутые всеми? Это больно, и это очень серьёзная проблема. Впоследствии, у некоторых людей может возникнуть химический дисбаланс в мозге, биполярность или маниакальная депрессия. Мысли о самоубийстве могут появиться также от побочных эффектов наркотиков и алкоголизма. Страх может парализовать мозг, не давая возможность понять, как из этого выйти. Мой мастер научил меня секретам, как можно помочь людям выбраться из такого рода проблем». Доктор Нарам рассказал мне историю об отце и дочери, которые позвонили ему из Рима. Она была влюблена и пребывала в эйфории. Потом молодые люди расстались, и она впала в тяжёлую депрессию: «Моё сердце разбито и мне очень больно. Я больше не живу, я умираю. Я не могу взять на себя никакой ответственности, я всегда себя принижаю. А тем, которые говорят, что ценят меня, я больше не верю».

Девушка потеряла работу, не могла спать по ночам, просыпалась в поту и постоянно была в тревожном состоянии. Физическая боль переносилась легче эмоциональной боли, поэтому она сама себе нанесла раны. После этого она была доставлена в психиатрическую больницу, где её лечили лекарствами, из-за которых она чувствовала себя опустошённой, была не в состоянии сосредоточиться, мозг словно был атрофирован. Она сказала: «Я не чувствую ни радости, ни удовольствия, и ничто меня больше не интересует».

Отец девушки потерял покой. Каждое утро, просыпаясь, он боялся, что это может быть последним днём её жизни, и что она покончит жизнь самоубийством. Он сказал доктору Нараму, что постоянно винит себя и хочет помочь ей, но, чтобы он ни говорил, чтобы ни делал, это, казалось, причиняло ей ещё больше боли. Всё, что он мог сделать, это надеяться, что в один прекрасный день всё станет лучше.

Доктор Нарам сказал мне: «Я спросил девушку: "Что ты хочешь?"» И она сказала: «Я хочу, чтобы люди поняли меня, а не судили меня! В глубине души я несчастна. В моём сердце тоска, и я злюсь на мою болезнь. Я боюсь, что не смогу с собой ничего поделать. Я хочу знать, как восстановить мою жизнь, отпустить прошлое и двигаться вперёд. Я хочу снова жить, быть счастливой. И я хочу открыть и понять смысл существования. Но мне нужна помощь!»

История доктора Нарама заставила меня задуматься о моей сестре и о том времени, когда я навещал её в больнице. Я понятия не имел, какое горе привело её к депрессии.

«Так как же вы помогаете тому, кто себя так чувствует?» – спросил я.

Доктор Нарам ответил, поделившись другой историей. «Мужчина был в пошатнувшемся браке. Его жена трижды угрожала ему развестись, и каждый раз доктор Нарам помогал им понять, чего же они действительно хотят, и с его помощью они преодолевали разногласия. Проблема на этот раз была более серьёзной, чем когда-либо. Этот человек во время краха фондового рынка за пару дней потерял более ста миллионов долларов чужих денег. Часть этих средств поступила от друзей и родителей его жены. Тесть отдал ему все свои пенсионные сбережения. До краха инвестиции росли, и все были счастливы; теперь же он не знал, как посмотреть всем этим людям в лицо.

Поздно ночью его жена позвонила доктору Нараму в панике: «Мой муж прямо сейчас сидит передо мной на полу, держит пистолет во рту, палец на спусковом крючке!» В трубке раздавался непрекращающийся детский плач.

Доктор Нарам сказал ей: «Можешь ли ты оставить телефон рядом с мужем на громкой связи? И после выйти из комнаты, чтобы я мог поговорить с твоим мужем наедине?» Она так и сделала.

Доктор Нарам сказал: «Намасте», – а затем произнёс своё имя: «Что ты хочешь?»

Он вытащил пистолет изо рта на некоторое время, чтобы сказать: «Я хочу покончить с собой».

– Очень хорошо, – ответил доктор Нарам. – Как я могу помочь тебе умереть? – Была долгая пауза. Человек был в шоке. – Я хочу помочь тебе достичь того, что ты хочешь. Если ты хочешь умереть, то как я могу тебе помочь?

– Не шутите со мной, доктор Нарам, – ответил он.

– Что ты *действительно* хочешь? – спросил его доктор Нарам.

Доктор Нарам объяснил мне, что вопросы, которые он задавал, были частью метода, преподаваемого его мастером, с целью помочь людям преодолеть суицидальные мысли. Однако, он не рекомендовал делать это кому бы то ни было без надлежащей подготовки. Когда доктор Нарам начал говорить с этим человеком, он помог ему обнаружить то, чего мужчина действительно хотел: как выбраться из ситуации, в которой он оказался. Он хотел бы надеяться, что всё образуется и ему станет лучше.

Доктор Нарам попросил мужчину опустить пистолет. Затем он сказал, чтобы тот нажал на определённые точки мармаа, которые помогут ему добиться того, что он хотел. После этого мужчина сразу же почувствовал себя спокойнее. Далее доктор Нарам поручил ему смешать некоторые ингредиенты, которые можно было найти в доме на кухне – домашние лекарственные средства (1/2 чайной ложки топлёного масла гхи с нитью шафрана и щепоткой мускатного ореха), немного согреть эту смесь и закапать по две капли в каждую ноздрю. После этой процедуры мужчина почувствовал себя ещё спокойнее, что, в свою очередь, позволило ему восстановить перспективу. «Поправка не была быстрой, – продолжил доктор Нарам. – Потребовалось время. Но этот человек обязался делать то, что было необходимо для глубокого исцеления. Он изменил свою диету, чтобы употреблять продукты, которые будут питать позитивные мысли и эмоции. Он начал регулярно принимать домашние средства, к примеру, смесь некоторых ингредиентов с маслом гхи, и принимал их по два раза в день. Мастера моей линии целителей также создали определённые травяные формулы, которые помогают питать и омолаживать истощённые части мозга и тела, благодаря чему люди могут снова быть в контакте со счастьем и целью внутри самих себя. Опять же, это происходит не сразу, но этот метод однозначно работает, когда люди обязательны и выполняют всё предписанное. Я также показал ему другие точки-мармаа, которые помогли стимулировать его творческие процессы. Его творческая сила вернулась и возросла настолько, что, я с гордостью могу сказать, в течение нескольких лет он вернул всё, что потерял, и даже больше. Он с процентами вернул деньги и тестю, и всем своим друзьям».

Доктор Нарам подчеркнул: «Мой мастер учил меня: каждое несчастье, каждая трудная ситуация или горе несёт в себе семена равной или большей выгоды».

— Но для начала всем нам необходимо узнать: Кто я? Доктор Нарам продолжал: «В жизни большинство наших проблем приходят, когда есть блокировка или дисбаланс, или и то, и другое. Мы должны выяснить, что это за блок, и где дисбаланс. Дисбаланс может быть в вата, питта, капха или в их комбинации». Я не знал эти термины, но прежде, чем я смог обратиться за разъяснениями, он продолжил: «Как только узнаешь, кто ты, что у тебя за блоки и в чём дисбаланс, то ты можешь найти пищу, которая и будет твоим лекарством. Мы должны уделять больше внимания не только пище, которую мы даём нашему телу, но и мыслям, которыми мы кормим наш ум, и отношениям, которые мы питаем своими эмоциями. Древние секреты дают руководство для каждого из этих аспектов».

Я слушал доктора Нарама и не верил, что всё это может быть правдой. Моя сестра принимала сильные лекарства от суицидальной депрессии, и даже это не помогло. Как может нажатие определённых точек на теле и изменения в диете подействовать в такой критический момент чьей-то жизни? То, что предложил доктор Нарам, казалось слишком простым, чтобы быть правдой.

— Что же произошло с той девушкой в депрессии? — спросил я.

— Ах, да! Она является прекрасным примером. Когда доктор Джованни был в Риме, я попросил её видеться с ним каждые четыре дня, чтобы он выполнял конкретные мармаа на ней, помогая ей получить ясность того, что именно она хочет, и очистить остатки старого мусора в её системе. Она вскоре почувствовала себя немного

> *«В каждом несчастье, в каждой сложной ситуации или горе есть семена равнозначного или большего блага.»*
>
> Баба Рамдас (Мастер-учитель доктора Нарама)

лучше, а ещё через два месяца нашла нового бойфренда, за которого хотела выйти замуж. Но это было просто из мести её первому бойфренду, а потому отношения распались, и её прогресс замедлился. Я сказал ей: «Мы должны укрепить тебя так, чтобы ты не вступала в отношения только для того, чтобы бежать от пустоты и боли». Потом она действительно стала более обязательной. Я дал ей некоторые домашние средства и травяные добавки, которые она принимала регулярно, и она очень изменила свой рацион. Я научил её, каких продуктов следует избегать, чтобы не способствовать появлению негативных эмоций, и, наоборот, какие продукты употреблять, чтобы эмоции были положительными.

— Конечно, процесс исцеления занял определённое время, но девушка стала больше доверять себе. В итоге нашей с ней совместной двухлетней работы, она была уверена в себе настолько, что была в состоянии столкнуться с любым отказом или вызовом, и это не повлияло бы на неё. Она обнаружила, что её предназначение — быть учителем, и она получила работу в школе, где она была великолепным преподавателем. Вскоре после всего этого она встретила мужчину, в которого влюбилась сильнее, чем в кого бы то ни было прежде, но это ещё и потому, что она полюбила себя. Прошло почти девять лет, у неё двое детей. С обоими своими детьми она делает определённые мармаа и кормит их определёнными продуктами для того, чтобы они росли со здоровыми эмоциями и уверенностью в себе.

«Бог в каждом из нас, и у каждого из нас есть своё предназначение, которое мы должны обнаружить».

Баба Рамдас
(Мастер - учитель доктора Нарама)

— Какой совет вы бы дали тем, кто находится сейчас в депрессии, и у кого печально на душе? — спросил я.

— Самое важное — это знать: кто вы, куда вы идёте, и что может помочь вам туда добраться, — продолжал д-р Нарам. — Мой мастер учил меня, что Бог находится внутри каждого из нас, и у всех нас есть предназначение, которое мы должны обнаружить в себе. Но вы не можете видеть или чувствовать это, когда вы в депрессии. Один из способов выхода из неё — делать то же самое, что делали этот мужчина и эта девушка.

Заметки моего дневника*

Три древних секрета исцеления, чтобы помочь успокоить разум, сбалансировать свою перспективу и стимулировать положительные эмоции: *

1) Мармаа – Шакти нужно делать 6–9 раз в день, результат возможен только при ежедневной дисциплине. Точка мармаа-шакти находится под носом над верхней губой. Положите левую руку на затылок для поддержки и указательным пальцем правой руки нажимайте и отпускайте точку мармаа-шакти 6 раз. Каждый раз, когда вы нажимаете точку, делайте глубокий вдох. Вы можете это делать на ком-то или на себе.

2) Домашнее средство – смешайте следующие ингредиенты: 1/2 ч. ложки. гхи, 1 щепотку мускатного ореха и 1 нить шафрана. Слегка разогрейте смесь, наклоните голову назад и закапайте две капли в каждую ноздрю. Делайте это 2 раза в день.

3) Домашнее средство – смешайте и съешьте следующие ингредиенты:

> порошок Брахми чурна – 1/4 чайной ложки.,
> порошок Джатамаси – 1/8 ч. л.,
> порошок куркумы – 1/2 ч. л.,
> гхи – 1 ч. л..

Смешайте вышеописанные ингредиенты в пасту и принимайте два раза в день (первым делом утром и перед едой в вечернее время).

* Бонусные материалы: чтобы увидеть демонстрацию нажатия точек мармаа-шакти и открыть больше секретов, которые могут помочь в этой области (например, советы, какие продукты можно есть, чтобы вызывать положительные эмоции), пожалуйста, посмотрите видео в свободном доступе на сайте MyAncientSecrets.com

Встреча с Богом?

— Что вы подразумеваете под фразой: «Бог находится в каждом из нас?» — спросил я.

— У нас в Индии есть концепция: каждый неожиданный гость, который приходит в ваш дом, — это «Атити Дево Бхава». Это означает, что вы обращаетесь с любым гостем, кем бы он ни был и каким бы неудобным ни был его визит так, словно сам Бог посетил ваш дом. В нашей линии мастеров Сиддха-Веды это очень важный аспект, и мы это принимаем очень близко к сердцу.

— Так вы верите, что в любое время, когда вы встречаете кого-то, вы встречаете Бога? — спросил я.

— В Индии мы приветствуем людей, говоря Намасте (произносится На́-ма-сте) или Намаскар (произносится На-ма-ска́р), при этом приветствии мы складываем ладони вместе в молитвенной позе и прижимаем к сердцу. Это означает, что божественный/ая Бог / Богиня во мне кланяется божественному/ой Богу / Богине в тебе, и я чту это место, где ты и я одно единое целое.

— Значит, Сиддха-Веда религия? — спросил я.

— Сиддха-Веда может помочь людям духовно, физически, умственно и эмоционально, но это не религия. Это школа мысли, из которой каждый может извлечь пользу. Эти древние целительные секреты находятся вне религии, политики, расы, касты или вероисповедания. Они работают для всех универсально так же, как автомобиль может довезти тебя туда, куда тебе нужно доехать, независимо от твоей религии, цвета твоей кожи или твоей сексуальной ориентации. В моей линии целителей — это суперспециалисты, обученные великими мастерами древним секретам для помощи в исцелении любому, кто испытывает душевную или физическую боль, умственную болезнь или разрушающие эмоции. Когда человек приходит к нам за помощью, мы видим в нём Бога. Когда кто-то приходит к нам, мы и не думаем, что мы ему оказываем услугу. Каждый — это подарок для нас и большая честь, что они пришли именно к нам. Мой мастер учил, что мой долг целителя — помочь очистить храм, чтобы сделать Бога в нём счастливым.

«Рассмотрим случаи тех, кто пребывает в тяжелой депрессии, доходящей до суицидного состояния. Они — не эти тяжёлые чувства грусти, страха или гнева, всё это не то, что они есть на самом деле. Но их ум и тело обусловлены таким образом, что они этого не понимают. Они чувствуют эти эмоции и не знают, как их отпустить. Они боятся, что их проблема настолько велика, что нет никакого выхода. В таком состоянии невозможно видеть счастливое будущее. Так как же мы можем помочь тем, кто грустит, злится или боится? Как мы можем помочь очистить их храм, чтобы Бог в нём стал счастлив? Это то, чему меня научил мой мастер».

Я не знал, что именно он хотел этим сказать, но время интервью истекало, а объяснения так и не было. И теперь у меня было гораздо больше вопросов, чем до начала записи.

Древняя технология

Когда я упаковал камеру, доктор Нарам спросил: «Какая у тебя работа? Чем именно ты занимаешься в жизни, Клинт?»

«Я доброволец в проекте Мудрость Мира, потому что я в него верю, – сказал я. – Но я работаю в Финляндии в университете Йоэнсуу в качестве исследователя с докторской степенью». И я стал объяснять ход моей обычной работы: «Я обучаю работе с компьютерами, преподаю культуру, технологии и инновации. Меня лично интересует, как самые передовые технологии могут быть творчески использованы для снижения уровня бедности и созидания мира на Земле».

Доктор Нарам был заинтригован. «Если ты заинтересован в мире, – сказал он, – мне нужно познакомить тебя с некоторыми людьми».

Он потянулся рукой в карман и вытащил старый телефон Нокиа с небольшим ЖК-экраном. «Поскольку ты разбираешься в компьютерах, ты можешь мне показать, как это работает? Люди говорят о своих «Блэкберри», «Эппл», и я путаюсь, думая, что они имеют ввиду пищу, но нет! Это о телефонах! Они говорят, что тот, который у меня, это не смартфон. Это никудышний телефон?»

телефон Nokia доктора Нарама.

> *«Девяносто пять процентов людей на этой планете не знают, чего они хотят».*
>
> Доктор Нарам

Я улыбнулся. Его вопрос был милым и с известной долей юмора. К тому же он хотел научиться сохранять новые номера, читать и отправлять текстовые сообщения. Пока я учил его шаг за шагом, как это делать, он наблюдал с предвкушением и трепетом ребёнка. Успешно сохранив мой номер в своём телефоне, он с триумфальной радостью воскликнул: «Ага!! Я это сделал! Это удивительная машина, да?»

Вспоминая то, что доктор Нарам говорил ранее, я спросил его: «Вы сказали, что Ваш мастер дал вам технологии, или инструменты. Технологии, или инструменты, чтобы делать что? Что Вы имеете в виду?»

«Хороший вопрос. Веришь ты или нет, но мой мастер раскрыл мне секрет на миллиард долларов. Он сказал, что 95 процентов людей на этой планете не знают, чего они хотят. Они просто не знают, чего хотят! Поэтому большую часть своей жизни они проводят, разглядывая витрины. Померить эту вещь или ту, попробовать то или другое, эту работу или ту, этого супруга, а потом следующего, они постоянно не удовлетворены».

«Мой мастер мне сказал, что только 3 процента людей на этой планете знают, чего хотят, но не достигают этого, поскольку у них нет нужных инструментов. Один процент людей знают, чего они хотят, и они достигают этого, но не могут получать от этого удовольствие. В процессе достижения своей цели они получают или высокое кровяное давление, или высокий уровень холестерина, или проблемы со спиной и семейные проблемы, проблемы в отношениях и что-то подобное. И есть тот самый 1 процент людей, которые знают, чего они хотят, достигают этого и получают от этого удовольствие».

Услышав эти цифры, я задался вопросом: *«Разве я вхожу в 95 процентов, которые не знают, чего они хотят? Я за многое благодарен в моей жизни, так почему я до сих пор большую часть времени не удовлетворён? Движется ли моя жизнь в правильном направлении?»*

Доктор Нарам продолжал: «Древняя система исцеления Аюрведы, которой можно обучиться в университетах Индии, известна как «наука жизни». Линия целителей, к которой принадлежу я, Сиддха-Веда (или Сиддха-Рахаршайам) выходит за рамки этого. Сиддха-Веда содержит секреты глубокого исцеления. Древние секреты в нашей линии можно получить только непосредственно от мастера к ученику, это супер-специальность. Часть исцеляющих секретов Сиддха-Веды помогает людям *обнаружить*, а затем *достичь* того, что они хотят, и таким образом они могут наслаждаться достигнутым».

Он сделал паузу и сказал мне: «Однако технологию, которую я не понимаю, они называют *Интернеты*».

Я засмеялся, потому что доктор Нарам произнёс его во множественном числе.

– Скажи мне, – произнёс он. – Как ты думаешь, интернеты помогут мне охватить большее количество людей? Физически я не могу принимать большое количество пациентов в день». Оказалось, что он принимал около ста человек в день в Европе, США и Австралии, а в Индии – 300 в день. Я не мог себе представить, как это вообще возможно.

– Уверен, вы могли бы охватить больше людей с помощью *Интернета*, – сказал я, подчеркнув поправку в слове Интернет. – Но, честно говоря, я до сих пор не понимаю, что именно Вы делаете.

Мне нравилось быть рядом с ним, я чувствовал себя очень хорошо в его присутствии. У него была юношеская невинность и игривость, которая сочеталась с глубокой заботливостью. Я просто не знал, чем я могу ему помочь, в особенности потому, что не понимал, о чём он говорил. И тут доктор Нарам сказал то, чего я никак не ожидал: «Почему бы тебе не приехать в Индию и не посмотреть на всё самому? Я хочу, чтобы ты встретился с некоторыми людьми».

Удивлённый и смущённый приглашением, я не сразу ответил ему.

– Поначалу многое может быть для тебя бессмыслицей, Клинт, – продолжал доктор Нарам. – Ты смотришь на жизнь через другие линзы. И пока не можешь понять, что я делаю, но, когда ты будешь наблюдателем и свидетелем этого, ты почувствуешь частичку надежды, и это сделает тебя счастливым. Ты не сразу поймёшь почему, но постепенно, со временем, всё станет для тебя гораздо яснее.

Хотя я был тронут его приглашением, мне было трудно подумать об этом всерьёз, и у меня не было намерения ехать в Индию в ближайшее время. Так что я сменил тему на то, что очень заинтриговало меня.

– Как можно понять человека, просто прикоснувшись к его пульсу?

– Хотел бы ты испытать это?

Я кивнул, и доктор Нарам попросил меня протянуть руку. Он положил три пальца на моё запястье и закрыл глаза перед тем, как заговорить.

– Бывают ли у тебя иногда головные боли? Иногда проблемы с

желудком? Есть дисбаланс Питты, и некоторые аам, это токсины. Но в основном у тебя хорошее здоровье.

Несмотря на то, что он был прав относительно моих головных болей и проблем с пищеварением, тем не менее я был больше смущён, чем впечатлён.

– Я не понимаю. Что такое *питта*?

– Огонь, – сказал он, – или элемент огня в твоём теле. Он немного вышел из равновесия, но не волнуйся, мы можем помочь. Он записал имена нескольких незнакомых мне трав на листе бумаги.

Я не мог не задаться вопросом, в чём заключается его трюк? В том, чтобы сказать человеку, что у него что-то не в порядке, причём непонятным языком, рекомендовать средства, которые уберут эту «проблему», и в итоге пациент покупал эти средства?

Я вообразил, что разговариваю с человеком, на ходу придумываю его проблему со здоровьем и объясняю ему: «Ваш бип-боп-буп в дисбалансе, я очень сожалею об этом». При этом я бы его успокоил и сказал бы: «Вы счастливчик, вы в хороших руках, у меня есть для вас волшебное лекарство от бип-боп-бупа в виде таблеток, всего за сто долларов».

Вот как я себя чувствовал, когда доктор Нарам сказал мне, что у меня был «дисбаланс Питта». Я поблагодарил его за интервью и пожелал спокойной ночи.

Этот неуклюжий момент

После выхода из комнаты я передал лист бумаги с названиями трав Марианджи, которая была с доктором Нарамом в день нашей первой с ним встречи. После общения с Доктором Нарамом она более подробно рассказывала пациентам о рекомендуемых травах и диете и брала оплату за консультацию. Марианджи объяснила, что такое доши или типы элементов природы, и как эти доши выходят из равновесия и создают проблемы со здоровьем. «*Питта* – это огненная доша, – сказала она. – *Вата* - ветер-доша и *капха* - соответствует воде/земле. Дисбаланс дош приводит к проблемам, которые могут быть предсказуемыми и разрешимыми. Измерение пульса у пациента помогает доктору Нараму и таким, как он, мастерам-целителям, выявить дисбаланс и блоки у пациента». Затем Марианджи спросила меня: «Какую пищу Вы употребляете?»

Я описал буррито из микроволновки, пиццу и другие продукты, подходящие для холостяка-аспиранта и исследователя. Она поругала меня и сказала, что я должен заботиться о себе. Она описала четыре травяные добавки, которые доктор Нарам прописал для баланса моей конституции и которые очистят от *аам* (произносится *аххм*; иногда называют *ама*) или токсинов в моём теле.

И тут я стал чувствовать раздражение, потому что в тот момент, когда она начнёт мне предлагать купить травяные средства, я собирался ответить, что не собираюсь их покупать, но этот момент так и не наступил.

«В благодарность за работу, которую вы делаете, – сказала она, – мы дарим Вам травы, которых хватит на два месяца.»

Я был очень удивлён и поблагодарил её. Выйдя оттуда, я не имел ни малейшего представления, что мне делать дальше. Это была самая странная встреча в моей жизни.

Неделю спустя травы прибыли. Я принимал их в течение нескольких дней из любопытства. Часть меня задавалась вопросом: «Может, у меня будет чудесный результат?» Но вместо этого я чувствовал боль в животе: «*Что, если вместо того, чтобы помочь, они причиняли мне вред?*» Я понятия не имел, кого об этом спросить, поэтому я положил их вместе с кольцом, которое он мне дал, в ящик, который я редко открывал. Когда я вернулся к своей повседневной жизни, мысли о докторе Нараме исчезли.

Сила женщины

Если бы не произошло одно событие, возможно, я бы никогда не изменил своего мнения о докторе Нараме и «его волшебных травах».

Пару недель спустя я снова поехал в Калифорнию, в Сан Диего. На этот раз я поехал с одним из моих лучших друзей Джоуи для продвижения проекта, над которым мы работали. Однажды, когда мы сидели в кафе рядом с пляжем, он познакомил меня с женщиной по имени Алисия.

Помните, я сказал в конце предыдущей главы, что всё началось с девушки, на которую я хотел произвести впечатление? Алисия и была той самой девушкой.

Она была великолепна: сияющие голубые глаза, густые каштановые волосы, прекрасный цвет лица. Она была одета в яркую свободную одежду, которую обычно носят в кафе на пляже Сан-Диего. Её голос и манера держаться были игривыми, но искренними. С самого начала разговора я был очень тронут её духовностью и чувствительностью, это притягивало меня к ней.

Захотев узнать побольше о ней, я начал с того, что мне удаётся лучше всего в неловких ситуациях – задавать вопросы. Алисия рассказала мне о своей страсти к чему-то под названием Аюрведа*. Она описала это как древнюю восточную систему исцеления, которая видит человека более целостно, чем западная медицина.

– Слово «аюрведа» можно перевести как «наука жизни», – сказала она.

«*Наука жизни*, – подумал я. – *Что это?*» Хотя доктор Нарам поделился этим определением со мной, и тогда это тоже прозвучало забавно, меня это заинтересовало намного больше, когда то же самое прозвучало от Алисии.

Хотя я скептически относился ко всей этой теме, но я интересовался наукой, а ещё больше меня заинтересовала девушка.

– Знаешь, – сказал я, – я недавно брал интервью у мужчины, «мастера-целителя» из древней гималайской линии врачей-целителей, которую он называл *Сиддха-Веда.** Он был врачом Матери Терезы, Далай Ламы, Нельсона Манделы, тысячи пожарных, которые спасали людей 11 сентября.

Я цеплялся абсолютно за всё, что было связано с её интересами, чтобы продолжить разговор. И почему бы также не вставить некоторые имена, если это поможет привлечь её внимание ко мне?

Мне было нелегко в общении с женщинами. Однажды я встречался с девушкой, которая сказала мне, что она молилась, чтобы привлечь моё внимание к ней, и это было правдой. Думаю, мне просто было более комфортно за компьютером или заниматься научно-исследовательской работой, чем пытаться разобраться в женщинах. Но могу сказать, что что-то в этом разговоре с Алисией сработало. Всё, что я говорил о докторе Нараме, очень её взволновало, и в моей неловкой попытке удержать с ней связь я предложил познакомить её с доктором Нарамом.

– Ты можешь это сделать? – сказала она. – Сбылась бы моя мечта!

---

*Диаграмму, сравнивающую схожесть и различие Сиддха-Веды, Аюрведы и современной медицины, смотрите в приложении в конце книги.

Эта потрясающе красивая женщина улыбнулась мне, записала свой номер телефона и попросила меня оставаться на связи! Я был в шоке!

Блаженство, овладевшее было мной, быстро превратилось в беспокойство: смогу ли я на самом деле выполнить своё обещание? Под грузом своего обещания я позвонил в офис доктора Нарама в Мумбае, чтобы узнать, действительно ли его приглашение приехать в Индию.

Я не мог себе представить, что то, что началось с моей попытки произвести впечатление на красивую женщину в пляжном кафе Калифорнии, всего несколько месяцев спустя приведёт нас к совместной поездке в Индию в клинику доктора Нарама.

Заметки Вашего дневника

Чтобы углубить и увеличить эффективность от прочтения этой книги, уделите несколько минут тому, чтобы ответить на следующие важные вопросы:

_____

_____

_____

_____

По шкале от 1 до 10 (1 очень низкий балл и 10 очень высокий балл) оцените, насколько счастливы Вы в жизни прямо сейчас? Как вы думаете, что может сделать Вас счастливым?

_____

_____

_____

_____

Мастер доктора Нарама сказал: «Каждое несчастье, каждая сложная ситуация или горе несёт в себе равнозначное или большее благо». Вспомните момент в Вашей жизни, когда в вызове была скрыта польза для Вас.

_____

_____

_____

_____

Какие ещё идеи, вопросы или озарения пришли к Вам, когда Вы читали эту главу?

_____

_____

_____

_____

ГЛАВА 3

Мистическая Индия, древняя наука и мастер-целитель

Чудеса случаются каждый день. Измените своё восприятие чудес, и вы их будете видеть везде.

Джон Бон Джови

Мумбай, Индия

В свой первый приезд в Индию я был ошеломлён всем, что увидел. Я был под впечатлением от достопримечательностей, звуков, запахов и ароматов.

Огромные небоскрёбы и многоквартирные дома были окружены скромными строениями ручной работы, в которых проживало поразительное количество людей. Различные ароматы еды, продававшейся на улице, смешивались с выхлопными газами самого разнообразного транспорта. Люди в европейской одежде перемешивались с теми, кто был одет в традиционные индийские наряды. Можно было встретить женщин в красивых сари и каких-то бородатых или лысых мужчин в свободных оранжевых халатах и сандалиях.

На шумных улицах Мумбая можно увидеть потоки людей и транспортных средств всех форм, размеров и цветов. Я приехал из другого мира. Выросший в Иден-Прери, штат Миннесота, я привык к широким, открытым полям и, по большей части, пустынным улицам. В основном, в Соединённых Штатах сигналят редко. И когда это случается, значит, кто-то либо рассердился, либо испугался. В Финляндии, где я жил на тот момент, практически не сигналили. В Индии же, напротив, водители сигналят без остановок. Они не злятся. Они мягко, но очень настойчиво говорят своими сигналами: «Эй, я здесь, пытаюсь проехать».

Я видел огромных коров, считающихся там святыми животными, по-королевски свободно разгуливающими везде, где им захочется – на тротуарах, на перекрёстках, даже посреди самых оживлённых улиц, препятствуя интенсивному транспортному потоку. Довольно часто эти святые коровы также оставляли свои святые испражнения на тротуаре, и никто, казалось, не возражал.

Святые коровы свободно бродят или отдыхают на улицах Индии.
Фото получено из Алами

Удивительно, но люди не расстраиваются или не злятся, когда автомобиль (или корова) подрезает им дорогу, или если поездка занимает на час дольше времени, чем ожидалось. Каждый приспосабливается по ходу движения, тогда как в Америке это выглядело бы как соперничество. Сзади у красочно оформленных грузовиков или рикш я увидел зелёные перцы чили и лимоны, обвязанные верёвкой, для защиты. Наверное, это их версия нашей кроличьей лапки на удачу. Было очень забавно видеть написанные от руки знаки на задней части большинства грузовиков, которые гласили: *Сигнал, пожалуйста*. Я думаю, таким образом они поощряют водителей малогабаритных авто давать знать водителям грузовиков, что те пытаются проехать.

Прогуливаясь по улицам Мумбая между людьми и автомобилями, движущимися во всех направлениях, я удивлялся, как они все остаются целы и невредимы в этом хаосе. *Может быть, именно поэтому они все хотят развить свой «третий глаз».*

Индия – одна из древнейших цивилизаций, где зародилось письменное слово, и где родился Ганди, эта страна имеет интересную духовную экосистему. Культура внутреннего развития сильно отличается от той, к которой я привык на Западе. В Соединённых Штатах мы делаем открытия науки и техники в университетах и лабораториях. Мы фокусируемся на освоении осязаемого внешнего мира. В Индии бесчисленное количество риши, йоги и духовных мастеров, они направляют внимание на освоение внутреннего мира через сознание, пробуждение интуиции (*третьего глаза*) и исследуют метафизические опыты проживания. Они используют медитацию, йогу, древние методы исцеления, *прану* или жизненную силу. В Индии, как нигде, огромное количество различных вероисповеданий: индуизм, кришнаизм, джайнизм, сикхизм, ислам, буддизм, христианство, иудаизм и ещё очень много другого, всего не перечислить. Количество гуру и богов не перечесть, и такие, как я, на Западе о них не имеют ни малейшего понятия. Я встретил последователей всевозможных методов и учителей, в том числе Ошо, Саи Баба, Йогананды, Гурумайи и Сваминараяна, поглощённых изучением неосязаемого сверхъестественного существования за пределами нашего разума. Проходя мимо уличного торговца, я спонтанно купил книгу «*Автобиография Йога*», о которой я никогда раньше не слышал, и только позже узнал, что она хорошо известна в мире. Словом, я был полностью погружён в новый мир, который далеко выходил за пределы моего мировоззрения.

Все чистые чёткие линии, которыми мы очерчиваем всё в Америке, оказались размытыми, как только я попал в Индию. Я привык к тому, что у меня есть один Бог, который был похож на более старую и гораздо более мудрую версию меня, только с бородой и облачённый в белое. В Индии существовали тысячи храмов, посвящённых сотням богов: у одного было тело человека и голова слона, у другого была синяя кожа, один был похож на обезьяну, а какая-то богиня пользовалась восьмью руками и ездила на тиграх, и это всего лишь некоторые из них. Пытаясь разобраться в этом, друг объяснил мне, что, хотя индусы действительно верят только в одного Бога, они чувствуют к тому же, что Бога невозможно заключить только в один образ. Имея так много различных версий Бога, люди погружаются в духовное царство, которое выходит за пределы логики и разумного рассуждения. Храмы, мечети и места поклонения различным богам были повсюду, они располагались на оживлённых улицах и сияли всей своей величественной красотой на больших участках земли, повсюду были длинные очереди людей, желающих попасть внутрь. Я привык к чувству благоговения и тишины в церквях, но в индуистских храмах поклонение сопровождается звоном колоколов, огнём и даже криками. Есть чувство предвкушения, взволнованности и веселья, как на фестивале Холи, где участники праздника бросают друг в друга разноцветный мел, пока все не покроются радугой цветов с головы до ног. Это действует опьяняюще!

Алисия и я прибыли в январе 2010 года, когда погода была тёплой и мягкой. Под впечатлением от обилия увиденного и услышанного в этот первый приезд в Индию, мы были рады укрыться от движения и заторов в мирном зелёном здании клиники доктора Нарама. Еда в кафе была восхитительной, я понятия не имел о таких сочетаниях вкуса и текстуры.

Персонал был очень любезным, и я спросил нашего официанта, что означает, когда при разговоре со мной индийцы качают головой из стороны в сторону. Он ласково назвал это «индийским покачиванием головой» и сказал мне, что оно может означать: «да, я согласен» или «нет, я не согласен». Я спросил: «А как я могу отличить?» На что он ответил: «Я не знаю». Мы все рассмеялись. Я решил, что это просто означает: «Я согласен с тем, что ты говоришь».

Я приехал в Индию, следуя импульсу, и со значительными для меня расходами. Готовясь к поездке, я перенёс все проекты, над которыми работал. Для того, чтобы Алисия присоединилась ко мне, я использовал все свои накопленные авиа-мили, чтобы купить ей билет. Я был очень взволнован тем, что мы проведём это время вместе.

Я полагаю, это был огромный риск и для неё – путешествие в чужую страну с кем-то, кого она едва знала. В Индии она светилась ярче обычного, и я очень нервничал в её присутствии. Я хотел произвести на неё впечатление, но, учитывая мою проблему тревожности, связанную с социумом, я мог только задавать много вопросов, а сам почти не отвечал. Я утешал себя мыслью, что даже если, между нами ничего не получится, то, по крайней мере, я помог осуществить поездку её мечты.

*Слева: Алисия, я и Свами Омкар, с которым мы познакомились в клинике.
Справа: Винай Сони, очень добрый административный помощник доктора Нарама.*

Когда доктор Нарам прибыл, начался переполох. Рядом с ним шёл высокий мужчина в рубашке кремового цвета, с неизвестным мне значком на кармане. У него была красная точка на лбу, с жёлтыми отметинами вокруг. Это был Винай *(произносится Вихнай)*, административный помощник доктора Нарама, с которым я говорил по телефону, чтобы организовать наш визит. Его лицо соответствовало скромному и дружелюбному тону его голоса.

Многие из тех, кто приветствовал доктора Нарама, приехали издалека, чтобы встретиться с ним, для многих это было совсем нелегко. Некоторые видели его в первый раз, другие знали его в течение десятилетий. Когда он шёл сквозь толпу людей, его взгляд встретился с моим. Он остановился и улыбнулся, прижав руки к груди в позе *намасте*. В ответ, улыбаясь, я сделал то же самое, потому что из нашего интервью я помнил, что означает это приветствие. Его дружелюбное поведение облегчило мою нервозность, в которой я пребывал.

«Я очень счастлив, что ты здесь», – сказал он. Я познакомил его с Алисией, которая широко улыбалась. Затем он проследовал в свой кабинет, чтобы начать приём пациентов.

Когда ваша жизнь, как сущий ад

Бам! Одиннадцатилетняя девочка-аутист по имени Джия (произносится *Джи-ух*) только что ударила того, кто собирался её успокоить. Её мама, сидевшая напротив доктора Нарама, расплакалась.

Мы с Алисией стояли в кабинете доктора Нарама, и помещение было переполнено людьми. Это были врачи из Германии, Италии, Великобритании и Японии – все они приехали, чтобы обучаться у него. Были сотрудники, оказывающие помощь, и пациенты, ожидающие своей очереди.

«Я бы хотела, доктор, чтобы моя дочь вообще не родилась. Я знаю, это звучит ужасно, но это правда!» – мать Джии изо всех сил пыталась объяснить, что представляла из себя её жизнь с таким ребёнком, как Джия. Пока она говорила, доктор Нарам тихо держал пальцы на запястье Джии, пока та не одёрнула руку. Перевернув коробку мятных конфет на столе, она вскочила со стула и начала скакать вперёд и назад из одной стороны комнаты в другую.

«Моя жизнь – ад! – сказала мать Джии. – У нас нет жизни в социуме, нет жизни вообще. Я всё время должна быть начеку, чтобы она не повредила себя, нас или кого-то ещё. Мы не можем быть с ней среди людей, я истощила все запасы своих сил, чтобы справляться с ней. Она хочет есть только мясо или нездоровую пищу. Она бросает всё, что мы пытаемся ей дать, в нас или на пол. У меня напряжённые отношения с мужем. Он говорит о том, что хочет оставить меня. Я набрасываюсь на других двух наших детей, которые, чувствуя себя заброшенными, становятся агрессивными и ведут себя всё хуже и хуже. Я чувствую себя ужасной женой и несостоявшейся матерью».

Сгорбившись, в полном отчаянии, она горько плакала.

Доктор Нарам похлопал её по руке. «Я не Бог, – сказал он спокойным голосом, – но я помог тысячам таких детей. Очень важно, чтобы Вы ответили на этот вопрос: «Чего вы хотите?»

«*Вот опять*, – подумал я. – *Этот вопрос*».

«Я просто хочу, чтобы она была нормальным ребёнком, чтобы жила нормальной жизнью».

Пока она говорила, доктор Нарам делал заметки о том, что он нашёл в пульсе Джии. Он быстро поставил галочку на бумаге с названиями различных травяных формул. Посмотрел своими яркими, горящими глазами на мать и твёрдо сказал: «А что будет, если мы сможем изменить жизнь Джии и вашу прямо сейчас?»

Мать перестала плакать, но, казалось, и перестала дышать. Прежде чем она смогла ответить, доктор Нарам вышел из-за стола и поставил стул посреди комнаты. «Джия», – позвал доктор Нарам, похлопывая по стулу рукой.

Все смотрели на него, кроме Джии.

Она проигнорировала его.

Он подошел к ней и начал говорить. Она отчаянно вырвалась и побежала, по пути врезавшись в нескольких человек. Так повторилось несколько раз. Это казалось безнадёжным, и я задавался вопросом, почему он пытался сделать то, что явно не действовало. Эта девочка была слишком дикой, а столько других людей ждали своей очереди на приём.

Доктор Нарам снова подошёл к ней и попытался особым образом приставить руки к её голове, чтобы нажать на некоторые точки, которые, по его словам, активировали конкретные *мармаа*.

«Работа с субтильными энергетическими точками, – пояснил он, – может помочь удалить блоки и восстановить баланс тела».

Только когда он стал касаться конкретных точек на голове, Джия вытянула руку и вцепилась в его лицо своими сильными маленькими руками. Её острые ногти впились в его левую щёку, на тёмной коже появилось несколько капель ярко-красной крови. Доктор Нарам отпрянул от удивления.

«Джия!» – в шоке закричала её мама, она пыталась схватить дочь, когда та снова побежала через комнату. Наблюдая, как доктор Нарам вытер салфеткой кровь, я почувствовал, как в моём теле нарастает напряжение. Алисия выглядела очень испуганной.

Но царапина остановила доктора Нарама лишь на короткое время. Он снова стал называть её имя:

«Джия».

Когда она не ответила, мать снова выкрикнула её имя и попыталась заставить девочку сесть на стул.

«Нет! – резко произнёс доктор Нарам. – Разве вы не понимаете? Я пытаюсь научить вас чему-то».

Напряжённость пронизывала всю комнату. Удивлённая мать отпустила своего ребёнка, Джия сначала смотрела, как ругают её мать, а потом рванула в другой конец комнаты. По пути она наткнулась на коробку с мятными леденцами на полу и начала рассматривать её с большим любопытством.

Доктор Нарам присоединился к ней: «Очень интересно, да?»

Она постучала по ней, и он также постучал за ней. Её мать пыталась схватить её за руку, чтобы выдернуть коробку прочь. Снова доктор Нарам твердо сказал: «Нет. Я пытаюсь научить вас чему-то. Разве вы меня не понимаете?»

Джия посмотрела на доктора Нарама, а затем вернулась к изучению коробки. Доктор Нарам засмеялся и, улыбаясь, сказал: «Она любознательная».

Затем, обращаясь к маленькой девочке, он сказал: «Ты мне нравишься, Джия. Мне нравится твоя любознательность».

Они исследовали коробку вместе. Он открыл её, взял леденец и дал ей. После короткого обмена он смог мягко положить руки на её голову и сделать первую мармаа. Приложив ладонь правой руки на лоб девочки и ладонь левой руки на затылок, пальцами обеих рук он слегка нажимал на верхнюю часть головы, направляя пальцы друг к другу. Он сделал шесть таких сжатий. Затем взял её правую руку и шесть раз нажал на кончик указательного пальца. Джия смотрела на него с любопытством, но не сопротивлялась.

Я был удивлён. Было ли это тем самым великим приёмом, который мог что-то изменить? Каким непостижимым образом могли помочь нажатия на точки головы и руки девочки?

Когда доктор Нарам начал нажимать на третью мармаа, место между носом и верхней губой, Джия оттолкнула его руку и побежала в угол комнаты. Он терпеливо направился к ней и начал с самого начала – с первой мармаа, затем второй, успокаивая её своим голосом. Когда он попытался сделать третью мармаа, она, хотя и неохотно, но подпустила его.

«Ты очень хорошая девочка, Джия», – сказал он.

Доктор Нарам поймал её внимательный взгляд, затем подошёл к пустому стулу, постучал по нему рукой шесть раз и назвал её имя. Она тотчас резко отвернулась от него и сосредоточилась на коробке, которую держала в руках. Он подошёл снова и повторил три мармаа в той же последовательности несколько раз, говоря всё это время тихо и любезно:

«Теперь, Джия, когда ты подойдёшь со мной к этому стулу, все в этом кабинете будут приветствовать тебя шумными аплодисментами».

Он осторожно взял её за руку и твёрдо сказал: «Теперь пойдём со мной, Джия!»

Она последовала за ним к стулу и села прямо напротив него.

Мы все начали хлопать. В первый раз Джия посмотрела на людей в комнате сквозь толстые стёкла своих очков и одарила всех широкой улыбкой. Доктор Нарам тоже сиял.

Он похлопал её правой рукой по области её сердца и сказал: «Очень хорошо, Джия!»

Затем доктор Нарам похлопал по другому стулу, но она не сдвинулась к нему. Вместо этого она направилась обратно к своей коробке. Он терпеливо повторил точки мармаа и сказал: «Теперь иди сюда, Джия». На этот раз она подошла к этому стулу и села. Все похлопали, и Джия улыбнулась ещё более сияющей улыбкой.

И опять доктор Нарам похлопал её по области сердца шесть раз, говоря слова ободрения: «Очень хорошо, Джия. Теперь пойди и познакомься с доктором Джованни, а затем вернись и сядь на стул».

Когда доктор Нарам говорил, он демонстрировал Джие всё, о чём говорил: он подошёл к доктору Джованни, пожал ему руку, а затем вернулся и сел на стул. Она выглядела смущённой. И вновь доктор Нарам сделал три мармаа в той же последовательности. Он демонстрировал то, о чём он её просил несколько раз, сопровождая это последовательно мармаа.

На этот раз он держал её за руку, и она последовала за ним к доктору Джованни, пожала ему руку, а затем триумфально села на стул под наши аплодисменты. Затем она должна была сделать то же самое с одним из пациентов клиники по имени Пол Сури, который приехал из Нью-Джерси. Пол очень подбодрил Джию. И вдруг я услышал то, что меня очень удивило: «А теперь пойди и познакомься с доктором Клинтом».

Доктор Нарам продемонстрировал то же самое, но уже со мной, подойдя ко мне и пожав мне руку. На этот раз было достаточно одного раза. Джия сразу же пошла ко мне, пожала руку, и что-то растаяло глубоко внутри меня. Она так тепло мне улыбнулась, что я не мог не улыбнуться в ответ. Я посмотрел на Алисию, которая сияла от радости. Все хлопали и улыбались, все, кроме матери Джии. Она стояла вся в слезах и повторяла – «Я... Я не понимаю».

Доктор Нарам сказал: «Важно помнить, что Джию не заботит ваше понимание, ей также не до ваших слёз. Она заботится о своём понимании! Мармаа – это древняя техника трансформации. Через эти мармаа вы можете передавать сообщения, которые идут непосредственно в подсознание таким образом, *что она может чувствовать себя понятой*. Когда вы будете сочетать мармаа с определённой диетой, травяными лечебными средствами, домашними средствами, то могут произойти удивительные вещи. Я проделываю эту работу в течение 30 лет с тысячами детей, и результаты потрясающие. Она будет слышать и слушать вас и станет счастливой и здоровой».

Доктор Нарам попросил доктора Джованни пойти с Джией и её матерью в отдельную комнату, чтобы обучить её технике мармаа, объяснить диету и ответить на любые вопросы о травяных формулах, которые он прописал девочке.

Когда доктор Джованни открыл дверь, доктор Нарам увидел семью, ожидавшую в зале. Он оставил всё, чтобы поприветствовать их, и горячо обнял молодого отца. «Всякий раз, когда я вижу этого человека, я чувствую, что это лучше, чем получение Нобелевской премии!» – воскликнул он.

Глядя на мать Джии, доктор Нарам сказал: «Когда я впервые встретил этого мужчину около пятнадцати лет назад, он был намного хуже, чем ваша дочь. Его мать потеряла всякую надежду». Он подвёл её к пожилой матери, которая также вошла в комнату, а затем положил руку на плечо молодого человека:

«Он не мог одеваться самостоятельно, произносил всего несколько невнятных слов и постоянно слюнявил. Его мать мечтала только об одном, чтобы он был нормальным мальчиком. И после ежедневных усилий на протяжении многих лет подряд этот мальчик превратился в мужчину!»

«Он до сих пор пока не на все 100 процентов», – сказала его мать.

В ответ доктор Нарам сказал: «Да, но посмотрите сейчас. После всех этих лет, следуя знаниям древних секретов глубокого исцеления, его мозг вырос! И, хотите – верьте, хотите – нет, но этот мальчик, который когда-то не мог произнести собственное имя, в настоящее время женат и имеет работу. Он обеспечивает свою семью, у него прекрасная жена и талантливая дочь». Доктор Нарам указал на его жену и дочь, стоявших рядом с ним, и добавил: «Его дочь настолько хорошо занимается, что она лучшая ученица в классе!»

«Смотрите, – сказал доктор Нарам пожилой матери, – ваш сын счастлив со своей женой, и у них прекрасная дочь. Теперь взгляните на доктора Джованни: мы никак не можем его женить». Все засмеялись, включая доктора Джованни.

Доктор Нарам посмотрел на мать Джии и сказал: «Пожалуйста, поговорите с этой семьёй. Вдохновитесь их примером, посмотрите, что возможно, если вы действительно решите следовать древним секретам более глубокого исцеления. Это требует времени, терпения, приверженности и усилий, но возможны потрясающие результаты!»

Затем он повернулся ко мне. «Доктор Клинт, вы также должны поговорить с ними, чтобы услышать всю их историю».

Я последовал за двумя семьями и доктором Джованни в другую

комнату. Я считал, что должен записать невероятную историю этого молодого отца и его прекрасной семьи.

Позже, проделывая онлайн-исследование, я был потрясён, когда прочитал, что по данным Центра по контролю и профилактике заболеваний США (CDC) за последние 20 лет количество аутистов возросло в 600 раз! Я обнаружил, что только в Соединённых Штатах один из семидесяти мальчиков – аутист. Эта статистика не включает в себя миллионы других детей с синдромом дефицита внимания (СДВ/ СДВГ), других расстройств и социальных фобий. Понаблюдав за Джией всего несколько минут, я задумался о том, какой была жизнь каждой из этих семей. Я нигде не мог найти даже упоминания о древних методах исцеления, которые использовал доктор Нарам. Просмотрев всю предложенную в интернете информацию по решению проблем аутизма, я понял одно: поскольку западная медицина не знает, как лечить аутизм, большинство этих детей принимают прописанные врачами лекарства, которые дают разного рода побочные явления. Просматривая видео и свои заметки, я спрашивал себя, скольким людям можно было бы помочь с помощью древнего метода исцеления, который использовал доктор Нарам».*

Глобальное притяжениее

Мы старались проводить с Алисией в клинике как можно больше времени. Каждый день приходили сотни людей, и доктор Нарам часто задерживался далеко за полночь. Сидя в кафетерии или гуляя по коридорам, я начал расспрашивать пациентов и иностранных врачей об их опыте. Я хотел услышать от самих врачей, зачем они приехали сюда. Я задавался вопросом, почему пациенты ехали так далеко, чтобы провести всего пять-десять минут с доктором Нарамом. За одну только неделю я насчитал пациентов из восьмидесяти пяти стран!

К середине недели я уже записывал всё больше видео – разговоров и интервью с пациентами. Я также фотографировал их медицинские

---

*Бонус Материал: для получения дополнительной информации о том, как доктор Нарам помогает кому-то с СДВ/ СДВГ или аутизмом, пожалуйста, посмотрите видео на сайте MyAncientSecrets.com в свободном доступе. И, как всегда, пожалуйста, помните о медицинской оговорке.

отчёты, когда они мне это позволяли. Чем больше я слышал и видел, тем больше меня удивляло то, что никто ещё не запечатлел эти истории. Я чувствовал, что мои записи могут быть хорошим подарком в благодарность доктору Нараму за то, что он позволил нам присоединиться к нему. Это также дало нечто большее, чем ожидания, что Алисия мною заинтересуется.

Диапазон заболеваний, при которых, по утверждению людей, доктор Нарам им помог, был поразительным. От боли в суставах до бесплодия, от кожных заболеваний до гормонального дисбаланса, от болезни сердца, гидроцефалии, психических заболеваний и даже онкологии. Услышав об этом, меня продолжал мучить вопрос: «*Врачи в Соединённых Штатах, как правило, сосредоточены на одной области специализации (например, кардиолог или уролог). Каким же образом Доктор Нарам достиг такого диапазона знаний?*» Я всё ещё задавался вопросом: «*Было ли всё это просто эффектом плацебо?*»

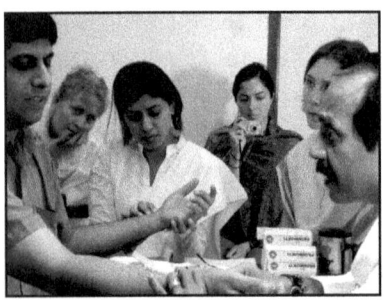

Алисия фотографирует происходящее в офисе доктора Нарама.

Я обнаружил, что, хотя условия сильно различались, некоторые назначения были общими для всех. Так, например, изменение привычек, в том числе в питании. К тому же, выздоровление происходит не сразу, на это нужно определённое время. Многие признавались, что пробовали другие методы в поисках быстрого решения своих проблем, прежде чем попасть к доктору Нараму. В большинстве случаев эти методы, дающие быстрый результат, сопровождались большим количеством побочных эффектов. Они сказали мне, что древние методы исцеления доктора Нарама заняли больше времени, но принесли реальные, долгосрочные и более глубокие результаты без каких-либо негативных последствий.

На третий день молодая пара привела свою десятилетнюю дочь, которая ещё не разговаривала. Доктор Нарам работал с ней около десяти минут, нажимал на определённые точки на её теле и просил её отвечать. Все присутствующие в комнате с напряжённым вниманием следили за происходящим, как вдруг эта маленькая девочка выпалила: «Мама!» Когда лицо девочки просияло от радости, раздался взрыв аплодисментов. Она вновь произнесла «мама», и я перевёл взгляд на её маму, она была вся в слезах.

Некоторые рассказали мне о том, что они знакомы с доктором Нарамом более тридцати пяти лет. Они чувствовали, что были частью его семьи. Другие познакомились с ним совсем недавно, провели рядом с ним всего пять минут, а затем, принимая его целительные травы, домашние средства и питаясь по-новому в течение последующих месяцев, получили результаты на глубоком уровне. Я был поражён тем, что учителя из столь многих различных духовных традиций послали своих учеников и последователей к доктору Нараму за помощью. Некоторые пришли для лечения физических болезней, а другие для очищения тела от токсинов, подготавливая себя к медитациям и глубоким духовным практикам.

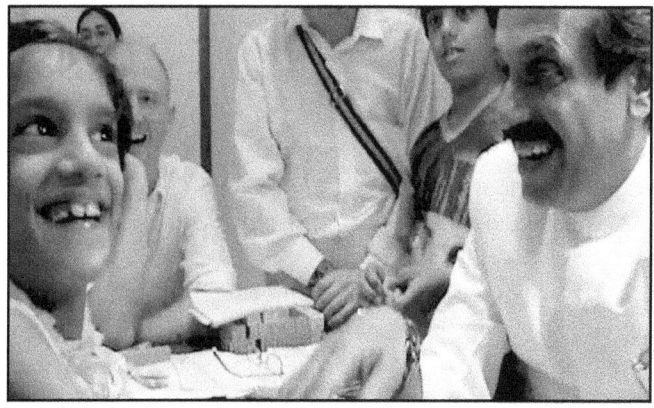

Скриншот с видео – момент сразу после того, когда маленькая девочка сказала «мама» в первый раз.

Меня заинтриговало всё происходящее, но я не имел никакого понятия, что мне с этим делать. Несмотря на все замечательные вещи, свидетелем которых мне довелось быть, я становился всё более раздражительным. Становилось до боли ясно, что отношения между Алисией и мной не выйдут за пределы дружбы. На тонком невербальном уровне я чувствовал, что, хотя она и была очень благодарна за этот опыт, но я её не интересовал. У меня было смешанное чувство разочарования, печали и смирения.

Неожиданное лечебное средство

В наш последний день в клинике доктор Нарам попросил меня остаться поговорить с ним после окончания приёма пациентов. Я был взволнован нашим предстоящим разговором, но когда должна была состояться наша встреча в 1:30 утра, я ни на чём не мог сосредоточиться из-за пульсирующей головной боли.

«Могу ли я задать Вам вопрос? – произнёс я, когда мы, наконец, сели. – Как я могу избавиться от этой головной боли? Я ем здоровую пищу, проделываю упражнения, а сегодня даже был на терапевтическом массаже. Я не знаю, откуда она взялась».

Его тёмные любознательные глаза сосредоточились на мне: «Где больно?»

Сосредоточившись на исходной точке боли, я указал на основание моей головы и шеи.

«Это головная боль вата», – сказал доктор Нарам.

Я даже не подозревал, что существуют различные виды головных болей и их определение.

«Для такого рода головной боли ваше лекарство . . . луковые кольца».

«Что? «Луковые кольца?» *Мне не послышалось?*»

Доктор Нарам улыбнулся: «Первый мастер моей линии Сиддха-Веда, Дживака учил, что всё может быть либо ядом, либо лекарством, в зависимости от того, как вы его используете. Например, вода является лекарством для девяноста двух условий и ядом для двадцати шести. Даже то, что вы делаете, ваша работа, может быть лекарством или ядом, в зависимости от того, соответствует ли это вашему предназначению в жизни или нет».

Он объяснял мне очень терпеливо, но энергично и с энтузиазмом, и меня это поразило, поскольку я знал, что сегодня он принял более трёхсот пациентов.

«Есть три основных вида головных болей и много различных подтипов. Луковые кольца не сработают для *каждого* типа головной боли. Кроме того, если ты ешь их всё время, они будут создавать токсины в твоём теле. Для долгосрочного и более глубокого исцеления я скажу тебе, что ещё нужно делать. Но для твоей головной боли прямо сейчас нужно съесть луковые кольца, это временное лекарство. Просто проверь его на себе».

Доктор Нарам попросил шеф-повара, который был всё ещё на работе, приготовить некую свежую пакоду из лука (произносится пах-кохдах; индийское блюдо, похожее на жареные луковые кольца). Моя голова пульсировала. Когда я положил вкусно приготовленный лук в рот, мне было любопытно, что произойдет. Я испытал шок и благоговение: боль, которая становилась всё сильнее и сильнее в течение дня, вдруг быстро стала проходить и полностью исчезла в течение пяти минут.

> *«Всё может быть либо ядом, либо лекарством, в зависимости от того, как вы его используете».*
>
> Дживака
> (личный врач Будды)

«Это невероятно!» – сказал я доктору Нараму. Когда моя головная боль прошла, и моё сердце открылось, я спросил его: «Как это возможно?»

«Ты знаешь, Клинт, ты во многом напоминаешь мне меня самого в молодости».

«Действительно? Как так?» – я был заинтригован. В чём мы могли бы быть похожи?

«Я был так же запутан и смущён», – сказал он со смехом. Я совершенно растерялся.

Доктор Нарам улыбнулся и взял меня за руку. Он описал, как его учитель помог ему получить огромную ясность в жизни, обучая утерянным древним тайнам трансформации и глубокого исцеления:

«Лук является одним из многих мощных лекарств природы. Есть много секретов, как этот, которым я могу тебя научить. Они могут шокировать тебя вначале, но они могут изменить твою жизнь навсегда. Более того, как только ты о них узнаешь, ты сможешь помочь людям на всей планете!»

Я считал свой визит в Индию одноразовым мероприятием и предполагал, что вскоре вернусь к своей работе в области технологических исследований в университете. Сейчас я задавался вопросом, почему он мне всё это говорил? Я подумал, *разве не Алисия должна быть здесь для этого разговора вместо меня?* Когда я вышел за дверь, я увидел её, она обучалась чтению пульса у доктора Джованни. Я был доволен тем, что она также получает всё, что ей нужно. Было уже поздно, но доктор Нарам хотел поговорить со мной ещё раз, прежде чем я покину Индию, и пригласил нас с Алисией к себе домой на обед.

Когда я добрался до своей спальни, я понял, что вместе с головной болью растаяли также и разочарования этого дня. В ту ночь я почувствовал, что произошло чудо. Размышляя обо всём, мои мысли переместились к Алисии, а затем обратно к доктору Нараму. У него был способ помочь мне забыть о моих недостатках и мною же придуманных ограничениях. Он открыл мне мир новых возможностей. И он научил меня такому классному средству от головной боли!

Заметки моего журнала

Древние секреты исцеления головной боли Вата*

1) По словам доктора Нарама, первое, что нужно сделать, – это определить тип головной боли. Если боль в передней части головы в лицевой области, скорее всего, это головная боль Кафа. Если боль острая, на макушке головы, или с одной стороны, то, вероятно, это головная боль Питта. Если боль в затылочной части или у основания черепа, вполне вероятно, что это головная боль Вата.

2) Если это головная боль Вата, вы можете принять эти древние лечебные средства:

а) Домашнее лечебное средство – съешьте несколько луковых колец или луковую пакоду (индийское блюдо из жареного лука).

б) Мармаа Шакти – на четыре пальца ниже мочки ушей на каждой стороне шеи нажмите 6 раз.

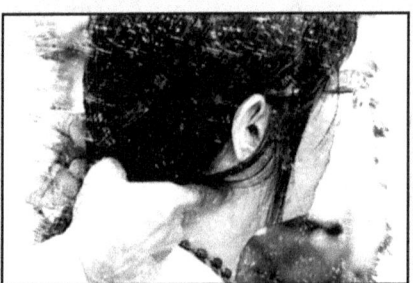

Очень важно: доктор Нарам рекомендовал это средство (луковые кольца) для конкретного типа головной боли и предупредил не принимать луковые кольца каждый день для «предотвращения головных болей», потому что это может стать ядом для вашего тела.

Бонус материал: чтобы увидеть, как доктор Нарам помогает от нескольких распространённых видов головной боли, пожалуйста, посмотрите видео на сайте MyAncientSecrets.com в свободном доступе.

Всякий раз, когда Будда путешествовал, Дживака путешествовал с ним, помогая заботиться о свите и всех тех, кто приходил в поисках просветления. Во время своих многочисленных путешествий Дживака открыл для себя новые растения и способы их применения. Он описал свои находки в рукописях, которые сохранялись на протяжении веков.

Чтение этой истории заставило меня улыбнуться. Казалось, доктор Нарам принял этот урок близко к сердцу: всё служило исцелению, даже луковые кольца.

Уже лёжа в постели, я задал себе вопрос, знает ли доктор Нарам какие-либо древние секреты, которые могли бы исцелить сердечную боль и *помогли бы преодолеть* непринятие.

Мастер Дживака. ГуглФото.

Ваши заметки в дневнике

Чтобы углубить и увеличить пользу от прочтения этой книги, уделите несколько минут тому, чтобы ответить на следующие вопросы:

Какие мысли, разговоры, продукты питания и/или виды деятельности действуют на Вас, как яд в Вашей жизни? (Снижение жизненной энергии)

_____

_____

_____

_____

Какие мысли, разговоры, продукты питания и/или виды деятельности позволяют Вам чувствовать себя так, как если бы это было лекарством для Вас? (Увеличение Вашей жизненной энергии)

_____

_____

_____

_____

Какие ещё идеи, вопросы или озарения пришли к Вам, когда Вы читали эту главу?

_____

_____

_____

_____

ГЛАВА 4

Что важнее всего?

Вы могли бы подойти к любому человеку и вместо того, чтобы спрашивать: «Как дела?», спросить: «Где болит?»

Генри Б. Айринг

Помните тот телефонный звонок моего отца, о котором я упоминал в начале этой книги? Это произошло на следующее утро. Я не мог не заметить подавленного страдания в его голосе:

«Сын, ты можешь вернуться домой? Мне нужно с тобой поговорить».

Когда я спросил, что происходит, отец не ответил. Он лишь подчеркнул, что ему нужно поговорить со мной лично.

«Как скоро ты можешь прилететь в Юту?» – спросил он.

Это случилось накануне нашего с Алисией вылета, мы должны были сесть в самолёт следующей ночью. Она возвращалась в Калифорнию, а я собирался через Нью-Йорк в Юту, где жили мои родители. Мысли об отце не покидали меня в течение всего дня.

Чтобы вы смогли нас лучше понять, я вам немного расскажу об отце и нашей семье. Мои родители вырастили восьмерых детей – нас был полон дом. Я был их шестым ребёнком, и мне нравилось говорить всем, что я любимчик. Однажды в школе друг меня спросил: «Почему в вашей семье так много детей, разве у твоих родителей не было телевизора?»

Большую часть времени я был рад, что у меня так много братьев и сестёр. Конечно, мы дрались из-за глупостей, но мы также

Моя семья, когда мне было около 6 лет. Я в центре, папа и мама – спереди справа, моя сестра Дениз – в верхнем левом углу.

много смеялись, умели играть и созидать. Я помню, как один из моих старших братьев принёс домой видеокамеру, и мы не могли оторваться от неё – без конца снимали смешные видеоролики. Уход из жизни моей старшей сестры Дениз (это было самоубийство) сблизил всех нас. Единственное, чего мы совсем не умели делать, так это говорить о своих чувствах, но мы знали, как сильно мы заботились друг о друге, даже не говоря об этом.

Мои родители были в крепком браке более сорока лет, пройдя через все радости и трудности жизни. Когда отец сделал предложение моей маме, он сказал: «Несмотря на всё то, что ты знаешь обо мне, ты всё-таки станешь матерью моих детей?» Я всегда думал, что это было очень забавно – сделать ей предложение таким образом.

Хотя у них никогда не было много денег, им всегда удавалось сводить концы с концами. Мне очень нравилось получать от соседей или семьи из церкви коробку, полную поношенной одежды. Я до сих пор помню, как был удивлён, когда узнал о том, что большинство людей ходят в магазин и платят за одежду немало денег. Мои родители учили нас молиться, быть бережливыми, трудолюбивыми, честными, целеустремлёнными.

Мама и Папа были очень разными. Моя мама любила доводить дело до конца, обладая талантом мотивировать людей к действию.

Я был поражён тем, насколько результативной она была и сколько всего успевала за день. Думаю, для того чтобы вырастить восьмерых детей, необходимо развить такую способность. Папа, напротив, был обеспокоен больше тем, как все себя чувствовали, а не тем, чем занимались.

Страстью моего отца было помочь родителям и учителям понять то, что он называл «недостающим звеном в образовании». Эта недостающая часть образования, по его мнению, заключалась в том, что в школе мы учим детей *что* думать, но не *как* думать. У него был девиз: «Одна-единственная идея может изменить жизнь ребёнка». Вдохновлённый Бенджамином Франклином, он любил интегрировать этику с образованием, обучая детей развивать характер и одновременно помогая им лучше изучать любой предмет. Мечтой моего отца была книга, которая бы объединила в себе опыт его работы за тридцать с лишним лет жизни. Её он планировал назвать «*Недостающая часть образования*». Отец хотел эту книгу передать по наследству своим внукам. Для этого у него на столе всегда была стопка бумаг, в ней были собраны интересные вопросы, истории и мероприятия, которые учили детей мыслить и делать правильный выбор. И мне в самых сложных жизненных ситуациях именно это и не удавалось.

У Папы было очень хорошее чувство юмора, он любил шутить. Когда я был маленьким и только учился завязывать шнурки, я спросил: «Папа, ты можешь надеть мои ботинки?» Он ответил с улыбкой: «Да, я могу попробовать, но я не уверен, что они мне подойдут». А потом он мягко и терпеливо учил меня завязывать шнурки. Когда один из нас подходил к нему сзади и массировал ему плечи, он говорил: «Я даю тебе на это ровно два часа».

Мы так много смеялись! Например, однажды вечером мой отец читал семейную молитву и заснул над книгой. А мы сидели и ждали, потому что не знали, что предпринять. Какими же замечательными были моменты, когда отец рассказывал истории и не мог удержаться от смеха. Он хохотал до слёз, и это было так заразительно, что мы смеялись вместе с ним. Именно он научил меня тому, что смех является одним из самых мощных лекарств для всякого человека или даже для всей семьи. Как бы он ни любил смеяться, он никогда не позволял себе насмехаться над другими людьми и останавливал нас, если мы это делали.

> *«Одна идея может изменить жизнь ребёнка».*
>
> Джордж Л. Роджерс

> *«Смех является одним из самых мощных лекарств для самого человека или семьи».*
>
> Джордж Л. Роджерс

На собственном примере он учил меня быть самоироничным, смеяться над собой и своими ошибками. Это здорово помогало легче пережить их и двигаться дальше.

Людям нравилось находиться рядом с ним. Когда я был подростком, мои друзья рассказывали мне, как сильно чувствовали его заботу о них. Когда мне было около шестнадцати лет, мой друг сказал мне: «С твоим папой так легко. Я смотрю ему в глаза и чувствую себя любимым».

Он был добрым и сильным. Если что-то не соответствовало его принципам, он никогда не шёл на компромисс. Однажды на Рождество, когда мне было около двенадцати лет, папа заметил, что я собираюсь незаконно скопировать музыку и видео. Я всего лишь хотел сделать маме и бабушке рождественский подарок, и для меня это было способом сэкономить деньги! Когда отец об этом узнал, он не одобрил моего намерения. Он сказал, что люди, которые создали эту музыку и видео, должны получать за это деньги. Он также сказал: «Никогда не делай ничего такого, за что тебе было бы стыдно, если это обнаружится». Затем мы отправились в магазин, и он добавил недостающую сумму, чтобы я мог купить видео и музыку, которые собирался скопировать. Он предотвратил мою ошибку настолько деликатно и в тоже время поучительно, что у меня от всей этой истории остались положительные эмоции.

Понимать и ценить маму – было делом трудным и сложным, и это пришло в мою жизнь позже. Я был чувствительным ребёнком и часто замечал, что за внешним проявлением вещей часто таилось что-то, что очень её беспокоило. Я не знал, была ли причина во мне и моих ошибках, мама никогда не говорила об этом, по крайней мере, со мной. Вместо этого она с головой уходила в работу по дому,

> *«Никогда не делайте ничего такого, от чего вам стало бы стыдно, если бы это стало достоянием общества».*
>
> Джордж Л. Роджерс

составляла списки дел, чтобы хоть как-то сохранить контроль за семьёй с восьмью детьми, и, вероятно, испытывала от этого чувство удовлетворённости.

В дополнение к моей чувствительности, я был ещё и застенчив, всё принимал близко к сердцу. Когда мне было девять лет, я невольно стал свидетелем одного телефонного разговора мамы с кем-то из её подруг. Она, смеясь, рассказывала ей одну неловкую историю, связанную со мной. Другие дети эту ситуацию могли бы проигнорировать или даже посмеяться над своей неловкостью, я же невероятно разозлился на маму, мне было больно и обидно. Ведь *Мама должна любить меня, а не выставлять на посмешище перед посторонними людьми.* Я считал её причиной моей боли и хотел, чтобы и ей тоже стало больно. Мне стыдно признаться в этом, но это правда. Сначала я хотел бежать из дома, но потом решил остаться и объявить ей бойкот. Это продолжалось около полутора дней. К вечеру следующего дня мама вошла в мою комнату.

«Клинт, что происходит? – спросила она. – Я не смогу тебе помочь, если не пойму, что случилось».

Я изо всех сил старался не говорить, что произошло, но, в конце концов, разрыдался. Мама протянула руку и нежно погладила меня по спине. В этом жесте было столько сострадания, что я больше не смог представлять её монстром. Я признался, почему мне было так больно. Она сразу же извинилась и крепко меня обняла.

Поймите меня правильно. У меня были неприятности с отцом. Он встал на защиту моей сестры, когда я ударил её. Он увидел её в слезах и, решительно потянув меня за собой, усадил на лестнице. «Почему ты ударил свою сестру?» – спросил отец.

Я был абсолютно уверен в своей правоте и сказал: «Потому что она разозлила меня».

После долгой паузы он сказал то, что изменило мою жизнь. «Сынок, никто не может разозлить тебя или заставить тебя почувствовать что-то подобное. Твоя реакция всегда исходит изнутри тебя самого. Люди могут контролировать твои эмоции, только в том случае, если ты им это позволишь».

> *«Никто не может вас рассердить. Ваша реакция идёт изнутри вас самих.».*
> Джордж Л. Роджерс

Несмотря на то, что он всё-таки наказал меня, слова, сказанные им, глубоко поразили меня. Это был момент *озарения*, совершенно растворивший гнев, который я ощущал. Отец был прав: никто не мог меня рассердить. Только я был ответственен за свои эмоции. И это было удивительное открытие.

Доктор Нарам сразу после проверки пульса Харипрасада Свамиджи – духовного мастера миллионов людей, который привнёс концепцию Атмията. Винай смотрит на них обоих с любовью и преданностью.

Бесценная доброта

Звонок моего отца в Индию всколыхнул в моей памяти много подобных воспоминаний. В тот же день, немногим позже, я увиделся с Винаем, административным помощником доктора Нарама.

Увидев мой отсутствующий взгляд, он спросил: «Всё в порядке?»

«Не совсем, – сказал я. – Я беспокоюсь о своём отце».

Я рассказал ему о телефонном звонке и поделился некоторыми историями об отце.

В ответ Винай произнёс: «Я поражён. Твой отец следует принципу Атмията (*произносится Ахт-ме-ях-тах*), который мне открыл мой духовный учитель Харипрасад Свамиджи».

«Что это?»

«По сути, концепция Атмията заключается в том, что ты относишься к людям с любовью и уважением независимо от того, как они относятся к тебе. Я рад узнать, что такие люди, как твой папа, следуют такому принципу. Это отличается от того, что мы видим по телевизору и в фильмах про американскую культуру».

Я подтвердил, что у моего отца чистейшая совесть, и это всегда восхищало меня. Я всегда чувствовал, что мне есть к чему стремиться в работе над собой. В то же время я понимал и то, что не в состоянии соответствовать ему.

Но было и то, что я утаил от Виная: часто ощущаемое мной чувство стыда за неправильно сделанный выбор в той или иной ситуации. О некоторых моментах я никогда не рассказывал родителям и надеялся, что они об этом никогда не узнают. Ведь мне так не хотелось их разочаровывать.

В надежде на то, что мои родители и семья будут гордиться мной, я добился многого. Я окончил среднюю школу с наилучшими результатами, выступал на выпускной церемонии и был принят в хороший университет со стипендией. Я много работал в Африке и других частях мира, отложив на два года учёбу в университете ради миссионерской деятельности. Я стал первым в семье, получившим докторскую степень с отмеченной наградами диссертацией. К тому же, я был отмечен несколькими наградами как молодой исследователь. В Брюсселе я был в числе двенадцати молодых учёных на встрече «молодых выдающихся умов», где обсуждались возможные пути решения мировых проблем. В это время я жил в Финляндии, координируя финансируемый Европейским Союзом проект. Кроме того, я преподавал новаторские курсы по использованию технологий и новых средств массовой информации для межконфессионального (межкультурного) общения, международного развития и миротворческих усилий. И всё равно я считал, что совершённые мной ошибки перевешивают всё, что было сделано.

> «Атмията — это когда, независимо от того, как бы кто к вам ни относился, вы можете ответить на это любовью и уважением»
> Харипрасад Свамиджи

Когда мой отец позвонил в то утро и сказал, что ему нужно со мной увидеться, на мгновение я подумал, что он обнаружил, что я сделал что-то неправильно.

Родители всегда были моей поддержкой, более того, я знал и то, что они очень переживают за меня. И я также знал, как много они молились обо мне. Я много путешествовал и жил в разных странах, но мысль создать семью была далека от меня. Очень много времени я посвятил развитию своей духовности и изучению наук, подолгу находясь вдали от родного очага и всего того, что мне было близко и знакомо. Как-то раз я признался отцу, что мне грустно и одиноко, после этого он стал часто спрашивать, как я себя чувствую, и стало ли мне лучше. Думаю, что после трагического случая с сестрой папа стал особенно внимателен. Я всегда старался поддерживать тесный контакт с родителями, но этот звонок от отца и его просьба о встрече прозвучали для меня совершенно неожиданно.

Назначить мне встречу — это было очень необычно для него. Ведь я был его сыном, и он мог позвонить мне в любое время. Что-то смутило меня, но я ещё больше встревожился, когда вечером того же дня позвонила мама.

«Пожалуйста, не забудь о встрече с отцом», — сказала мама таким тоном, который я слышал впервые. Затем она добавила: «Не знаю, о чём он хочет говорить, но я чувствую, что это очень важно».

Тайна должна была немного подождать. У меня оставался ещё один день в Мумбае, а затем остановка в Нью-Йорке, прежде чем я узнаю, что нужно моему отцу. Кроме того, доктор Нарам попросил меня встретиться с ним ещё раз перед моим отъездом из Индии, чтобы поделиться тем, что, по его словам, изменит мою жизнь.

Ваши заметки в дневнике

Чтобы углубить и увеличить пользу от прочтения этой книги, уделите несколько минут тому, чтобы ответить на следующие вопросы:

В какой внутренней борьбе с самими собой находятся те, кого Вы любите, с чем они сталкиваются прямо сейчас? Чем бы Вы могли им помочь?

_____

_____

_____

_____

Какая мудрость, полученная от родителей или других людей, помогла Вам?

_____

_____

_____

_____

В какой сфере Вашей жизни Вы можете практиковать целительное искусство Атмията?

_____

_____

_____

_____

Какие ещё идеи, вопросы или озарения пришли к Вам во время чтения этой главы?

_____

_____

_____

_____

ГЛАВА 5

Великий секрет преуспеть в чём угодно

Когда мы больше не знаем, что нам делать, – мы приходим к нашей настоящей работе, и когда мы больше не знаем, куда идти, – мы начинаем наше настоящее путешествие.

Уэнделл Берри

На следующий вечер, перед тем как мы с Алисией должны были вылететь в Соединённые Штаты, доктор Нарам пригласил нас на прощальный ужин. Хотя еда была восхитительной, я ел второпях, надеясь, что у меня будет больше времени на общение с доктором. Наконец - то он сказал: «Могли бы мы поговорить наедине в моём кабинете? Я хочу показать тебе кое-что особенное».

Как только я закрыл за собой дверь кабинета, доктор Нарам вынес несколько свёртков, завёрнутых в оранжевую ткань. Он развязал верёвку, которой они были обвязаны, и я увидел, что это были старые, потрёпанные страницы, испещрённые незнакомыми мне рукописными символами. Приглушённым тоном доктор Нарам сказал: «Это несколько страниц из древних текстов, переданных мне моим учителем». Он бережно перекладывал каждую страницу, рассказывая, насколько ценны для него эти рукописи, и как они привели его к древним принципам, формулам и методам для помощи людям.

Клочок жёлтой бумаги в начале каждого текста, написанный на английском языке, содержал краткое оглавление. Сами тексты

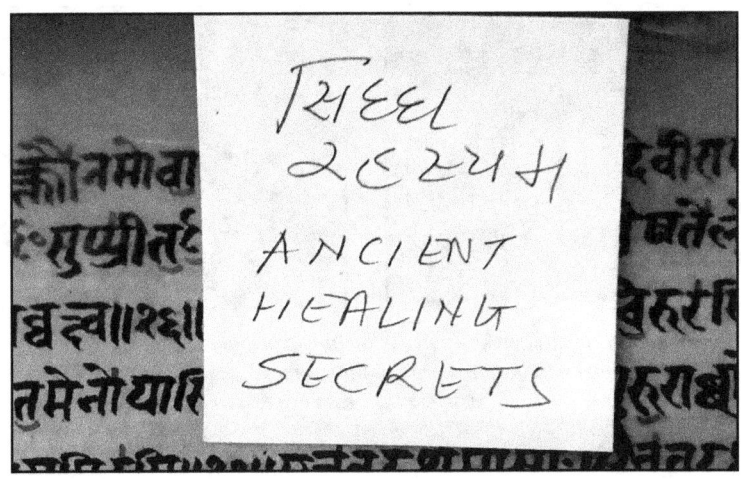

Древние рукописи, содержащие древние целебные секреты.

были продублированы на нескольких языках: санскрите, тибетском, нерали, непальском и ардхамагадхи или магадхи-пракрите. Это были народные средства и травяные формулы для лечения диабета, различных видов рака, для устранения проблем с волосами и кожей, а также древние мантры и мармаа для достижения счастья, мира и изобилия. Были даже секретные формулы молодости, которыми пользовалась женщина по имени Амрапали. И, как объяснил доктор Нарам, ей было за шестьдесят, но выглядела она на тридцать лет моложе. Она была настолько привлекательна, что тридцатипятилетний король влюбился в неё несмотря на то, что был женат на молодой красивой женщине. У меня возникло сильное желание прикоснуться к этим древним рукописям, но я не хотел рисковать, чтобы не повредить хрупкую бумагу.

«Вся моя жизнь посвящена следованию наставлениям моего учителя, – сказал доктор Нарам, – чтобы я смог расшифровать древние принципы лечения со страниц этих старинных рукописей и применять их в современном мире. Таким образом можно изменить и даже спасти жизни людей».

Последовала долгая пауза, пока я осмысливал эти слова. Нарушив молчание, я задал ему вопрос, который давно интересовал меня: «С чего всё это началось в Вашей жизни?»

Бережно завернув древние страницы в оранжевую ткань, доктор Нарам рассказал мне свою историю.

– Тридцать лет назад я окончил университет, чтобы стать врачом.

слева: доктор Нарам держит в руках один из древних текстов, содержащих секреты глубокого исцеления его линии врачевателей. Справа: ещё больше манускриптов на столе.

– Что? Прежде чем стать целителем, вы учились на врача?

– Да, в 1978 году я получил степень бакалавра Бомбейского университета, а в 1982 и 1984 годах – дипломы Аюрведической медицины. Единственное, я всё ещё был врачом из ниоткуда. У меня была большая мечта – изменить мир. Я хотел помочь людям обрести крепкое здоровье, душевный покой и неограниченную энергию, но у меня самого не было ни энергии, ни здоровья, ни спокойствия. Более того, несмотря на всё моё образование, я всё ещё работал, исходя из теории «может быть». Знаешь ли ты, что такое теория «может быть»?

Я пожал плечами и отрицательно покачал головой.

– Предположим, пришёл пациент и сказал, что у него болит живот. Я бы рассуждал так: «Может быть, газообразование, может быть, кислотность или, может быть, какая-то опухоль», или так: «Может быть, какая-то проблема с женой». Порекомендовал бы широкий спектр лекарств, основанный на предположениях «может быть», и он бы ушёл. Через месяц он возвращался ко мне с той же проблемой, и я говорил: «Может, это психосоматика». Часами я консультировал своих пациентов, не получая результатов. Я был расстроен, подавлен, нервничал, беспокоился и чувствовал себя неудачником. Кроме того, я ел много всякой пищи, чтобы как-то успокоиться, и из-за этого сильно набрал в весе. Я весил более 220 фунтов. А ещё меня терзали сомнения: эффективны ли лечебные средства, которые я назначал? Или дело было в том, что я не понимал людей, их настоящих проблем, опасений, страхов и тревог? А может быть, эта работа вовсе не для меня?

Слушая рассказ доктора Нарама о его переживаниях, я размышлял о том, что беспокоило меня. Это случалось довольно часто, заставляя меня сомневаться во многом в моей жизни. Иногда это проявлялось как депрессия, иногда как несдержанность или раздражение по отношению к себе и другим.

«Я не зарабатывал никаких денег, более того, я не получал удовлетворения от своей работы – у меня не было внутренней радости, – продолжал доктор Нарам. – И в один прекрасный день произошло чудо, которое навсегда изменило мою жизнь. Я лечил пациента по имени Шонкер (произносится *Шон-кер*). Он приходил каждую неделю, и мы обсуждали его проблему в течение двух часов, пробовали новые подходы и лечебные средства, но ничего не помогало. Внезапно, после двух лет встреч, Шонкер перестал приходить, и я подумал, может быть, наконец, я вылечил хотя бы одного. Несколько месяцев спустя я увидел, как он идёт по дороге. Выглядел он вполне счастливым. Я подумал: «*Интересно, помог ли я ему?*» Но его ответ потряс меня до глубины души».

Шонкер сказал мне: «Нет, доктор Нарам, Вы не помогли мне. И не важно, сколько времени Вы потратили, просто Вы никогда не понимали меня. Только путали меня всё больше и больше». Я ответил: «Да, моя проблема в том, что я не понимаю людей! Так как же Вам стало лучше?»

Шонкер пояснил, что он попал к великому мастеру, которому было 115 лет. Мастер, прикоснувшись к его пульсу, всего за две минуты рассказал, что творится в теле Шонкера, его уме и эмоциях и дал рекомендации для исцеления. Доктор Нарам не мог поверить, что это возможно, но Шонкер, действительно, выглядел намного лучше. Его медицинские отчёты показали резкое улучшение состояния здоровья. Диабет, артрит, остеопороз стали отступать, а артериальное давление и функции почек приходить в норму. Доктор Нарам спросил: «Как я могу встретиться с этим мастером и увидеть всё своими глазами?»

«Шонкер дал мне адрес, – продолжал доктор Нарам, – но прежде, чем отправиться к великому мастеру, я составил список всех моих проблем: депрессия, тревожность, нервозность, диабет, выпадение волос и ожирение. Мне пришлось долго ждать, прежде чем подошла моя очередь. Всё это время я размышлял о том, как этот 115-летний мужчина в состоянии принимать по девяносто человек в день? Когда я зашёл, целитель положил пальцы на пульс на моём запястье и сказал: «Высокий уровень сахара в крови. К тому же Вы хотите отрастить волосы, постройнеть и сменить работу. Помимо этого, Вы подавлены, нервозны и обеспокоены своим будущим».

Доктор Нарам на мгновение замолчал. «Он понял меня, и я не могу передать, как приятно было чувствовать, что меня так глубоко

Мастер доктора Нарама Баба Рамдас в возрасте 115 лет.

понимают. Позже мой учитель сказал мне: «За последние шесть тысяч лет человеческой истории самая большая потребность людей – это не любовь, а понимание».

Когда доктор Нарам поделился своей историей, я задался вопросом: *«Помимо помощи людям с такими физическими недугами, как высокое давление, диабет, артрит и т. д., имелись ли у этого мастера древние секреты, которые могли превратить печаль в радость?»*

Доктор Нарам продолжил: «Баба Рамдас понял меня, и эта единственная встреча изменила мою жизнь. Мне дали рецепт на некоторые травы и рекомендации по изменению питания и попросили приехать ещё раз через шесть месяцев. Мастер также сказал, что у него нет быстрого решения моих проблем, а если я хочу быстрого результата, то мне нужно обратиться в другое место. То, что предлагал он, было более глубокое исцеление, которое требовало настойчивости и терпения. Я сделал всё в точности, как он сказал. Потребовалось время, но моё терпение и последовательность окупились. Рецепт работал, как по волшебству. Я похудел с 220 фунтов до теперешних 127 фунтов. Уровень сахара в крови значительно снизился – с 475 до 96–105 (измерения проводились натощак). И мои волосы отросли!

> *За последние шесть тысяч лет человеческой истории самая большая потребность людей не в любви, а в понимании».*
>
> Баба Рамдас (Мастер доктора Нарама)

Когда я начинал, у меня было много времени, но не было волос, теперь у меня много волос, но нет времени».

Мы оба улыбнулись. Слушая его рассказ, я сказал: «О…. какой дар».

– Да, но ты знаешь, что было для меня самым большим подарком от него?

– Что же?

– Он научил меня, и я никогда этого не забуду, величайшему секрету понимания себя и других. И ещё он научил меня секрету успеха в любом деле.

Понимать себя, чтобы понять других

Доктор Нарам объяснил, как встреча с этим мастером пробудила в нём желание узнать как можно больше о древних секретах исцеления. Он думал, что их изучение – это прекрасный способ доказать отцу и друзьям, что он не жалкий неудачник, а делает нечто стоящее и не тратит свою жизнь впустую.

«И я пошёл к этому великому мастеру и сказал: «Я хотел бы изучить это древнее искусство и пульсовую диагностику».

Баба Рамдас сказал: «Очень хорошо. Приходи завтра».

Я пришёл на следующий день и вновь сказал: «Я хотел бы изучить это древнее искусство и пульсовую диагностику». И он снова сказал: «Приходи завтра». Баба Рамдас всё время говорил, что будет учить меня «завтра», поэтому я приходил завтра сто дней подряд!»

Доктор Нарам рассказал, что всё это окончательно сбило его с толку, и на сотый день он решил, что с него достаточно, поэтому он дал себе слово: *«Если он не научит меня сегодня, я буду стоять перед ним, как скала. Умру, но не сдвинусь!»*

Он встал перед Бабой Рамдасом и сказал: «Я пришёл учиться и не уйду, пока вы не согласитесь меня учить».

– Кто решает? – спросил Баба Рамдас.

– Я решаю, – сказал доктор Нарам.

– Это твоя проблема, – ответил Баба Рамдас.

В течение нескольких часов доктор Нарам стоял, как скала, перед 115-летним мастером. «Было удивительно смотреть, как, принимая пациентов, он также наблюдал за мной. Я видел, как он прикасался к их пульсу, а затем «читал» их, как книгу, одного за другим. Наконец, через четыре часа, мне, естественно, понадобилось сходить в туалет. Баба Рамдас увидел, как я дёргался всем телом и сжимал ноги, чтобы хоть как-то удержаться и, наконец, произнёс: «Доктор Нарам, я думаю, ты хотел бы пойти в туалет». Я ответил: «Да». И тогда он сказал: «Иди в туалет». Я сказал: «Но я хотел бы учиться у Вас». В ответ я услышал: «Тогда приходи завтра».

То, как доктор Нарам рассказал эту историю, подкрепляя слова жестами и мимикой, рассмешило меня.

Он посмотрел на меня и сказал: «Тебе, конечно, смешно, но я начал плакать. И в тот момент с мастером что-то произошло. Он произнёс: «Хорошо, перестань плакать». Я сказал: «Что мне делать?» «Пойдём, – произнёс он, – сегодня начинается твоя тренировка». С некоторой надеждой и удивлением я сказал: «Что же я должен сделать в первую очередь?» Он ответил: «Иди в туалет». И я сразу пошёл туда, а вернувшись, спросил: «Хорошо, что я должен сделать, чтобы начать своё обучение?» Этот великий мастер спросил меня: «Как ты думаешь, сколько человек сегодня воспользовалось туалетом?» Я прикинул: «Может быть, от тридцати до сорока?» Он сказал: «Очень хорошо. Иди чистить туалет».

Это предложение очень смутило доктора Нарама. В конце концов, он был врачом, и это задание было унизительным для него. Он произнёс: «Сэр, должно быть, вы неправильно меня поняли. Я пришёл, чтобы учиться пульсовой диагностике, а не уборке туалета».

Баба Рамдас тут же ответил: «О! Ты хочешь научиться пульсовой диагностике. Нет проблем, приходи завтра».

После этих слов молодой доктор Нарам незамедлительно отправился убирать туалет.

«Только позже я понял, что Баба Рамдас сначала хотел сломать моё эго и помочь мне лицом к лицу встретиться со своими страхами. И это был величайший подарок, который он когда-либо мог сделать мне. Это был один из секретов. Два наших самых больших препятствия в жизни, которые мешают видеть ясно себя или других – это эго и страх. Если у нас большое эго или есть страхи, мы не сможем увидеть, что происходит в теле пациента, в его уме и эмоциях. Эго и страхи мешают нам ясно видеть самих себя, а как же тогда мы сможем увидеть, что происходит с теми, кто приходит к нам? Мы не можем чувствовать, что они переживают или понимать, что они испытывают. Мы не сможем по-настоящему понять себя или кого-либо ещё, пока мы не встретимся лицом к лицу с нашим эго и страхами. До тех пор наше видение будет затуманено и размыто. Баба Рамдас сказал мне: «Целитель сначала должен исцелить себя». Моё исцеление началось с уборки туалетов».

Слушая его историю, я начал задаваться вопросами:

«Как моё собственное эго влияет на меня?

Как мои страхи влияют на мою жизнь?

Каким образом они ослепляют меня так, что я не могу с ясностью видеть себя или других?

Как они влияют на то, как я веду себя в семье, на работе, в отношениях или в духовной жизни?»

Я вспомнил случай, который произошёл со мной за несколько месяцев до поездки в Индию. Я руководил проектом Европейского Союза в своём университете в Финляндии и очень гордился этим. Я был единственным американцем и самым молодым исследователем, который отчитывался на встречах в Брюсселе. Тем не менее, не всем пришлось по душе то, как я справлялся со своими функциями. Аспирант из Нидерландов написал мне очень обидное письмо, в котором он подробно описал, насколько ему не нравилось, как я справляюсь со своими обязанностями.

Я чувствовал, что меня неправильно поняли, и очень злился. Все остальные хвалили меня, так что же было с этим парнем? Вместо того, чтобы внимательно выслушать и задать больше вопросов, чтобы понять его точку зрения, я накинулся на него, указывая на то, что его аргумент был близоруким. Всеми силами я пытался опровергнуть мнение этого человека. И ещё я сказал ему, что некоторые люди на проекте были недовольны его работой, кстати, за которую он получал денежное вознаграждение.

Таким образом, я не только упустил возможность узнать что-то о себе и улучшить проект, я также не смог ясно увидеть этого человека. Только позже я узнал, что он был в депрессии и переживал проблемы в личной жизни. Вместо того, чтобы проявить участие и тем самым облегчить его существование, я усугубил проблему.

Слушая доктора Нарама, я размышлял о том, сколько раз в

своей жизни я не мог ясно видеть те или иные вещи из-за собственных страхов и эго. Оглядываясь назад, я понял, как часто чувствовал себя растерянным и неуверенным, желая понравиться людям и казаться более успешным. Я был даже готов лгать о каких-то глупых вещах, желая повлиять на чьё-то мнение обо мне, или скрыть ошибку, которую совершил. Все эти вещи были побочными продуктами более глубоких проблем: эго и страха.

«Два величайших препятствия в жизни, которые мешают нам ясно видеть себя или других – это эго и страх».

Доктор Нарам

Я спросил себя:

«Как бы изменилась моя жизнь, если бы я не находился под влиянием эго и страха?

Каким образом я изменился бы к лучшему?»

– Очень много людей в мире восхищаются Вами, – сказал я доктору Нараму, – как Вы сдерживаете своё эго, что оно не затуманивает Вашего взгляда от стольких похвал? И как Вы справляетесь со страхом в ситуациях, в которых Ваша репутация находится под угрозой?

– Я бы солгал, если бы сказал, что эго и страх уже не появляются и не беспокоят меня, – ответил доктор Нарам. – Когда Джия, девочка с тяжёлой формой аутизма, поцарапала меня и из раны пошла кровь, все смотрели на меня, и в этот момент я на мгновение занервничал. Я не был уверен, что известные мне древние секреты подействуют на неё, и чувствовал необходимость проявить себя перед всеми этими людьми.

– Вы так подумали? – Я был тронут его неподдельной откровенностью.

– Да, – сказал доктор Нарам, – но это продолжалось лишь мгновение. Тогда я сделал две вещи, которым меня научил мой мастер, и это вернуло меня в состояние равновесия.

– Что Вы имеете в виду? Что же Вы сделали?

– Во-первых, мой учитель научил, как привести свой ум в место тишины, покоя и уединения. Это возвращает меня в центр того, кто я есть, и когда я действую в этом состоянии, результаты бывают

> *«В чём секрет возвращения к своему центру? Тишина, покой и уединение».*
>
> Доктор Нарам

прекрасными. Мне нечего бояться или доказывать, и я вижу, что, собственно, дело вовсе не во мне. Речь идёт о служении Богу внутри человека, стоящего передо мной. Всякий раз, когда я чувствую себя вне центра или не знаю, что делать, я возвращаюсь в свой центр: тишина, покой и уединение. Я ничего не понял, как будто он говорил на иностранном языке. И мне понадобились годы, чтобы постичь на своём опыте, что он имел в виду. Однако в тот момент я просто надеялся, что следующее, чем он поделится, будет мне более понятным.

– Чему ещё научил Вас мастер?

Секрет успеха в чём угодно

Доктор Нарам продолжал: «Я в спешке чистил туалет, горя желанием изучать пульсовую диагностику. Когда я объявил, что закончил работу, Баба Рамдас взглянул на меня с удивлением. Он сказал: «Позволь мне проверить».

– Что Вы хотите проверить?

– Я хочу проверить твою работу.

И пока учитель осматривал туалет, я чувствовал себя крайне неловко.

– Очень плохая работа, доктор Нарам, – сказал Баба Рамдас. – Если ты не знаешь, как почистить туалет, как ты собираешься чистить токсины, блоки в телах, умах, эмоциях и душах людей?

Доктор Нарам сделал паузу, посмотрел на меня и сказал: «Так мой мастер научил меня ещё одному великому секрету: что бы вы ни делали в своей жизни – будь то уборка туалета, приготовление пищи или осмотр пациента – делайте это на 100 процентов!»

Я спросил его: «Но разве нет людей, которые выкладываются на все 100 процентов, но до сих пор не достигли успеха?»

«Возможно, но большинство людей на самом деле не выдают 100 процентов, потому что они либо ленивы, либо боятся потерпеть неудачу. Когда же ты начинаешь в действительности выкладываться на 100 процентов во всём, что делаешь, в твою жизнь приходит удовольствие другого качества, страх уменьшается, и ты начинаешь видеть совершенно другие результаты». Пока доктор Нарам говорил, у меня в голове рождалось множество вопросов:

«Если быть честным с самим собой, выкладывался бы я на 100 процентов во всём, что делал?

Сделал ли я что-либо в своей жизни на 100 процентов?

Приложил ли я максимум усилий, независимо от того, кто и как это оценивал, или насколько важным было это дело?»

К сожалению, я мог вспомнить много примеров, где ответ был «нет». Либо потому, что я мало ценил то, что делал, либо потому, что у меня было слишком много дел одновременно. Я часто «прятался» за компьютером или телефоном и легко отвлекался на общение людей, которые находились в одной комнате со мной.

— Согласно моему мастеру, мы не можем контролировать выбор других людей и даже результаты нашего собственного выбора; мы можем только позволить им раскрыться, — продолжал доктор Нарам.

— Но мы можем контролировать наш выбор, — сказал я, пытаясь завершить его мысль, — и отдать 100 процентов всему, что мы делаем.

— Ты понял! — с удовольствием сказал он, когда я уяснил первый секрет древнего учения.

Когда доктор Нарам заговорил, он обращался ко мне с тем же воодушевлением и энергичностью, как и тогда, когда он выступал перед тысячей человек. Он выкладывался на все 100 процентов, рассказывая мне эту историю. И его пример произвёл на меня большее впечатление, чем сами слова.

— Но как мне быть, если моё внимание сосредоточено на стольких вещах сразу?

— Хочешь, я покажу точку мармаа, чтобы помочь тебе быть более умиротворённым, осознанным и сосредоточенным?

— Да, пожалуйста!

Он продемонстрировал точку, на которую он нажимает, чтобы чувствовать себя более спокойным и присутствующим «здесь и сейчас». Так он может отдавать 100 процентов

Секрет успеха #1: «Что бы вы ни делали в жизни, выкладывайтесь на все 100 процентов» (даже если это уборка туалетов).

Доктор Нарам

внимания каждому человеку в каждый момент времени.

Доктор Нарам сказал: «Ты спросил в самом начале, как я узнал секреты глубокого исцеления? Что ж, ответ прост, я следовал словам своего учителя более тридцати лет назад. Мой учитель сказал мне выкладываться на все 100 процентов во всём, что я делаю, так что я сразу же вернулся и снова вымыл туалет на все 100 процентов. А затем я сказал: «Теперь я хочу начать учиться», на что мой мастер мне ответил: «Твоё обучение уже началось».

Оставаться молодым в любом возрасте

Доктор Нарам изучал искусство и науку Сиддха-Веда со своим учителем в течение тысячи дней. Он узнал секреты, которые были потеряны для мира, но сохранились для узкого круга людей благодаря тому, что передавались по непрерывной линии от мастера к мастеру. Доктор Нарам решил посвятить свою жизнь изучению трёх предметов:

Заметки из моего дневника

Секрет Мармаа Шакти*

Для того, чтобы стать более спокойным, сосредоточиться и быть здесь и сейчас, в течение дня указательным пальцем правой руки 6 раз нажимайте на точку между бровями и чуть выше них.

1) пульсовой диагностике и шести ключам глубокого исцеления;
2) секретам долгожительства – жить более ста лет, оставаясь здоровым и крепким человеком;
3) «древней системе достижений», помогающей людям находить своё истинное предназначение, реализовывать его и наслаждаться этим.

Прежде всего доктор Нарам хотел понять, как удавалось Баба Рамдасу оставаться таким энергичным и моложавым.

«Хочешь верь, хочешь не верь, в моей стране в пятьдесят пять или шестьдесят лет ты начинаешь думать о пенсии – сказал он. – Когда тебе шестьдесят, ты выходишь на пенсию, и у тебя мало энтузиазма к жизни. Когда тебе шестьдесят пять, ты вдруг обнаруживаешь, что оказался в очереди, ожидая приближения смерти. Но этот человек был совсем другим! Ему 115 лет, а он жил с таким энтузиазмом, какого раньше я никогда не встречал!»

То, как доктор Нарам описал это, показалось мне забавным – очередь людей, ожидающих смерти. Тем не менее его рассказ затронул меня. У многих моих знакомых возникли серьёзные проблемы со здоровьем в возрасте пятидесяти, шестидесяти и семидесяти лет. И я представлял жизнь именно так: стареешь, тело начинает болеть и разрушаться, а потом умираешь.

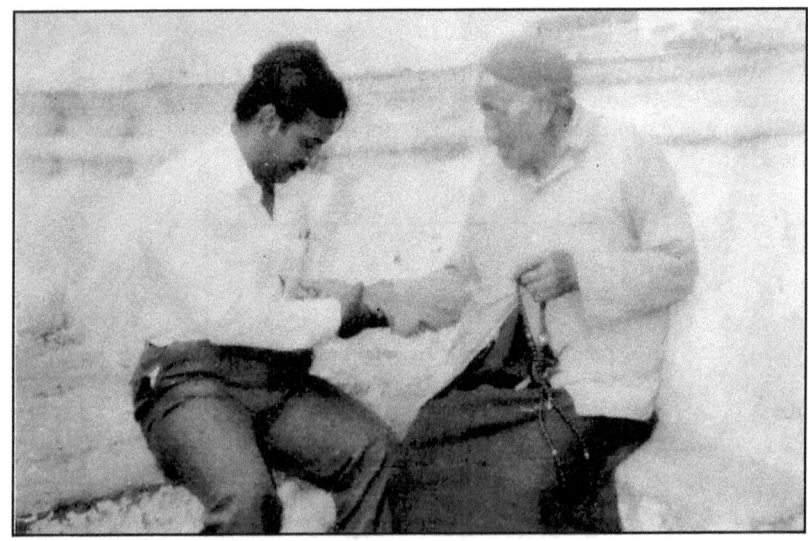

Молодой доктор Нарам проходит экзамен пульсовой диагностики у своего любимого учителя Баба Рамдаса.

> *Секрет успеха #2: «Делайте свою работу, как молитву. Работа, которую вы любите, позволяет вам чувствовать себя молодым, независимо от вашего возраста».*
>
> Доктор Нарам.

Доктор Нарам сказал: «Когда люди спрашивали моего учителя: «Сколько Вам лет?», он говорил следующее: «Мне всего 115, и у меня ещё много лет впереди». И при этом он был здоров, бодр и всё ещё много работал».

По мере осмысления всего сказанного доктором Нарамом моё удивление тому, насколько изменились его ожидания в жизни из-за того, что его мастер в 115 лет чувствовал себя «молодым», нарастало.

— Могу ли я поделиться с тобой ещё одним секретом на миллион?

— Да.

— Если во многих странах люди стараются уйти на пенсию и оставить службу, то мы – наша линия целителей – влюблены в работу. Для нас работа подобна молитве. Любимое дело помогает чувствовать себя молодым, независимо от возраста.

— Как это делал Ваш мастер? – спросил я. – В чём был его секрет молодости в любом возрасте?

— Теперь ты задал вопрос на миллиард долларов. Просто будь готов, если я научу тебя этому, это изменит твою жизнь навсегда.

— Хорошо. – Я напряг внимание, стараясь не пропустить ни слова, и открыл блокнот на новой странице.

— Поделившись только небольшой частью этих секретов с тысячами людей более, чем из 108 стран мира, мы получаем результаты, которые они сами называют «чудесами». После множества тщетных попыток найти способ излечения своих болезней люди, применяя к себе даже небольшую часть древних секретов исцеления, достигают глубинного выздоровления. Их диабет принимает более лёгкую форму или вообще отступает. Суставные артритные боли значительно облегчаются, и больные опять начинают ходить. Или хроническая боль и синдром «замороженного плеча» проходит, и плечевой сустав начинает двигаться. Состояние детей с СДВ или СДВГ улучшается. У людей с облысением начинают расти волосы, у пациентов улучшается сон, они избавляются от лишнего веса, проходит депрессия, излечиваются аллергия и астма, кожа становится лучше, а энергия и выносливость увеличиваются. И многое-многое другое! Это не только секрет долгожительства моего учителя, но и пример того, как можно сохранять гибкость тела, силу и ясность ума, энтузиазм и отменное здоровье даже в таком возрасте.

– Что же он делал? – спросил я. – Можете ли Вы поделиться этим со мной?

Доктор Нарам колебался какое-то мгновение, а затем наклонился ко мне и сказал тихим, но энергичным голосом: «Сиддха-Веда имеет шесть секретных ключей глубокого исцеления, которые могут преобразить тело, ум и эмоции любого человека. Шесть ключей, с помощью которых, как ты понял, «невозможное» становится возможным».

Внезапно под окном раздался сигнал. Он перестал говорить и выглянул в окно. Это было такси, которое должно было отвезти нас с Алисией в аэропорт. Я быстро спросил: «Что же это? Какие это шесть ключей? Как я могу о них узнать?»

– Приходи завтра, – сказал он с блеском в глазах.

– Но я не могу. Я уезжаю в Нью-Йорк, а затем в Юту.

Он улыбнулся, помолчал, а затем медленно сказал: «Почему-то Бог привёл тебя ко мне и меня к тебе, не так ли?»

Я кивнул, и он продолжил: «В следующий раз, когда мы встретимся, если мы встретимся вновь, возможно, я поделюсь с тобой этими шестью мощнейшими ключами, которыми мой учитель поделился со мной, а также и утерянным древним секретом молодости в любом возрасте».

Мы вышли на улицу, где Алисия ждала в такси. Я уже открыл дверь машины, когда доктор Нарам позвал меня и сказал: «Было бы очень хорошо, если бы ты смог встретиться с Марианджи в Нью-Йорке».

> *«Сиддха-Веда имеет шесть секретных ключей глубокого исцеления, которые могут преобразовать тело, ум и эмоции любого человека»*
>
> Доктор Нарам.

Ваши заметки в дневнике

Чтобы углубить и увеличить пользу от прочтения этой книги, уделите несколько минут тому, чтобы ответить на следующие вопросы:

Как, по-Вашему, эго и страх влияют на Вашу жизнь?

_____
_____
_____
_____

Как Вы считаете, Ваша жизнь может измениться к лучшему, если эго и страх будут на Вас меньше влиять?

_____
_____
_____
_____

Какие ещё вопросы, идеи или озарения пришли к Вам во время чтения этой главы?

_____
_____
_____
_____

ГЛАВА 6

Может ли коровье масло гхи и секретные точки на вашем теле привести кровяное давление в норму в течение нескольких минут?

«Разум бессилен в выражении любви. Ваша задача – не искать любви, а лишь искать и находить все барьеры внутри себя, которые вы построили против неё»

-Руми

Нью-Йорк

Расставание с Алисией в аэропорту Мумбая было горько-сладким. Разочарованный тем, что наши отношения не перешли во что-то большее, чем дружба, однако же я был доволен, что эта девушка была счастлива за опыт, приобретённый в Индии. Ведь теперь у неё появилось более чёткое видение того, чем бы она хотела заниматься в жизни. Как бы мне ни хотелось добраться до отца, всё-таки я был рад восемнадцатичасовой остановке в Нью-Йорке. Этого времени было вполне достаточно, чтобы осмотреть некоторые достопримечательности и встретиться с Марианджи, которая была с доктором Нарамом в тот первый день, когда я встретил его в

Лос-Анджелесе. Возможно, она могла бы помочь найти ответы на некоторые из моих вопросов.

До посадки в аэропорту имени Джона Кеннеди я видел Нью-Йорк только в телешоу и фильмах. Погода была ясной и прохладной в противоположность Мумбаю, и я был рад, что взял с собой пальто и перчатки. Когда я доехал на метро до Таймс-Сквер, я сразу узнал место, которое не раз видел по телевизору, ведь именно здесь перед наступлением Нового года спускается шар. Кругом были гигантские экраны, на которых постоянно мигали рекламные огни различных товаров и Бродвейских шоу. Я проходил по улицам мимо тысяч людей, которые говорили на десятках разных языков и во все глаза смотрели на экраны и витрины магазинов.

Идя по улицам, я чувствовал себя крошечным муравьём среди бесчисленных небоскрёбов. Улицы были наполнены суетой: звуки, запахи, взгляды людей, и только когда я прибыл в Центральный Парк, почувствовал умиротворение. Здесь высокие здания уступили место зелёным насаждениям. Я купил горячие орехи у уличного торговца, влюбившись в его нью-йоркский акцент.

Я дошёл до знаменитого магазина Мэйсиз, который я узнал потому, что в детстве смотрел парад в День Благодарения и фильм *«Чудо на 34-й улице»*. Этот фильм мы смотрели и пересматривали всей семьёй. Войдя в книжный магазин Бордерз, примыкающий к Мэдисон-сквер-гарден, я согрелся горячим напитком, затем побродил между стеллажей и столов, на которых были представлены сотни книг. Мой взгляд был прикован к одной из них, с непонятным названием «Алхимик». Раньше я ничего не слышал о ней, но купил её, сам не зная зачем.

К полудню я увидел Эмпайр-стейт-билдинг, Пятую авеню, Крайслер-билдинг, Рокфеллеровский центр, Бруклинский мост, Штаб-квартиру ООН, Музей искусств «Метрополитен» и оживлённую Уолл-стрит. Я был поражён тем, как много увидел в Нью-Йорке всего за один день, и тем, как много ещё осталось посмотреть.

Пройдя ещё немного, я остановился... Приблизившись к месту расположения бывших башен-близнецов (Всемирного торгового центра), которые рухнули во время террористических атак 11 сентября 2001 года, меня охватило жуткое чувство. Смотря через забор на то место, где когда-то стояли здания, я увидел зияющие дыры в земле. Хотя завалы и обломки были убраны, и на этом месте уже установили мемориал, я почувствовал отголоски произошедшего. Все мои знакомые до сих пор помнят, где они находились в тот момент, когда услышали о самолётах, врезавшихся в эти здания. Мы все смотрели в новостях, как горящие башни падали на землю, а люди, покрытые пылью, убегали. Я был у моей младшей сестры, когда она сказала: «Ты слышал? Нью-Йорк атаковали!» Мы смотрели на дым, исходящий из первой башни, когда вдруг другой самолет врезался во вторую. В ужасе я подумал: «Кто нападает на нас, почему, и как я могу защитить себя и свою семью?»

В тот день там погибло 2 977 человек из 115 стран; среди них 441 сотрудник экстренных служб, которые откликнулись на призыв о помощи, пожарные, фельдшеры, полицейские и персонал скорой медицинской помощи. Я был потрясён, узнав, что гораздо больше людей погибло от воздействия токсических веществ.

Покидая этот мрачный мемориальный комплекс, я пошёл в Бэттери-Парк и там обнаружил что-то очень знакомое, хотя до этого никогда не видел её прямо перед собой – Статую Свободы. Глядя на иконическую леди, державшую книгу и факел, я думал обо всём том, что представляли Соединённые Штаты для людей во всём мире. Что они значили для моих друзей в Европе, для людей в Индии, которых я только что встретил, для коренных американцев, которые были здесь задолго до иммигрантов, и для террористов, которые врезались на самолётах в Твин Тауэрз.

Статуя Свободы на Острове Свободы в Нью-Йорке.

Погружённый в свои мысли, я прибыл на Центральный вокзал (Гранд-Сентрал) и сел в поезд, чтобы доехать до Вестчестер Каунти. Когда поезд по дороге останавливался на станциях, я видел ту часть Нью-Йорка, которую редко изображали в кино. Как только небоскрёбы остались позади, взгляду предстала бесконечная зелень на берегах красивых озёр и рек, перемежавшихся с маленькими городами и посёлками. Наконец, в одиночестве и спокойствии, я вернулся к мысли о моей предстоящей встрече с Марианджи.

Он спас мне жизнь

Марианджи родилась в Иране, её отец был русским, а мать – персиянка. Теперь она жила в Нью-Йорке и уже несколько лет помогала доктору Нараму. Я немного нервничал перед встречей с ней. У неё был сильный и прямолинейный характер, и, хотя мы уже однажды встречались, я переживал, что не понравлюсь ей.

Она словно «прочла» мои скрытые чувства, когда я приехал к ней. Марианджи вдруг ни с того ни с сего сказала, что её не заботит, нравится ли она кому-то или нет. «Было бы очень мелочно с моей стороны, если бы я помогала только тем, кто мне нравится или тем, кому нравлюсь я», – сказала она.

Чтобы смягчить некоторый дискомфорт, я начал задавать вопросы. Пока мы ели суп маш*, Марианджи рассказала мне о своей жизни. Она сказала, что обязана доктору Нараму за спасение своей жизни, и это было не единственный раз.

«Во время одной из наших поездок доктор Нарам спросил меня: «У тебя высокое кровяное давление?» Я ответила: «Нет, у меня всегда низкое давление».

«Когда я была ребёнком, – сказала она мне, – моя мать перенесла тяжелейший инсульт. Она была полностью парализована и даже не могла закрывать глаза. Чтобы ей удалось заснуть или хотя бы отдохнуть, глаза приходилось накрывать куском тёмной ткани. Я всегда считала, что мама неуязвима, но теперь, видя её такой беспомощной, я чувствовала себя грустной, маленькой и беззащитной».

---

*Мунг или маш, вид бобовых, распространённый в странах Азии и используемый в индийской кухне, почитается за свои питательные свойства (Прим. Ред.).

Пока Марианджи говорила, я думал о своей собственной матери. Несмотря на трудности, она всегда казалась мне такой сильной, почти несгибаемой. Что было бы, если однажды я обнаружил бы свою маму неподвижной и беспомощной? Что бы я сделал? Я был рад, что Марианджи продолжала говорить – я хотел выкинуть эту мысль из головы.

> *«Было бы очень мелочно с моей стороны, если бы я помогала только тем, кто мне нравится или тем, кому нравлюсь я».*
>
> -Марианджи

«Мне не хотелось, чтобы люди видели мои слёзы, – сказала Марианджи, – поэтому я пряталась за занавесками. Я была в полном смятении и крутилась-вертелась до тех пор, пока мои волосы не запутывались в шторах. И боль была единственным отрезвляющим ощущением, которое я могла тогда почувствовать. Оно выдёргивало меня из тяжёлых переживаний и возвращало в настоящий момент. Моей матери было всего тридцать девять лет. И она была искалечена и парализована на правую сторону до конца своей жизни. С этого момента я всегда помнила, что это произошло с мамой из-за высокого кровяного давления».

Высокое давление привело мать Марианджи к инсульту, и с тех пор девушка часто измеряла давление, стараясь избежать гипертонии. За четыре часа до вылета домой доктор Нарам снова спросил, не повысилось ли у неё давление. Марианджи была настолько уверена, что давление в норме, что она предложила доктору Нараму проверить для его же спокойствия. Она была потрясена, узнав, что оно было чрезвычайно высоким – 220 на 118! Это могло легко вызвать инсульт и даже хуже. О семнадцатичасовом перелёте не могло быть и речи.

Доктор Нарам посмотрел на меня серьёзно и спросил, позволю ли я ему оказать помощь? Я оцепенела от страха, вспоминая борьбу и страдания моей матери. Я была так потрясена и встревожена, что не могла успокоиться.

Доктор Нарам велел ей лечь, положив голову на подушку. Он нанёс мерную ложечку топлёного масла (масла гхи) на самую макушку Марианджи, слегка постукивая подушечками пальцев, помогая маслу проникнуть внутрь. Затем одновременно нанёс ещё по одной мерной ложечке масла гхи на каждый висок, делая круговые движения по часовой стрелке. После этого доктор Нарам положил такую же ложку масла в пупок и ещё по одной на свод каждой стопы. Весь процесс он повторил дважды.

«Когда доктор Нарам перепроверил моё давление, – сказала Марианджи, – оно упало почти на сорок делений, на тот момент до 182 на 104. Доктор Нарам повторил этот процесс ещё раз, и моё давление вновь снизилось до 168 на 94. Он всё ещё не был доволен результатами, зная, что мне предстоял долгий путь в Нью-Йорк. Он повторил этот процесс ещё раз, и в итоге моё давление пришло в норму – 120 на 75».

«Это невероятно», – воскликнул я.

«Я знаю, что некоторым это может показаться слишком простым или даже примитивным, – сказала она, – но древние секреты исцеления чрезвычайно эффективны. И не только в экстренных ситуациях. Мармаа, в дополнение к другим ключам Сиддха-Веды, можно выполнять регулярно для достижения долгосрочных

Заметки моего дневника
Древние секреты исцеления для поддержания нормального кровяного давления*

1) Мармаа Шакти: нанесите ложку топленого масла гхи на макушку, в пупок и на своды стоп. Также втирайте масло гхи круговыми движениями в виски, надавливая на последнем движении. Сделайте несколько глубоких вдохов, отдохните пять-десять минут, а затем начните процесс снова.

2) Травяные лекарственные средства – Марианджи принимала травяные формулы, созданные для поддержки здорового кровяного давления, которые включали такие ингредиенты, как кора арджуны и индийский щитолистник, также травяную формулу для успокоения, которая включала такие ингредиенты, как водный иссоп, готу кола, солодка и ашвагандха»

*Информация о травяных формулах (включая ключевые ингредиенты), упомянутых в этой книге, находится в приложении. Бонусный материал: демонстрация этой мармаа есть на сайте свободного доступа MyAncientSecrets.com результатов. Благодаря этим секретам, я поддерживаю нормальное давление без помощи каких-либо лекарств в течение почти семи лет».

«Можете ли Вы мне рассказать больше о том, откуда пришла Сиддха-Веда?»

«Древнее искусство исцеления и наука Сиддха-Веды является одной из старейших и самых сложных форм медицины, о которой сохранились записи. Древние тексты, содержащие методы исцеления и инструкции, передавались от главных целителей избранным ученикам из поколения в поколение. Кочевое существование мастеров сыграло важную роль в сборе информации. Путешествующие врачи подвергались влиянию различных сред, культур, они изучали различные болезни. Они также узнавали от местных жителей об их методах лечения и лекарственных травах различных регионов. Древние рукописи были переданы доктору Нараму его мастером Баба Рамдасом, который в то время был главой линии. Он прожил до 125 лет, и прежде, чем перейти к следующей жизни, он передал главенство линии доктору Нараму. Наряду с рукописями, доктор Нарам получил и титул Сиддха Нади Вайдья, что означает «Мастер Исцеления Пульсом».

«То, как доктор Нарам снизил моё кровяное давление менее чем за час без лекарств, –большинство современных врачей не понимают, но любой, кто хочет изучить этот метод, может легко сделать это и извлечь из него пользу».

Служение тем, кто служит

В день моего приезда к Марианджи пришли два посетителя: Маршалл Стэкман и Хосе Местре. Они были соучредителями (наряду с Розмари Нальти и Нехемией Бар-Иегудой) некоммерческой организации под названием «Служение тем, кто служит» (СТКС) [Serving Those Who Serve (STWS)].

Вместе они прилагали все усилия, чтобы помочь пожарным, полицейским и другим работникам служб срочной помощи, пострадавшим во время террористических атак 11сентября. Встреча с ними была очень важна для меня.

«После того, как пыль улеглась, большинство людей вернулись к своей жизни, – объяснил Маршалл. – Но более тридцати тысяч человек из спасательных служб вдохнули токсичные пары или впитали их через кожу, что повлияло на здоровье жизненно важных органов и систем, в том числе на состояние дыхательной и пищеварительной систем, оказало неблагоприятное воздействие на мозг, отрицательно сказалось на качестве сна и в целом значительно усложнило их жизнь.

Хосе сказал: «Благодаря знакомству с доктором Нарамом, у меня появилась идея, что, возможно, древние секреты исцеления смогут помочь там, где другие методы оказались недостаточными. К этому моменту я уже побывал на семинаре у доктора Нарама, где понял, чему бы я хотел посвятить свою жизнь. И в данный момент я хочу помочь этим пожарным и спасателям». Он рассказал о том, как эти храбрые люди страдали от различных заболеваний, назвав некоторые из них: депрессия, лёгочные проблемы (у некоторых даже были обнаружены затемнения в лёгких), посттравматические стрессовые расстройства, потеря памяти и так далее … Маршалл и Хосе с гордостью показали мне стопку письменных отчётов пожарных и других лиц, которым помогли травяные добавки доктора Нарама, предоставленные безвозмездно.

Они рассказали мне о Вирджинии Браун, бывшем офицере нью-йоркской полиции (NYPD), которая работала в течение восьми месяцев на Граунд Зеро, в то время как там всё ещё расчищали мусор. Она помогала в травматологическом отделении и при охране, и несмотря на то, что большую часть времени она носила маску, её мучил постоянный кашель. Объём лёгких у Вирджинии Браун уменьшился, токсические яды повлияли на её кости и суставы, она плохо спала. Один из медицинских работников рассказал ей о программе СТКС, и она, не колеблясь, решила принять участие. В течение двух лет она принимала травы, назначенные доктором Нарамом, и когда она показалась своему лечащему врачу, тот был ошеломлён результатом.

Хосе и Маршалл показали мне письмо, в котором Вирджиния написала: «Есть много полицейских и других работников Граунд Зеро с подобными проблемами, которым стало хуже. Многие погибли. Я знаю людей, у которых обнаружили онкологию, эмфизему лёгких и другие неизлечимые заболевания. Состояние моих лёгких улучшалось. Врач был поражён. Состояние костной системы тоже стало намного лучше, а не хуже! Я абсолютно уверена, что эти улучшения произошли благодаря травяным препаратам доктора Нарама, потому что тем из моих знакомых, кто не принимал их, стало только хуже. Даже после выхода на пенсию я продолжаю принимать эти травы и чувствую, что это очень хорошо для моего здоровья. Я намного лучше сплю, и регуляция моего тела улучшается. Большое спасибо за всё это».

Я слушал и думал, что рассказ был прекрасным; имея опыт увиденного до сих пор, какая-то часть меня хотела верить тому, что всё это правда. И в то же время это были только истории, а мне нужно было больше доказательств. Возможно, ей стало лучше по другим причинам. Я спросил: «Есть ли веские доказательства, показывающие, что именно травы помогли ей? По всей вероятности, правительство обеспечило героев 11/09 лучшей медицинской помощью. Может, она принимала что-то ещё, что ей помогло на самом деле?»

Пожарник Департамента пожарной службы Нью-Йорка, которому помогли травяные средства доктора Нарама.

«У этих людей не было недостатка в заботе или помощи, – сказал Хосе. – Медики приехали отовсюду, чтобы оказать поддержку. Они старались изо всех сил, но люди всё равно страдали от заболеваний. И в то время, когда другие методы не действовали, травы доктора Нарама творили чудеса».

«Но не верь нам на слово», – сказал Маршалл. С этими словами он вручил мне статью, опубликованную в медицинском журнале («Альтернативная терапия в области здравоохранения и медицины»), которая задокументировала результаты обследования первых спасателей, участвовавших в пилотной программе, спонсируемой СТКС. «Обследование было проведено и задокументировано двумя уважаемыми врачами. Они сравнили состояние пожарных и других работников экстренных служб, которые принимали травяные формулы доктора Нарама, и тех, кто следовал традиционным методам лечения».

По словам исследователей, у тех, кто принимал травы, были «значительные улучшения». Они рассказали, что результаты в «группе высокого риска, подвергшихся воздействию токсинов», были особенно заметны «при конкретных симптомах, которые не уходили при обычном лечении, включая кашель, затруднённое дыхание, усталость, состояние истощения, проблемы со сном, плохое самочувствие и другие симптомы. В отчёте отмечалось отсутствие побочных эффектов от лечебных трав, за исключением отдельных случаев дискомфорта в желудке в течение нескольких дней, и только в начале приёма. Участники исследования отметили значительное улучшение состояния здоровья. Они больше не нуждались в ингаляторах, их сон значительно улучшился, прекратился кашель, исчезли кисты, затемнения в лёгких, улучшилась память, уменьшились депрессия и усталость, увеличилась энергия, стал крепче иммунитет, и у них снова появилась надежда.

«У нас много подобных историй, которыми я могу поделиться с тобой, – сказал Маршалл. – Девяносто восемь процентов участников исследования заявили, что они будут рекомендовать программы травяных добавок своим знакомым и друзьям с похожими симптомами. И они это сделали. Поэтому спрос на травяные добавки растёт, и мы пришли поговорить с Марианджи, чтобы выяснить, как получать больше трав на постоянной основе».

«Обычно кризис наблюдается в развивающейся стране, – добавил Хосе, – например, когда люди голодают в Индии или Африке, Соединённые Штаты или Европа приходят к ним на помощь. Но на моей памяти это один из первых примеров, когда человек из так называемой развивающейся страны приезжает в такую мировую державу, как Соединённые Штаты Америки, и выполняет огромную гуманитарную работу. Во время нашего кризиса Доктор Нарам ещё долго помогал людям нашей страны и делал это за свой счет!»

Мне бы хотелось узнать больше, но с улицы донёсся гудок. Меня ожидало такси, чтобы отвезти в аэропорт.

Марианджи проводила меня до двери. Глядя мне прямо в глаза, она сказала: «У меня такое чувство, что ты не случайно оказался здесь. Возможно, нас связывают отношения, которые существовали ещё до нашего рождения. Кто знает, может быть, мы встретились из-за чего-то, что ты должен сделать и в своей жизни, и в нашей.

Не зная, что ответить, я просто поблагодарил её за уделённое мне время и сел в такси. Я смотрел через заднее стекло машины на её дом и наблюдал за ощущением, в котором я сейчас пребывал, сравнивая его с тем, с которым пришел. Мне было о чём подумать. Марианджи, Маршалл и Хосе говорили о докторе Нараме и его работе с такой искренней убеждённостью, что это заставило пошатнуть мой скептицизм. Эта встреча заставила меня задуматься о своих убеждениях и о том, какое питание полезно для меня, как долго человек может прожить, и почему я живу. Возможно, мои убеждения были ограниченными, основанными на заблуждении или нехватке информации, и удерживали меня от чего-то лучшего.

«У меня такое чувство, что ты оказался здесь по определённой причине».
- Марианджи

Видеть результаты других людей, благодаря этому методу, было замечательно, но что касается меня, то я был всё ещё сдержан. Я ещё считал, что успех лечения доктора Нарама заключался больше в эффекте плацебо. Или в том, что было доступно только доктору Нараму. Мне хотелось больше узнать об этом.

Ваши заметки в дневнике

Чтобы углубить и увеличить пользу, которую Вы будете извлекать в процессе чтения этой книги, уделите несколько минут тому, чтобы ответить на следующие вопросы:

Что было физическим, умственным, и/или эмоциональным токсином в Вашей жизни?

_____

_____

_____

_____

Как Вы думаете или, скорее, чувствуете, что привело Вас к этой книге о древних методах исцеления?

_____

_____

_____

_____

Какие ещё вопросы, идеи или озарения пришли к Вам во время чтения этой главы?

_____

_____

_____

_____

ГЛАВА 7

Момент, который изменил мою жизнь

«Место, в котором ты сейчас находишься, Бог обвёл на карте для тебя».

- Хафиз

Штат Юта

Когда я добрался до дома родителей в Мидвейле в Штате Юта, папа встречал меня уже на пороге. Я вдохнул аромат домашнего хлеба, который мама только что вынула из духовки. Она тепло приветствовала меня из кухни, прежде чем вернуться к намеченным делам из её списка. Я почувствовал, как родители были рады моему возвращению. Глядя отцу в глаза, я заметил, что за его нежной улыбкой скрывалась глубокая озабоченность. Направляясь в его кабинет, я обратил внимание, что ему тяжело идти.

Когда он закрыл за нами дверь, я сел в кресло возле стола. Папа сел в другое кресло напротив моего. Наступило долгое молчание. Отец смотрел в пол и, казалось, обдумывал, с чего ему начать. Он медленно поднял глаза и встретился с моим растерянным взглядом.

«Я ничего не сказал ни твоей матери, ни твоим братьям и сёстрам», – начал он. Отец снова замолчал и перевёл взгляд в пол. От того, что он нахмурился, его лицо стало очень напряжённым. Я смотрел на отца широко-раскрытыми глазами, и нарастающее беспокойство из-за его молчания всё больше охватывало меня.

Наконец, он оторвал взгляд от пола, встретившись с моим взглядом лишь на долю секунды, потом быстро перевёл взгляд в сторону. Пальцами правой руки отец медленно протёр лоб.

Хотя рука отца частично скрывала лицо, я увидел, как его глаза наполнились слезами. Пытаясь что-то произнести, он, наконец, сказал: «Я не уверен, доживу ли до конца недели». В потрясении открыв рот, я молча смотрел, как он вытирает слёзы. Услышанное застало меня врасплох. Я ничего не перепутал? Всё ли услышал правильно? Было ощущение, что кто-то ударил меня кулаком в живот, и у меня закружилась голова.

Мысли, которые беспокоили меня до нашей встречи, внезапно исчезли, всё стало каким-то незначительным. Моё сердце бешено заколотилось! Я не мог потерять отца! Я не был готов; и вообще – не так скоро и не так! Мне нужно было понять, в чём дело.

– Что происходит, папа?

– Не знаю, как это сказать. – Он изо всех сил старался найти подходящие слова, и я весь напрягся, чтобы услышать каждое слово. – У меня болит всё тело, как будто кто-то ударил меня о стену. Ночью я лежу в такой агонии, что...– и снова его лоб сморщился, а лицо напряглось, и он вновь опустил глаза.

– Что, папа?

Продолжая смотреть в пол и качая головой из стороны в сторону, он медленно произнёс: «Я знаю, что ни один сын не должен слышать что-либо подобное от своего отца, но в те моменты, когда мне так больно, я не уверен, что хочу дожить до завтрашнего дня».

Эти слова легли камнем на моё сердце. Отец всегда был таким позитивным. Он редко говорил о своих проблемах, а если и делал это когда-либо, то всегда вносил щепотку оптимизма – что всё уже становится лучше или что вокруг него хорошие люди, которые помогают ему. Я никогда раньше не слышал от него ничего подобного и был не в состоянии контролировать свои чувства.

Слёзы градом катились у меня по щекам, отец поднял глаза, потянулся ко мне и осторожно положил руку на моё плечо.

Потеря сестры в детстве на меня очень повлияла, и я не смогу сейчас смириться с потерей отца. Я всегда думал, что он обязательно будет на моей свадьбе, будет читать сказки моим детям. У меня было столько незаданных вопросов, мы ещё многого не сделали вместе, и я был уверен, что у нас есть на это время. Неужели есть всего лишь несколько драгоценных дней, которые я могу провести с ним?

В своём разбушевавшемся рассудке я пытался сосредоточить

внимание на том, что сейчас было самым важным. Я максимально постарался взять себя в руки, чтобы спросить: «Как я могу помочь тебе, папа?»

— Да, мне нужна твоя помощь, сын, — сказал он. — Ты всегда был ответственным, и я должен кому-то объяснить, где мои записи, счета и пароли. В случае, если однажды утром меня больше не будет, я не хочу, чтобы твоей маме пришлось разбираться в этой путанице, я хочу избавить её от всего незавершённого.

Он говорил, взвешивая каждое слово и сохраняя самообладание, но было ясно, что он истощён и подавлен. Когда отец открыл ящик своего стола, чтобы достать папку с паролями, я заметил ещё кое-что. Обычно на его столе была стопка бумаг. Он собирал их для того, чтобы однажды реализовать свою мечту — написать книгу о деле всей его жизни. Теперь эти бумаги были убраны в стол. На их месте теперь стояла коробка из-под обуви, наполненная бутылочками с различными лекарствами.

— Сынок, на данный момент ты единственный, кому я об этом сказал, потому что я не хочу никого беспокоить, но мне нужно привести всё в порядок.

Я не мог принять того, что близится конец его жизни, но я понимал, что ему будет спокойнее, если он передаст мне все пароли и записи. И я был максимально внимателен.

Затем я принялся вновь его расспрашивать.

— Какое лечение ты принимаешь? Что мы можем сделать? Должно быть что-то ещё, что может помочь!

— Я посещаю четырёх высококвалифицированных врачей, которые пробуют всё, что только возможно. Двое из них в этом месяце сказали мне, что не знают, что ещё могут для меня сделать. Они сказали, что перепробовали всё, что знали. У двух других тоже нет особой надежды.

Мой отец страдал болезнью в течение многих лет, но так как он никогда не жаловался, мы понятия не имели о том, насколько ему было плохо. Ему был 71 год, но ещё в двадцать пять ему поставили диагноз — ревматоидный артрит, от которого он получал сильнодействующие лекарства, побочные действия от которых вызвали ряд серьёзных проблем. Тогда его направили к другим врачам, а те, в свою очередь, прописали ещё больше лекарств. Теперь он был на двенадцати лекарствах — от высокого холестерина, повышенного давления, диабета, проблем в желудочно-кишечном тракте, проблем со сном, от боли в груди и ногах, от невыносимых артритных болей, упадка сил, растущей депрессии, потери памяти и начинающегося раннего слабоумия. Его мать страдала болезнью Альцгеймера, и он опасался, что это ожидает и его. Кроме того, у него в сердце было установлено два стента, и врачи говорили о необходимости шунтирования.

В отсутствие какого-либо другого решения я с отчаянием сказал: «Папа, я ещё не рассказал тебе о своей поездке в Индию. Могу я поделиться с тобой тем, чему я был свидетелем?» Я не говорил об этом раньше, потому что сам не вполне понимал происходящее, теперь же я рассказал отцу все истории, которые могли дать ему надежду на исцеление.

— Кроме того, папа, на День Отца хочу тебе подарить что-то … — сказал я, глубоко вдохнув, — мне очень хочется купить тебе билет на самолёт, чтобы ты встретился с доктором Нарамом, где бы он ни находился.

Я думал, что встреча с доктором Нарамом даст моему отцу надежду, но вместо этого он выглядел ещё более измученным. С постоянной болью в теле одна только мысль о полёте уже отнимала у него силы. Более того, ему было трудно представить себе, что кто-то простым прикосновением к пульсу сможет помочь ему, особенно после всесторонних медицинских обследований и лечения у лучших врачей.

— Я уже пробовал альтернативные методы лечения, — сказал он. —Я пробовал гомеопатию, рефлексотерапию, иглоукалывание, китайскую медицину и многое другое. Все обещали отличные результаты, но мне ничто не принесло облегчения. Правда, сын, я просто хочу, чтобы ты знал, где все мои пароли.

— Папа, просто доверься мне. Можем ли мы хотя бы попытаться? Внутреннее напряжение, которое я испытывал в этот момент, выразилось в настойчивости моего вопроса.

— Ну есть и хорошая новость, — сказал он, заставляя себя улыбнуться, — по крайней мере, мне уже нечего терять.

Калифорния
Назад в Город Ангелов

В действительности я не знал, сможет ли доктор Нарам помочь моему отцу, но мне больше некуда было обращаться. Я зашёл в Интернет, нашёл расписание доктора Нарама, позвонил по указанному номеру и забронировал встречу для моего отца в Лос-Анджелесе. Я не терял времени.

Когда мы приехали, там уже была толпа посетителей. Несколько десятков человек заполняли бумаги или ждали, когда их вызовут. После перелёта папа выглядел усталым и бледным, к тому же его мучили боли. Время ожидания, как мне сказали, составляло от трёх до шести часов.

Людей было даже больше, чем обычно из-за мероприятия, на котором доктор Нарам выступал накануне. Я был удивлён, услышав от посетителей, что доктору Нараму аплодировали стоя шесть минут, когда он вышел на сцену. И пока мы с папой сидели в ожидании приёма, кто-то всё время подходил ко мне после консультации с доктором Нарамом.

– Вы доктор Клинт? – спрашивали они.
– Да, но я не врач. Я университетский исследователь, – уточнял я.
– Доктор Нарам попросил меня поделиться с Вами моей историей.

Они называли свои имена, и мы говорили о том, что привело их к доктору Нараму. Я был удивлён: люди приезжали со всего мира, чтобы встретиться с доктором Нарамом. Насколько все они были разными – представители почти всех рас, национальностей, религиозной принадлежности и социального статуса.

Папа был слишком утомлён, чтобы участвовать в этих разговорах, поэтому я отводил их в сторону или в коридор, чтобы переговорить. Между разговорами я возвращался к отцу, чтобы поделиться с ним тем, что мне рассказали. Пациентка, которая впервые попала на приём, рассказала, как доктор Нарам, ничего о ней не зная, в точности описал все её проблемы. Это включало и сложности с двумя позвонками. Она показала мне медицинские заключения и результаты сканирования, которые подтвердили то, что доктор Нарам определил по её пульсу. Другой человек был поражён тем, что доктор Нарам дотронувшись до пульса определил его диабет и закупорку артерии в сердце. Доктор Нарам с точностью до одной десятой определил его уровень сахара в крови и точно описал, где и как была закупорена артерия. Владелец отеля из этого района рассказал мне, что у него была тяжелая форма целиакии. До встречи с доктором Нарамом, употребление любой пищи, содержащей глютен вызывало у него невероятную боль. «Теперь я без проблем могу съесть целую пиццу и выпить пару кружек пива», – сказал он.

Мне было любопытно, что заставило всех этих людей, и американцев, в частности, довериться этому альтернативному методу лечения. Я задал этот вопрос доктору Джованни, который обучался некоторое время у доктора Нарама в Индии. Он не согласился с моим определением и сказал, что не понимает, почему подход доктора Нарама называют «альтернативным», ведь этот метод на тысячи лет старше западной медицины. Он сказал, что правильнее считать оригиналом то, что делает доктор Нарам и другие традиционные целители, а западная медицина при этом должна считаться альтернативной. Доктор Джованни предпочёл термин «дополнительное лечение», поскольку эти методы терапии не должны конфликтовать.

Во время разговора с доктором Джованни я обратил внимание, как мой отец заёрзал в кресле от явного дискомфорта.

Услышав, с какой уверенностью этот врач говорит о методе доктора Нарама, я доверил ему, что меня беспокоило: «Когда доктор Нарам прикасается к пульсу пациентов, в большинстве случаев он точно описывает состояние людей. Но я также разговаривал и с теми, кто говорил, что при прослушивании их пульса он упустил что-то важное, и они были разочарованы».

– С каким количеством людей ты говорил? – спросил доктор Джованни.

– С тех пор, как я оказался в Индии и по сегодняшний день, вероятно, около ста человек.

– И сколько из них сказали, что доктор Нарам что-то упустил?

– Может быть, двое или трое, – размышляя, ответил я.

– Во-первых, разве это не удивительно, насколько процент попадания в точку высок? Основываясь на том, что ты говоришь, это девяносто семь процентов точности. И это за такой короткий промежуток времени с таким разнообразным спектром разных проблем. Знаешь ли ты, что в западной медицине, даже после тщательного обследования, мы, врачи, часто не можем определить причину проблемы? Например, мы видим, что у человека высокое давление. Измерив его, только в 20 процентах случаев мы можем определить причину. Это означает, что в 80 процентах случаев мы можем только догадываться, что является причиной, и назначаем лекарства, чтобы контролировать давление. Если лекарства вызывают слишком много побочных эффектов, то мы тестируем другое лекарство, чтобы посмотреть, может, оно больше подойдёт. Я не говорю, что доктор Нарам идеален или не делает ошибок. Каким бы необыкновенно талантливым он ни был, он всё-таки остаётся человеком. Я просто вижу очень высокий процент успеха в выявлении основной проблемы пациента и то, как доктор Нарам помогает исцеляться, когда люди следуют его советам.

— И ещё ты должен знать следующее: доктор Нарам использует другие парадигмы и словарный запас для описания проблем, чего западная медицина не делает. У него есть древний метод понимания и классификации болезней, и слово болезнь он заменяет «неполадкой». Несколько человек на протяжении многих лет тоже спрашивали меня, почему он упустил что-то в чтении их пульса. Когда я пересматривал видеозаписи, то я видел, что в соответствие с древней наукой исцеления, доктор Нарам правильно определил основную проблему, даже если он не назвал её западными терминами. Например, в его линии мастеров-целителей нет проблемы, называемой раком, т. е. они не рассматривают рак как проблему. То, что мы называем раком, они видят, как симптом более глубокого дисбаланса, который они называют *тридошар*. И эти мастера-целители используют сложные, проверенные временем методы для урегулирования этого дисбаланса, и постоянно растущий опыт показывает, что рак и его симптомы могут постепенно исчезнуть.

> *«Как древнее исцеление может называться альтернативной медициной, если она на тысячи лет старше западной? Или хотя бы можно её назвать «дополнительным лечением», так как эти методы терапии не должны быть в конфликте».*
>
> *- Доктор Джованни*

Я не совсем понял, что он мне сказал, поэтому задал ещё несколько вопросов. Его уверенность немного ослабила моё беспокойство и устранила некоторые из моих опасений. Я искал как можно больше заверений в том, что я не сошел с ума, приведя сюда своего отца. Каждый раз, когда я возвращался к папе, чтобы посидеть рядом с ним, он заставлял себя улыбнуться, а потом снова начинал ёрзать на стуле. На этот раз я принёс ему воды. Слабо удерживая чашку обеими руками, он с благодарностью выпил её.

Ко мне подошли ещё несколько пациентов, которые родились в Индии, Пакистане и Бангладеш, но теперь жили в Соединённых Штатах. Слушая их рассказ об опыте общения с доктором Нарамом, я в дополнение ко всему узнавал гораздо больше об их жизни в целом. Одна мать семейства сказала мне: «Мой муж и я приехали в Америку, надеясь, что это пойдёт на пользу нашим детям, но они потеряли интерес к нашей индийской культуре, вере и традициям, моё сердце не может этого перенести. Вместо того, чтобы больше интересоваться школой, они больше интересуются своими друзьями и впали в зависимость от своих телефонов и компьютеров». Она боялась, что её дети нарушат традиции и не позаботятся о ней и её муже в старости.

Была группа молодых людей из Индии и Пакистана, которые сейчас учатся и работают в Калифорнии. Они обратились за помощью к доктору Нараму.

«Такие дети, как мы, часто борются со своей национальной идентичностью, – сказал мне один молодой человек, – не ощущая себя принадлежащими ни к одной из этих культур. Даже когда они поступали в лучшие университеты Америки, некоторых привлекали наркотики, алкоголь, секс и отношения с людьми, которых их родители не одобряли. Это отдаляло их от своих семей. Мы часто боремся за то, чтобы найти достойную работу, нам предлагают низкие должности в расчёте на то, что мы будем усердно работать за минимальную оплату и не рассчитывать на уважение из-за нашего статуса проживания». Я был удручён, услышав о том, что иногда работодатели сексуально домогались женщин в обмен на сохранение работы. Ведь работа позволяла им оставаться в стране.

Одна студентка сказала: «У меня стресс из-за школы и отношений, и я ем пищу, которая мне не подходит. У меня обнаружили гормональный дисбаланс, и я набрала лишний вес, а потом появились прыщи и другие проблемы с кожей. Несколько лет назад я была фотомоделью, а теперь даже не хочу выходить из дома. Я плохо себя чувствую и боюсь, что никогда не выйду замуж. Я стала злиться на родителей, считая, что моё состояние – результат их давления на меня. Они требовали от меня, чтобы я была всегда совершенной, даже тогда, когда я не могла быть таковой». Её слова очень затронули меня, потому что я сам оказывал на себя «давление», чтобы быть совершенным, особенно в те моменты, когда это не получалось.

Затем меня вдохновила история одного молодого адвоката. Его родители были родом из Индии. Они переехали в Соединённые Штаты, когда он был ребёнком и поэтому не чувствовал связи с Индией. В некотором смысле он смотрел свысока на культуру своих родителей.

«Когда я учился на юридическом факультете, – сказал он, – у меня развилась проблема под названием витилиго, которая вызывает рост белых пятен на коже. Сначала они распространились на руках, а затем на ладонях и лице». Многие молодые люди с этим заболеванием не уверены в себе, и к тому же озабочены тем, что это помешает им при выборе невесты. В западной медицине нет методов лечения этого заболевания, поэтому мне

Самир, молодой юрист из Бостона, который преодолел витилиго.

казалось невероятным, что доктор Нарам может ему помочь.

Но Самир – так звали молодого человека – всё равно пробовал. Поначалу медленно начал возвращаться цвет, а два года спустя все белые пятна исчезли! «Есть много американцев индийского происхождения, которые, как и я, выросли в Америке и не имеют уважения к нашей индийской культуре. «Методы доктора Нарама, – сказал он, — во многом изменили меня». – Если бы я не нашёл время и не испытал их на себе, я бы тоже в это не поверил. Я знал, что западная медицина не лечит это заболевание кожи, и поэтому, когда я решил эту проблему с помощью древней науки исцеления благодаря индийскому специалисту, у меня появилось больше уважения к культуре и наследию страны, откуда я родом. Это то, чего раньше у меня не было».

Затем ко мне подошла красивая молодая супружеская пара. И муж, и жена – мусульмане.

— Мы покинули родную страну в надежде жить в Америке. «В большой стране больше

> *«Если бы я не потратил время и не испытал бы всё это на себе, то я бы не верил в древнее исцеление. Благодаря этому у меня появилось уважение к моей культуре, моему наследию и к стране, откуда я родом, чего раньше у меня не было».*
>
> - Самир

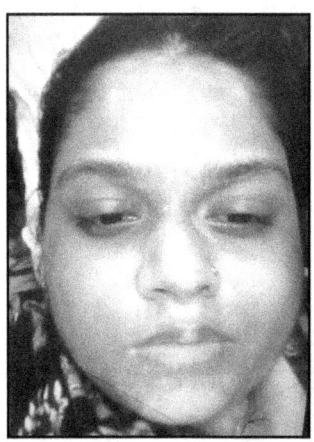 

Слева: женщина, у которой была болезнь витилиго в течение 10 лет. Справа: она же через несколько месяцев, благодаря дисциплине в диете и травам доктора Нарама.

возможностей, — сказал мужчина. – Но мы столкнулись с тем, что люди плохо к нам относились. Они опасались, что мы террористы. Мы упорно трудились, чтобы завести новых друзей и показать, что истинный ислам – это мир. Мы надеялись создать семью, родить и вырастить детей, но и эта мечта разрушилась». Врачи диагностировали у молодого человека азооспермию, т. е. у него в сперме было ноль сперматозоидов.

— Наши попытки продолжались в течение шести лет, – сказал он. – Мы посетили так много специалистов и потратили почти восемьдесят тысяч долларов на современные методы лечения, чтобы зачать ребенка, но западная медицина не смогла нам помочь. Это истощало нас и финансово, и эмоционально до состояния внутренней пустоты. Когда мы встретились с доктором Нарамом, то в точности выполняли все его назначения для более глубокого исцеления. Через год я вернулся, чтобы повторно пройти обследование – количество сперматозоидов в моей сперме составило пять миллионов. Врачи сказали, что это чудо и засомневались в результатах первого теста.

— Через два года моя жена забеременела, – он говорил дрожащим от переполняющих его эмоций голосом, – и сегодня мы пришли только для того, чтобы показать доктору Нараму нашего ребёнка и поблагодарить. Заметив слёзы, стекающие по щекам жены, он нежно обнял её, и они оба посмотрели на своего «чудо»-ребёнка.

Ко мне подошёл мужчина-сикх по имени Гурчаран Сингх, в тюрбане и с длинной бородой. Сингх сказал, что занимался политикой

Заметки моего дневника

Три древних секрета исцеления для великолепной кожи*

1) Мармаа Шакти – с обеих сторон верхней фаланги безымянного пальца (см. фото) на правой руке сжимайте и расслабляйте 6 раз. Это нужно повторять как можно больше в течение дня.

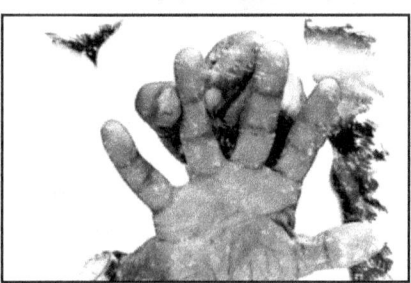

2) Травяные средства – Самир использовал крем и принимал травяные таблетки для кожи, в состав которых входили такие ингредиенты, как ним, куркума, кокосовое масло, священный базилик и чёрный перец. *

3) Секреты диеты – исключить из рациона питания продукты, содержащие глютен, а также молочные продукты и сахар.

*Информация о травяных формулах (включая ключевые ингредиенты), упомянутые в этой книге, находится в приложении. Бонусный материал: чтобы узнать больше секретов для великолепной кожи, пожалуйста, посетите сайт MyAncientSecrets.com в свободном доступе.

в Бейкерсфилде, штат Калифорния. Я узнал, что сикхам было сложно найти понимание в Америке, и этот человек был совершенно уверен в том, что доктор Нарам понимает их. «Доктор Нарам помог мне, моей семье и моим друзьям преодолеть так много проблем со здоровьем: высокий уровень холестерина, артрит, диабет, высокое артериальное давление и гормональный дисбаланс», – сказал он. В благодарность за это он договорился с мэром Бейкерсфилда наградить доктора Нарама за внесённый вклад в поддержку сикхского сообщества. «Знаете ли вы, что один из пациентов доктора Нарама был Йог Бхаджан Сингх, возможно, самый известный Сикх в мире?», – сказал он.

Мне было очень интересно, что рассказали Гурчаран и другие пациенты, так как меня постоянно мучил вопрос сможет ли доктор Нарам помочь моему отцу. Когда я впервые приехал в Индию, мой

Доктор Нарам с Йогом Бхаджаном Сингхом и Его Святейшеством Хариправадом Свамиджи.

скептицизм составлял примерно 80 процентов, а любопытство — 20 процентов. Теперь у меня было достаточно доказательств того, что подавляющему большинству людей становится лучше, но я не знал, как долго сохранялись эти результаты. «Может быть, доктор Нарам просто убеждал их в том, что им станет лучше, и так оно и случалось», – думал я. После всего увиденного и услышанного мой скептицизм уменьшился примерно до 50 процентов. Другие 50 процентов были смесью растущего любопытства с невероятной надеждой на то, что метод доктора Нарама сможет помочь моему отцу. В то время, как с каждым новым случаем у меня появлялось всё больше надежды, моему отцу становилось всё хуже. Я забронировал номер в отеле и отвёл туда папу, чтобы он отдохнул до тех пор, пока не подойдёт его очередь.

Целитель, нуждающийся в исцелении

Когда я вернулся в зал ожидания, ко мне подошёл пожилой, но стройный и подтянутый бородатый джентльмен. Стиснув мне руку в тёплом и крепком рукопожатии, он представился раввином Стивеном Роббинсом. Помимо того, что он был раввином, практикующим древнюю еврейскую духовную традицию каббалу, он был также клиническим психологом и соучредителем Академии Еврейской Религии Калифорнии – первой конфессиональной семинарии на всём Западном Побережье.

Несколькими годами ранее Стивен несколько раз находился при смерти из-за ряда заболеваний. До болезни он был здоровым и спортивным мужчиной, способным поднять 300 фунтов. Затем мышечная дистрофия начала разъедать его мышцы. Врачи давали ему огромные дозы кортизона, что вызвало страшный остеопороз. Вдобавок ко всему, он заразился гриппом, лёгкие дважды отказывали, и он дважды был на грани жизни и смерти, но оба раза его реанимировали... Постоянные кризисы с его здоровьем нарушили функцию гипоталамуса, гипофиза и всей эндокринной системы до такой степени, что организм самостоятельно не вырабатывал ни тестостерон, ни гормон роста (ГР), и из-за этого клетки его тела перестали регенерировать.

– Я перепробовал всё, что возможно, но мне ничего не помогало, – объяснил Стивен. – Лекарства и процедуры едва поддерживали меня. В 2005 году меня сразила ещё одна лёгочная инфекция, и мои лёгкие снова отказали.

Стивен провёл несколько недель в больнице, прежде чем не начал дышать самостоятельно. И когда он уже был готов выписаться из больницы и ехать домой, у него возникла тяжелейшая форма опоясывающего лишая (герпеса). Эта болезнь подействовала на межпозвонковые диски, а также повлияла на нервы правой стороны тела, причём настолько сильно, что он всё время жил в мучительной боли.

– Боль поражённых нервов проявлялась сильными прострелами, как молния, – то спереди назад, то сзади наперёд. Кожа болела так, как будто на неё пролили кислоту, а мышечные спазмы не давали мне свободно дышать и двигаться.

– После приёма метадона и болеутоляющих средств в течение семи месяцев, я вёл себя, как идиот, и у меня было чувство, что могу в недалёком будущем стать «овощем» на всю оставшуюся жизнь. Врачи не знали, что предпринять.

Ситуация становилась всё хуже и хуже, пока друг Стивена не привёл его к доктору Нараму.

– Сама концепция возможности всего за несколько мгновений

поставить диагноз человеку для западного ума кажется иррациональной. Ведь мы придерживаемся западной парадигмы, а именно: анализов крови, МРТ, консилиума врачей. Однако модель исцеления доктора Нарама основана на том, чтобы быть здоровым, а не больным. Это совершенно другой подход, при котором твоё тело, ум и дух могут участвовать вместе с тобой в более глубоком исцелении.

Он посмотрел мне в глаза и сказал: «Я был раввином и целителем с шестнадцати лет, и теперь в шестьдесят один год встреча с доктором Нарамом всё изменила. Впервые в жизни я смог просто всё отпустить и передать себя в его руки, чтобы он исцелил меня. Это был очень глубокий момент».

Интересно, что бы значил опыт этого человека для моего отца. Я продолжал с огромным вниманием слушать его. Стивен прибыл в Индию в клинику доктора Нарама в инвалидной коляске, слабым и в полном отчаянии. Он должен был брать с собой в поездки синтетический гормон роста только для того, чтобы оставаться в живых. По приезду он обратился к хозяину квартиры, в которой остановился, с просьбой хранить его препараты в прохладном месте. Но тот перестарался, положив всё в морозильник и тем самым уничтожив весь запас препарата. Стивен был глубоко расстроен. Он обзвонил всех своих американских врачей, чтобы получить помощь, но это ни к чему не привело, и тогда он обратился к доктору Нараму.

Основываясь на принципах древней медицины, доктор Нарам приготовил специальную смесь из целебных трав для регенерации гормона роста и восстановления уровня тестостерона.

— У меня не было выбора, и я в точности следовал его инструкциям. К концу первой недели я встал с инвалидной коляски. С каждым днём я чувствовал себя сильнее и крепче. На третьей неделе я сдал анализ крови, чтобы посмотреть, что происходит. И тогда я увидел то, что считаю чудом чудес. После всей этой травмы новые анализы крови показали нечто замечательное. Впервые за многие годы моё тело вырабатывало свой собственный гормон роста и на том же уровне, что у людей гораздо моложе меня. Раньше я принимал синтетический тестостерон, но теперь моё тело естественным путем производит тестостерон. Моя щитовидная железа практически пришла в норму, а поджелудочная железа, слава Богу, полностью восстановилась. А иммунная система и тимус поддерживаются целебными травами и функционируют хорошо.

— Исцеление продолжалось и тогда, когда я вышел из самолёта.

Моя жена не узнала меня. Она сказала, что я выгляжу так, как и тридцать лет назад, когда мы впервые встретились. Я стал крепче и стройнее на тридцать фунтов. Мои волосы потемнели и стали гуще. Это было потрясающе.

С тех пор раввин вернулся в спортзал. Чтобы продемонстрировать мне свою физическую форму, он закатал рукав рубашки, обнажил плечо и напряг мышцы. Бицепс был твёрдый. Я не мог не улыбнуться в ответ. Образ восхищённого раввина, показывающего мне свой сильный бицепс с детской радостью в глазах, никогда не покинет меня.

Обдумывая, как бы описать опыт его исцеления отцу, я спросил Стивена: «Как бы Вы объяснили исцеление людям, которые этого не понимают, потому что Ваш опыт может казаться нереальным?»

«Есть много способов найти истину, – ответил он. – Нет такого понятия, как "плохое лекарство", но есть неправильное лекарство, используемое в неподходящее время и применяемое неправильным образом. Доктор Нарам оказывает целительную поддержку таким образом, чтобы тело, ум и дух восстанавливались на глубоком уровне. Многие из формул доктора Нарама являются "антивозрастными", хотя я очень не люблю использовать этот термин. Речь идёт скорее о поддержании молодости. По моему опыту, целебные травы помогают организму производить и сжигать энергию здоровым, а

Раввин Стивен Роббинс и доктор Нарам.

не саморазрушительным способом. Сила и энергия в теле, которую я чувствую в результате их приёма, удивительны».

В заключение он сказал: «Мудрость Сиддха-Веды глубока, и не только потому, что она древняя. Не всегда «старое» означает «истинное» или «мудрое». Я знаю некоторых очень глупых стариков, и, кроме того, существуют некоторые старые и в то же время разрушительные религиозные верования. Но в Сиддха-Веде есть мудрость, глубокая мудрость, которая принимает во внимание целостность человека – его тело, ум, эмоции. И это совсем не то, что описано западными научными терминами, а то, что отвечает древней науке. Принципы действительно эффективны для более глубокого исцеления, и они являются результатом тысячелетнего опыта и практики».

Не все были счастливы

Поблагодарив Раввина Роббинса, я вернулся в зал ожидания посмотреть, не подошла ли очередь моего отца, но там была суматоха. Какой-то мужчина кричал: «Я не хочу ждать!» – крик становился всё громче, и напряжение усиливалось. «Вы знаете, кто я?! – орал он. – Я один из первых индийцев, признанных Форбс! Я вложил миллионы в медицинскую школу Калифорнийского университета. Я не хочу ждать».

> *«Мудрость Сиддха-Веды – это глубокое понимание целостности человека, и это совсем не то, что описано в западных научных терминах, а понимание с точки зрения древней науки».*
>
> *- Раввин Роббинс*

Доктор Нарам позже рассказал мне, что произошло. Другие ожидавшие приёма не хотели пропускать этого мужчину вперёд только потому, что он был богат и криклив, но организаторы провели его к доктору без очереди, чтобы не усугублять ситуацию.

Прикоснувшись к его пульсу, доктор Нарам перечислил мужчине его проблемы со здоровьем, и самой острой из которых было «замороженное» плечо, вызывающее сильную

Заметки моего дневника

Четыре древних секрета исцеления для поддержания здорового уровня гормонов у мужчин (например, гормона роста или тестостерона) *

1) Травяные лекарственные средства – Стивен принимал некоторые травяные таблетки для поддержания здоровой функции гормонов, которые включали такие ингредиенты, как семена кунжута, трибулус, индийскую тиноспору, корни ашваганды, корневище индийского кудзу и семена бархатной фасоли*.

2) Мармаа Шакти – на левом предплечье, четыре пальца вниз от запястья, по линии мизинца, нажмите на точку 6 раз, повторите несколько раз в течение дня.

3) Домашнее лекарственное средство – секретное средство Махараджа от доктора Нарама: на ночь замочите 3 миндаля, 3 финика, 3 стручка кардамона, утром снимите кожицу с миндаля и измельчите, выдавите семена кардамона, добавьте 3 чайные ложки порошка фенхеля, 1/4 чайной ложки порошка Брахми, 1/4 чайной ложки порошка Ашваганды, 1/2 чайной ложки порошка Кауча, 1/2 чайной ложки порошка Шатавари, 1 чайную ложку масла гхи. Всё это смешайте и примите утром натощак.

4) Диета – доктор Нарам рекомендует избегать кислой и ферментированной пищи.

*Информация (включая ключевые ингредиенты) о травяных формулах, упомянутых в этой книге, находится в приложении.

Бонус: в свободном доступе на сайте https://myancientsecrets.com вы можете получить более подробную информацию о средствах для здоровья мужчин и мужской потенции.

боль. Этот человек перепробовал все виды лечения и средства, но безрезультатно. Сколько бы он ни вкладывал в престижную медицинскую школу, врачи не могли ему помочь. Он начал терять надежду, что когда-нибудь сможет двигать рукой.

Доктор Нарам заверил его в том, что есть лечебное средство и, смотря ему прямо в глаза, спросил: «Вопрос в том, какую цену Вы готовы заплатить?» Мужчина не был удивлён. Здоровой рукой он вытащил чековую книжку и подписал незаполненный чек: «Я уже потратил столько денег на лучшее медицинское обслуживание и всё без каких-либо результатов. Если вы сможете это вылечить, назовите свою цену. Сколько Вы хотите? Десять тысяч, двадцать тысяч, пятьдесят тысяч?»

Доктор Нарам улыбнулся и спокойно сказал: «Всё имеет свою цену; иногда мы платим деньгами, иногда – временем или усилием. Вы не сможете за это заплатить деньгами. Я повторяю мой вопрос, какую цену Вы готовы заплатить?»

Мужчина выглядел смущённым: «Я уже говорил Вам, если Вы это вылечите, я заплачу сколько угодно, сколько бы это ни стоило. Я заплачу любую цену!»

Доктор Нарам прямо посмотрел на него и сказал: «Хорошо. Если Вы сделаете всё, что потребуется, то… Вы подождёте?»

– Что Вы имеете в виду?

– Это цена, которую Вы должны заплатить сегодня, – объяснил доктор Нарам.

– Вы сказали, что Вы готовы заплатить любую цену, теперь я спрашиваю Вас, Вы подождёте вашей очереди? – Мужчина в нерешительности согласился, но всё же нуждался в объяснении. Доктор Нарам сказал:

– Я хочу, чтобы сегодня Вы ждали… Он остановился, чтобы подумать, а затем добавил: «шесть часов».

– Могу ли я пойти в свою комнату, поспать, а затем вернуться? – спросил мужчина.

– Конечно, подождите шесть часов, а затем вернитесь, и только тогда мы посмотрим, могу ли я Вам помочь.

Мужчина вышел из офиса доктора Нарама более спокойным, но смущённым.

Через несколько минут назвали имя моего отца. Мне сказали, что его очередь уже подходит, так что я быстро пошёл за ним.

Длинные шесть минут

Мой папа осторожно шёл со мной из гостиничного номера по коридору в конференц-зал к двери доктора Нарама. Пока мы ждали снаружи, он признался, что не знает, как начать объяснять доктору Нараму всё, что он испытывает. Весь день он наблюдал, как люди входят и выходят из кабинета доктора Нарама, находясь внутри всего пять-шесть минут. Папа показал мне лист бумаги со списком своих лекарств и сказал: «Я даже не могу прочитать весь этот список за такое короткое время».

Я послал сообщение доктору Нараму, что я привёл моего отца, но ничего не сказал о его состоянии. Полагаю, я хотел проверить доктора. И хотя я уже слышал и видел много удивительных случаев, часть меня всё ещё задавалась вопросом: *«Не было ли это всё подстроено?»*

«Какую цену вы готовы заплатить?»

— Доктор Нарам

Я смотрел, как папа медленно входил в комнату, слегка сгорбившись, мучаясь от боли. Доктор Нарам приветствовал его широкой улыбкой, а я с тревогой остался ждать снаружи.

Мне казалось, что прошла вечность, но всего через шесть минут дверь открылась, и я был удивлён тем, что я увидел. Мой отец шёл по-другому. Он выпрямился и выше поднял голову, а в глазах было удивление.

— Как он узнал? — спросил отец. — Это было замечательно.

— Что случилось? Что он «узнал?» — спросил я.

— Мне не нужно было ничего ему говорить. Доктор Нарам положил пальцы на моё запястье и, в считанные минуты, описал мою ситуацию настолько лаконично и точно, что я бы никогда не смог выразить лучше. Даже если бы четыре моих врача собрались в одной комнате, чтобы обсудить мой случай, они не смогли бы так точно описать мои ощущения, как это только что сделал доктор Нарам.

Я слушал отца и не знал, что сказать, и вообще, как осознать всё, что чувствовал.

— Он также спросил о моей профессии, и, казалось, был искренне заинтересован. Доктор Нарам сказал, что я занимаюсь очень важной работой, и что я должен жить и продолжать выполнять ее. «Всё это было очень обнадеживающим!» —сказал отец. — Я пока не знаю, что

с этим делать, но теперь посмотрим, да? – Он оглянулся и спросил:
– Что мне делать дальше?

Я был поражён тем, как быть понятым мгновенно оказывает положительное влияние на человека. Настроение у него улучшилось, и он даже начал верить, что исцеление возможно. Я перестал дышать, увидев его в этом состоянии предвосхищения. Я пытался скрыть это, но в течение мгновений у меня несколько раз менялось состояние: то нервное, то радостное и опять нервное…

Ирония заключалась в том, что в тот момент, когда у моего отца появилась надежда, я начал колебаться. *Неужели я ввёл в заблуждение своего отца и дал ему ложную надежду? Действительно ли доктор Нарам может ему помочь? Помогаю ли я моему отцу или трачу последние дни его жизни, гоняясь за несуществующим лекарством?*

Ваши заметки в дневнике

Чтобы углубить и увеличить пользу от прочтения этой книги, выделите несколько минут для ответов на следующие важные вопросы:

Какую цену Вы готовы заплатить за то, что хотите (с точки зрения времени, энергии, усилий, денег, дисциплины и т. д.)?

_____
_____
_____
_____

Почему это стоит того?

_____
_____
_____
_____

Почему Вам стоит заплатить такую цену?

_____
_____
_____
_____

ГЛАВА 8

Источник молодости

«Источник молодости существует: это ваш ум, ваши таланты и творческий потенциал, которые вы привносите в свою жизнь и в жизнь любимых людей. Когда вы научитесь пользоваться этим источником, вы действительно победите возраст».

София Лорен

Лос-Анджелес, Калифорния

После того, как папа ушёл отдыхать в гостиничный номер, ко мне подошёл один из сотрудников доктора Нарама и сказал: «Доктор хотел бы с Вами поговорить. У Вас есть несколько минут?»

Доктор встретил меня лучезарной улыбкой. «Ну, как дела?», – спросил он, а перед ним стояла тарелка супа из маша.

Я поблагодарил его за то, насколько хорошо он понял моего отца, и за надежду, которую это дало ему. Я также хотел выразить свои опасения, но доктор Нарам прервал меня прежде, чем я успел что-то сказать: «Твой отец потрясающий, да? Он очень хороший человек, и это помогло мне понять, от кого ты это унаследовал. У него важная миссия обучения и воспитания детей; я думаю, мы сможем ему помочь. У него есть ещё работа в этой жизни, которую он должен завершить».

Я прямо спросил доктора Нарама: «Как Вы думаете, есть ли у него надежда? Скажите мне правду».

– Правда, какой я её вижу, в том, что у твоего отца два варианта выбора: продолжать делать то, что он делает и прожить ещё несколько месяцев в непрекращающейся боли прежде, чем умереть, или изменить свой взгляд на жизнь, используя шесть ключей Сиддха-Веды для более глубокого исцеления. Это поможет ему ещё много лет быть гибким, энергичным и осознанным. Что бы ты предпочёл?

— Конечно, второй вариант. Но как это сделать? —спросил я, поражённый уверенностью доктора Нарама в прогнозе моего отца.

— Ты помнишь, как произошла моя встреча с мастером? – спросил доктор Нарам.

— Да, как я могу такое забыть?!

— Сколько дней подряд мой мастер говорил мне прийти завтра?

— Сто дней.

— Да, сто дней или три месяца. За те три месяца, что я был за пределами комнаты, в которой он принимал пациентов, я не сидел просто так. Я проводил исследования, как это сейчас делаешь ты. Я говорил с пациентами об их проблемах и видел людей, страдающих диабетом, артритом, сердечными и почечными недугами, страдающих остеопорозом, различными формами онкологии, болезнями печени и многими другими. Я беседовал с людьми, которые вернулись после нескольких месяцев или лет, выполняя то, что Баба Рамдас сказал им делать. И я увидел в них большую трансформацию, как прямой результат глубокого исцеления. Ты помнишь, сколько лет было моему мастеру?

И, прежде чем я успел ответить, он воскликнул: «Сто пятнадцать лет! Мне было очень любопытно узнать, что он делает иначе, не так, как другие, поэтому я провёл последние тридцать шесть лет своей жизни, изучая секреты моего мастера, чтобы помочь людям. Хочешь знать, в чём, по его словам, секрет источника молодости?»

Я утвердительно кивнул. Кто бы отказался узнать такое?!

Он продолжил медленным тоном: «Я не совсем уверен, почему я делюсь этим с тобой, Клинт, но у меня есть ощущение, что ты, возможно, будешь инструментом в оказании помощи многим людям».

Откровенно говоря, я не знал, как реагировать. Я был готов поверить всему, что он говорил, но в какое-то мгновение в моём уме возникло тревожное чувство – а вдруг это мошенник, который охотится за последней надеждой отчаявшихся? Чем ближе я к нему становился и чем больше интереса начал проявлять, тем более осторожным в некотором роде я становился. Если бы он оказался мошенником, закончу ли я это тем, что разоблачу его «клинику» раз и навсегда? Вместо того, чтобы помогать ему продвигать древний метод исцеления, стану ли я важной частью в защите других людей от него?

Древний секрет оставаться молодым

Лицо доктора отражало глубокий внутренний покой и уверенность, когда он смотрел мне прямо в глаза. Он сказал мне, что благодаря этим секретам каждый может почувствовать себя абсолютно здоровым, ощутить неограниченную энергию и душевное спокойствие в любом возрасте. Доктор Нарам подчеркнул: «Прежде всего, ты должен иметь чёткое представление о том, что такое «молодость». Только тогда ты можешь узнать этот секрет».

На лице доктора Нарама отразились глубокий внутренний покой и уверенность, когда он посмотрел мне прямо в глаза. Он сказал мне, что с помощью этих секретов каждый может испытать ярко вибрирующее здоровье, неограниченную энергию и душевное спокойствие в любом возрасте. Он сказал: « Во-первых, вы должны иметь чёткое представление о том, что такое «молодость». Только тогда вы сможете узнать секрет того, как оставаться молодым».

Доктор Нарам с 139-летним мастером в Гималаях.

Продолжая говорить, доктор Нарам достал снимки: «Вот фотография дорогого Бабаджи, одного из братьев моего мастера. Он живёт в Гималаях и ему 139 лет».

Он вытащил ещё одно фото. «Вот Садан Гогой, который стал Мистером Индия в 65 лет! А вот так он выглядит сейчас в возрасте семидесяти лет».

Я смотрел на мускулистое тело человека, которому немного за сорок.

Доктор Нарам сказал: «Он следует древним секретам для созидания такого тела, мышц и ума, без вреда для своих почек. После победы в конкурсе «Мистер Индия» его мечта – участвовать в конкурсе на звание «Мистер Вселенная!»

С любовью глядя на другую фотографию, доктор Нарам рассказал мне об одной из своих первых пациенток – восьмидесятилетней Кусум Атит. Она появилась у доктора в возрасте пятидесяти шести лет, когда уже не могла ходить, страдала от гипертензии, остеопороза, артрита. В планах на ближайшее будущее у неё было эндопротезирование тазобедренного сустава. «Как ты думаешь, что случилось с ней, когда она начала использовать секреты молодости?»

Я пожал плечами.

– Женщина, которая до этого даже не могла ходить, выиграла первый приз в конкурсе танца в Бомбее, – триумфально заключил он. – Я сам пребывал в шоке. Ты не можешь себе представить, какую радость я чувствовал!

Садан Гогой, пятикратный победитель конкурса «Мистер Индия» в 75 лет.

Кусум, 86 лет, танцует от радости после излечения от артрита.

Затем доктор Нарам показал мне ещё одну фотографию своего мастера: «На этом фото ему 115 лет, и я был благословлён ещё десятью годами общения с ним, прежде чем он покинул своё тело. Мастер ушёл в возрасте 125 лет. За весь период моего обучения я перенял от него такие тайные знания, мудрость, такие мощные идеи и истины! Теперь позволь мне поделиться этим с тобой».

Доктор Нарам задал мне такой вопрос: «Клинт, что для тебя значит «молодость»? Как ты понимаешь, молод человек или стар?»

Мне тут же пришли в голову несколько мыслей: «Может, это зависит от того, как он выглядит: от душевного состояния, качества волос или состояния кожи?»

Доктор Нарам улыбнулся: «Мой мастер сказал, что человеку может быть двадцать или сто лет. Каким образом один человек может быть старым в двадцать, а другой молодым в сто?»

Доктор Нарам с Баба Рамдасом – любимым мастером и учителем.

> *«Молодость достижима в любом возрасте, если человек физически гибок, внимателен, готов учиться и эмоционально полон любви».*
>
> Баба Рамдас, мастер доктора Нарама

– Как?

– Всё зависит от *гибкости*, – сказал он. – Кто-то может быть старым всего в двадцать лет, если этот человек физически зажат, упрям и эмоционально «сух». Или же, наоборот, человек может быть молодым и в сто лет, если он физически гибкий, умный, внимательный, и готов учиться и к тому же полон любви. Интересно, не так ли?

Мне понадобилась пауза, чтобы это всё воспринять: «Так что? «Молодость» – это гибкость ума, тела и эмоций?»

Доктор Нарам воскликнул: «Да, Клинт, точно! Именно так моя линия целителей понимает молодость».

Но мне нужны были разъяснения: «Таким образом, секрет молодости в любом возрасте – это умение быть гибким?»

Он кивнул и добавил, что молодость возможна в любом возрасте, если твой образ жизни соответствует твоей внутренней природе. «Молодые» люди полны надежд. «Старые» надежду теряют. Если вы смотрите новости, то постоянно слышите о страхе, бедствиях и «грядущих трудных временах». И многие люди проецируют эти ужасные вещи в своё будущее, что заставляет их беспокоиться. Такая жизнь делает их больными, испуганными, убитыми горем и закрытыми. Быть молодым в любом возрасте означает оставаться полным надежды на будущее, надеяться на себя и на всё человечество. И ты можешь оставаться «молодым» даже в 115 лет».

Затем доктор Нарам сказал: «Теперь конечная цель древних секретов исцеления, которым мой мастер научил меня, заключается в следующем: во-первых, речь идёт о помощи людям, чтобы поддерживать или улучшать их здоровье и гибкость тела, разума, эмоций и духа. Древние инструменты дают возможность испытать глубокое исцеление и пережить юношеские чувства в любом возрасте. Во-вторых, эта трансформация даёт людям энергию для того, чтобы они могли понять, чего они хотят больше всего в своей жизни. И они учатся приводить себя в соответствие со своей внутренней природой и целью жизни».

– Итак, если это ваше определение молодости, – спросил я, – мне всё ещё не ясно, как кто-то может дожить до такого преклонного возраста?

– Видишь ли, большинство людей могут прожить более ста лет, если захотят. Всё, что им нужно, – это шесть ключей глубокого исцеления Сиддха-Веды.

– И что это за шесть ключей? – спросил я.

– Кстати, ты уже видел некоторые ключи в работе. Давай посмотрим, сколько из них ты сможешь определить, – предложил доктор Нарам.

– Ну, во-первых, я думаю, что нужно использовать домашние лечебные средства, например кольца лука, которые облегчили мою головную боль. Секрет в том, что всё может быть либо лекарством, либо ядом, если ты знаешь, как его использовать.

– Да, очень хорошо, Клинт! А помнишь ли ты секретное домашнее средство для поддержания высокого уровня энергии в любом возрасте, рецепт которого я дал тебе во время нашего интервью?

– Я не помню.

Доктор Нарам снова дал мне домашнее средство:

Заметки в моём дневнике

Секретный рецепт доктора Нарама для суперэнергии *

Домашнее средство:

1) Замочите в воде на ночь сырой миндаль – 3 шт.;
  кардамон – 3 стручка (или около 30 семян);
  семена фенхеля – 3 ч. л.

2) Утром добавьте 3 финика (и если хотите – 3 абрикоса, 3 инжира);
  1/4 ч. л. корицы;
  1/4 ч.л. порошка брахми;
  1/4 ч. л. порошок ашваганды;
  1 ч. л. масла гхи;
  2 ниточки шафрана.

3) Очистите миндаль от кожуры, а кардамон от скорлупы, высвобождая семена.

4) Смешайте или измельчите все ингредиенты с горячей водой и наслаждайтесь напитком.

* Бонусный материал: чтобы посмотреть, как это делается, обратитесь к видео в свободном доступе на сайте MyAncientSecrets.com

«суперэнергетический напиток», которым пользовался его мастер в возрасте 115 лет. Уж на этот раз я отнесся к этому более серьёзно.

– Второй инструмент связан с травяными формулами?

– Да, – ответил он. – Мой мастер раскрыл мне секреты того, как выращивать, собирать, готовить и комбинировать травы в соответствии с древними процессами, которые способствуют более глубокому исцелению. Вот именно тогда они становятся целебными травами.

Когда он говорил о целебных травах, я думал о таблетках, которые пылились у меня дома в ящике. Я спрятал их после двух дней использования. Мысленно я сделал себе пометку узнать о них побольше.

– Мармаа – это третий инструмент Сиддха-Веды, – сказал он. И я записал это, хотя я все ещё не был точно уверен, что это такое и как это работает.

– Какие ещё три? – спросил я доктора.

– Поделюсь этим с тобой позже. Мне нужно принять остальных пациентов, они всё ещё ждут. Почему бы тебе не прийти сегодня вечером, когда я закончу диагностику пульсом, и не испытать сеанс мармаа на себе?

Я согласился вернуться, а затем отвёз отца в аэропорт.

У самого входа я обнял папу. Мы оба ощутили теплящуюся надежду на будущее. Отец был полон решимости сделать всё, что предложил доктор Нарам: диету, травы – всё. Однако была одна рекомендация, которая пугала его больше всего: доктор Нарам пригласил его в Индию для углублённого лечения, называемого панчакарма.

Прежде, чем войти в здание, папа задал мне вопрос: «Хочешь узнать настоящую причину, по которой я приехал с тобой в Лос-Анджелес?»

Я в недоумении пожал плечами: «Это не для того, чтобы увидеть доктора Нарама?»

«Нет, – он покачал головой. – Я не думал, что он в состоянии мне помочь. Я здесь, потому что беспокоился, во что ты ввязался».

Он крепко обнял меня, затем посмотрел мне в глаза и сказал: «Давай посмотрим, но что бы ни случилось, надеюсь, ты знаешь, как сильно я тебя люблю».

Ваши заметки в дневнике

Чтобы углубить и увеличить пользу от прочтения этой книги, уделите несколько минут тому, чтобы ответить на следующие важные вопросы:

Что для Вас означает «молодость»? Что значит чувствовать себя молодым в любом возрасте?

_____

_____

_____

_____

Если «молодость» – это «гибкость», то в каких сферах своей жизни Вы могли бы стать более гибким?

_____

_____

_____

_____

Какие ещё идеи, вопросы или озарения пришли к Вам в процессе чтения этой главы?

_____

_____

_____

_____

ГЛАВА 9

Современные медицинские чудеса из древней науки?

«Есть только два способа прожить жизнь. Первый – будто ничто не является чудом. Второй – будто всё вокруг чудо».

Альберт Эйнштейн

Поприветствовав нескольких человек, он вышел на середину комнаты и спросил: «Для кого из вас это первый опыт работы с мармаа?»

Почти все подняли руки.

– Хорошо, что такое мармаа? – Это древняя технология глубинной трансформации, работающая на всех уровнях тела, ума, эмоций и духа.

Доктор Нарам сказал, что мы можем узнать об этом подходе к исцелению в Махабхарате – одном из главных эпических санскритских текстов древней Индии. В древних текстах сказано, что была большая война, не имеющая ничего общего с современными конфликтами. В этой войне были правила: она начиналась и заканчивалась в определённое время суток. В то время как дхарма или долг солдата состоял в том, чтобы сражаться, дхарма целителей линии доктора Нарама заключалась в том, чтобы исцелять. И не имело значения, каким был солдат, целители помогали всем независимо от того, кто на чьей стороне сражался.

– У целителей моей линии не было врагов точно так же, как у нас нет религии. Наша «религия» просто помогать человечеству.

> «Эта древняя технология не имеет ничего общего с религией. Как электричество она работает независимо от вашей религии или веры. Она универсальна».
>
> Доктор Нарам

Он описал, как каждый день после окончания боевых действий эти мастера выходили на поле боя и отыскивали тех, кто не мог двигаться, был ранен стрелами или упал со слона и лежал с переломанными костями. Часто они помогали, используя мармаа – тысячелетнюю технологию мгновенного облегчения.

– Сегодня нет битвы в Махабхарате, но моя работа состоит в том, чтобы вернуть вам форму, и вы смогли выполнить своё жизненное предназначение.

Доктор Нарам объяснил, чтобы понять эту мощную древнюю технологию, нам нужно знать, что она не имеет ничего общего с религией. «Думайте о ней, как об электричестве, – сказал он. – Вы включаете свет, и он есть независимо от вашей религии или убеждений. Свету всё равно – мусульманин вы, христианин, индуист или атеист. Ключи линии древних целителей также универсальны. Исцеляющий инструмент мармаа может помочь любому человеку с хроническими и острыми проблемами такими, как боль в спине, скованность, боль в шее, синдром «замороженного» плеча, нервозность, пояснично-крестцовый радикулит, боль в лодыжках, боли в коленях и даже неспособность ходить».

«Верите вы этому или нет, – сказал он, – но мармаа, коснувшись тонких энергетических точек, через пару минут начинает снимать блок. Вы тут же видите результаты – почувствуете меньше боли или она вообще исчезает. У кого из вас есть боль?»

Большинство людей в комнате подняли руки.

«Я научу вас нескольким мармаа, которые вы можете делать дома. Есть мармаа, которые могут быть сделаны только мной или теми, кого я обучил. То, что на первый взгляд выглядит как магия, является наукой. Чтобы извлечь пользу из этого тысячелетнего процесса, нужно чётко понимать, чего вы хотите от своего тела, ума, эмоций и в целом от своей жизни. Но что, если вы не знаете, чего хотите?» Он замолчал, и некоторые в аудитории закивали головами.

– Ну, если вы не знаете, вот мармаа, чтобы узнать, чего вы хотите. Закройте глаза. Представьте себе белую рамку над правым глазом. Затем нажмите на кончик указательного пальца правой руки шесть раз. Затем спросите себя: «Чего я хочу?» И посмотрите, какая картинка появится в вашей белой рамке.

Я снял видео, как доктор Нарам продемонстрировал процедуру. Я был настроен скептически, не веря, что нажатие точки на пальце может дать мне какую-то ясность. Но когда я решил, что на меня никто не смотрит, на всякий случай нажал точку на кончике собственного пальца, если это действительно поможет. Я не чувствовал ничего особенного, кроме физического ощущения от нажатия.

> *«Вы извлечёте большую пользу из древних методов исцеления, если сначала уясните для себя, чего вы хотите».*
>
> Доктор Нарам

«Большинство из вас делают это неправильно. Всякий раз, когда вы делаете мармаа, сидите в положении силы – обе ноги твердо на земле и прямая спина», – добавил доктор.

Я сидел, сгорбившись, со скрещёнными ногами, а теперь сел прямо и поставил ноги на землю. Доктор Нарам подождал, пока все не окажутся в нужном положении, а затем продолжил: «Теперь очень важный момент: «хочу» в вас должно быть положительным якорем. Это не может быть то, чего вы не хотите или то, чего вы избегаете. Позвольте мне привести вам очень яркий пример».

Мечты в реальность

«Моя мать не могла ходить. У неё был артрит, остеопороз и дегенерация суставов, – сказал доктор Нарам. – Поскольку она не могла двигаться, ей приходилось пользоваться туалетом, принимать ванную, находясь в постели. Это было тридцать лет назад. Я готов был стать хорошим индийским сыном – остаться дома, чтобы ухаживать и кормить её каждый день. Но она не хотела, чтобы наши с ней жизни были потрачены таким образом».

«Я решил применить к ней древние методы, – продолжил доктор Нарам. – Подумал так: если я не смогу помочь даже собственной матери, то что в них хорошего?»

– Позвольте мне поделиться с вами тайной, которой меня научил мой мастер. Качество вашей жизни зависит от качества ваших вопросов. Большинство из нас задают неправильные вопросы. Так я часто спрашивал: «Почему я такой толстый?» Мой мастер сказал: «Ужасный вопрос, Нарам». Я был сосредоточен на том, что мне не нравилось. Он объяснил мне, что сильные вопросы сосредоточены именно на том, что вы хотите, а не на том, чего не хотите. Так что я нажал точку на пальце моей матери и спросил: «Мама, чего ты хочешь?»

Она ответила: «Я не хочу боли». Желание, выраженное в отрицательной форме, не работает.

Указывая на голову, доктор Нарам сказал: «Есть нечто, известное как сознательный ум». Касаясь области сердца, добавил: «Есть и подсознание». Затем, показывая над головой, произнёс: «И сверхсознание».

– Именно сверхсознание может направлять вас, если вы знаете,

Доктор Нарам со своей любимой матерью.

как получить к нему доступ. Когда вы открываете чистый канал, вы получаете ответ на вопрос. Мармаа – это технология, которая стимулирует и заставляет все силы сознания работать на вас. И один из секретов заключается в том, чтобы сосредоточиться на положительной картинке того, что вы хотите, вместо отрицательной, содержащей то, чего вы не хотите.

Тогда доктор Нарам снова нажал точку мармаа на пальце своей мамы и переформулировал вопрос: «Мама, если бы ты знала, что боли нет, что бы ты сделала?» Она ответила: «Я бы ходила».

Доктор Нарам объяснил, что необходимо создать будущее и отпустить прошлое. Это один из важных принципов – творить будущее, видеть его, отсечь прошлое, сохраняя

> «Качество вашей жизни зависит от качества ваших вопросов».
>
> Доктор Нарам

при этом связь с настоящим. Ситуация с мамой доктора Нарама в тот момент, заключалась в том, что она не могла ходить. У неё был артрит и остеопороз, и даже специалисты в один голос говорили, что она не сможет ходить. «Но самое главное – это то, чего хотела она!» – повторил доктор Нарам.

Доктор Нарам рассказал нам, что, как только у его матери появлялась идея чего-то положительного, из того, что она могла себе представить, он просил её закрыть глаза. Затем нажимал ещё одну точку мармаа ниже на её пальце и спрашивал: «Если бы ты знала, что снова сможешь ходить, куда бы ты хотела пойти?»

Она отвечала: «Я бы пошла пешком в Гималаи».

Каждый раз, когда она давала ответ, доктор Нарам говорил: «Очень хорошо», – и шесть раз похлопывал по точке мармаа в области её сердца. Он заставил её представить себе белую рамку над правым глазом и спросил: Ты видишь себя идущей по Гималаям?»

Она кивнула, и он воскликнул: «Очень хорошо», – снова похлопав её в области сердца. В этот момент отец доктора Нарама, наблюдавший за происходящим, очень рассердился.

– Что за чушь! Ты с ума сошёл?! Почему ты даёшь своей матери ложные надежды? Она же не может ходить, и ты это знаешь. Почему же ты говоришь о Гималаях? Забудь об этом! Она не может самостоятельно ходить даже в туалет. Ей нужна операция по замене коленного и тазобедренного суставов, а ты несёшь чушь о Гималаях. Она не может ходить! Почему ты не можешь этого понять?! – закричал он.

Доктор Нарам продолжал: «Отцу я сказал: «Важно то, чего хочет твоя жена и моя мать, а не то, что хочет она по-твоему!»

– Мой отец был очень суровым человеком, и это было впервые, когда я пошёл против его воли. Мой отец кричал: «Она идиотка, не знает, чего хочет. Она не знает, что не может ходить».

Это было уже слишком. Доктор Нарам посмотрел на отца в упор и сказал с такой твёрдостью, которая заставила бы тигра остановиться на месте: «Она выбирает! Это её жизнь и её выбор!» В ответ отец

> *«Сосредоточьтесь на том, что вы хотите, а не на том, чего вы не хотите».*
>
> Доктор Нарам

только вскинул руки вверх и вышел из комнаты.

Доктор Нарам сказал: «Мой отец был очень зол на меня, считая, что я обманываю свою мать, давая ей ложную надежду».

Хотя я не произнёс этого вслух, но сомнения отца доктора Нарама мне были понятны. Ведь и мне было интересно, осуществится ли новая надежда моего отца на положительные результаты или это просто ещё одна вещь, которая его разочарует.

И вот доктор Нарам рассказал, как он выстроил план спасения своей мамы. Он посоветовался со своим учителем, какие более глубокие секреты исцеления могут помочь ей снова ходить. Его учитель сказал ему: «Есть две вещи, которые нужно учитывать: одна – это сегодня, а вторая – будущее. Важно смотреть на то, что происходит сегодня, но не позволять этому мешать вам верить или видеть, как всё может измениться и стать лучше в будущем. Не застревайте в реальности, которую вы воспринимаете сегодня. Путешествие в тысячу миль начинается с одного шага, поэтому сделайте первый шаг, затем ещё один и так далее. И вскоре вы можете быть удивлены тем, где вы окажетесь».

В течение нескольких лет мать доктора Нарама принимала определённые травы, меняла своё питание и регулярно нажимала на точки мармаа, визуализируя свою мечту.

И вот однажды, после многих лет совместной работы и строгого следования плану глубокого исцеления, доктору Нараму позвонила мама: «Панкадж, я это сделала! Я в Гималаях, я действительно здесь».

– Мама добралась до храма, который хотела посетить, и разбила лагерь на одной из вершин. Хотя в шестьдесят семь лет мама была прикована к постели, сейчас, в восемьдесят два года, она путешествовала по Гималаям, – сказал доктор Нарам. – В то время как другие ехали на лошадях или их несли на «балках» (носилках) сильные мужчины, она шла пешком с одной маленькой бутылочкой воды. Мимо проезжали на лошадях люди гораздо моложе неё и спрашивали: «Что у Вас за сын, который не оплачивает Вам проезд на лошади, бедная старуха? Если он не заплатит за лошадь, мы можем внести плату за Вас».

Она ответила: «Нет, мой сын может купить мне лошадь, но я

предпочитаю ходить пешком. Он великий сын, потому что он вернул мне способность ходить».

– Это был один из самых счастливых дней в моей жизни! – широко улыбаясь, со слезами на глазах сказал доктор Нарам и добавил, –Мама произнесла: «Я благословляю тебя, Панкадж. Поделись этими древними секретами со всеми, чтобы ты мог помочь другим, как смог это сделать для меня».

Все в комнате зааплодировали.

Заметки из моего дневника

Секретный рецепт доктора Нарама для здоровья и гибкости суставов*

1) Домашнее средство

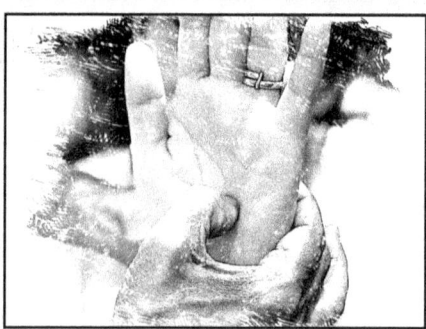

Смешайте следующие ингредиенты и принимайте утром натощак:
- порошок пажитника – 1/2 ч. л.;
- порошок куркумы – 1/2 ч. л.;
- порошок корицы – 1/4 ч. л.;
- порошок имбиря – 1/2 ч. л.;
- масло гхи – 1 ч.л..

2) Мармаа Шакти – на ладони левой руки, между средним и безымянным пальцами, отступите на 4 пальца вниз и нажимайте на эту точку 6 раз, по многу раз в день.

3) Травяные средства: мама доктора Нарама использовала крем и принимала несколько таблеток для поддержания здоровых суставов, которые включали такие ингредиенты, как циссус четырёхугольный, листья витекса священного, индийский ладан, имбирь и экстракт смолы мирры (коммифора мукул).

*Бонусматериал: чтобы узнать больше о древних секретах для лечения суставов, перейдите на сайт свободного доступа MyAncientSecrets.com.

— Благословение моей матери значило для меня всё.

Пока доктор Нарам делился историей, я думал о состоянии своего отца и о том, что для него исцеление тоже может быть возможным. Я также думал о своей матери. Я любил её, но не понимал. И иногда это приводило к конфликтам. Слушая рассказ доктора Нарама, я задавался вопросом:

«Чего больше всего хотела моя мама в своей жизни? Какую мечту она хотела бы осуществить?

И чего больше всего хотел бы мой отец, если когда-нибудь ему стало бы лучше? О чём бы он мечтал?»

Доктор Нарам, широко улыбаясь, сказал: «Мой мастер поделился со мной бесценным секретом: все женщины умны, а все мужчины идиоты, включая меня».

— А знаете ли вы, что такое шакти? Шакти – это женская божественная творческая сила. Мой учитель научил меня древним секретам того, как любая женщина может развивать шакти внутри себя. К сведению мужчин: только тогда, когда вы уважаете женщин, только тогда вы разумны, и шакти также приходит к вам. Что возвращает нас к вопросу, чего *вы действительно* хотите.

Доктор Нарам вернулся в центр комнаты и всем присутствующим показал те же этапы, через которые он прошёл со своей матерью. Это было сделано для того, чтобы все присутствующие могли получить чёткое представление о том, чего хотят они.

— Но как это работает? – спросил кто-то. Меня интересовал тот же самый вопрос.

Доктор Нарам улыбнулся и ответил: «Хороший вопрос. Сейчас, осознанно или неосознанно, мы все запрограммированы. Наше подсознание было запрограммировано нашими родителями: как думать, как говорить, что делать. Мы также запрограммированы школой, обществом, средствами массовой информации, а теперь ещё интернетом. Вопрос в том, можем ли мы перепрограммировать себя так, чтобы иметь хорошее здоровье, хорошую жизненную силу, хорошие отношения, хорошую финансовую свободу? Ответ – да. Мармаа – это технология, которая помогает нам перепрограммировать себя так, чтобы привести свою жизнь в соответствие с истинной целью. Вы не только можете избавиться от боли, но и можете достичь всего, чего только вы захотите достичь».

Неужели это действительно правда?

Я был запрограммирован моим прошлым верить и действовать определённым образом?

Если да, неужели это программирование не находится в соответствии с целью моей жизни?

Доктор Нарам сказал: «Когда вы обнаруживаете, чего хотите, это передаётся от сознательного ума к подсознательному, а затем к сверхсознательному. Происходит созидание. Это сила, превосходящая всё, что вы можете себе представить. Я делал это уже более миллиона раз. Это моя работа, моя миссия, моя страсть. Я знаю всего несколько вещей, и я делаю их очень хорошо. Мармаа – одна из них. И одно из мощных применений мармаа – помочь вам узнать, чего вы действительно хотите».

Затем доктор Нарам сделал паузу, словно хотел добавить что-то важное: «Я могу помочь вам убрать блоки, но вы сами должны иметь видение того, что вы хотите, какой результат вы хотите видеть в вашей жизни, в вашем будущем. Эта работа должна быть сделана именно вами. В каком-то смысле я как акушерка. Я помогаю при родах, но ребёнок рождается вами. Теперь, кто хотел бы попробовать первым?»

Вы не можете вернуть свою старую жену

Поднялось множество рук, и доктор Нарам выбрал Терезу – женщину из Канады в инвалидной коляске. Я познакомился с ней и её мужем Верном немного раньше в тот же день, и они показались мне самой невероятной парой. Тереза была очень милой и умной. Верн выглядел, как с обложки охотничьего или рыболовного журнала, что было неожиданно в обстановке центра альтернативной врачебной помощи.

Они были несколько полноваты, и меня заинтересовало, как её инвалидность повлияла на их отношения. Со стороны выглядело так, как будто между ними есть глубокая связь, о которой мечтает большинство людей. И хотя в течение всего их брака Верн заботился о ней, он сказал мне, что на самом деле это она заботится о нём. Их общение было наполнено любовью и уважением, и они всё время держались за руки. Они были очаровательны.

Заметки из моего дневника

Секреты Мармаа Шакти доктора Нарама для того, чтобы раскрыть то, чего Вы хотите*

1) Закройте глаза и представьте себе белую рамку над правым глазом.
2) Нажмите на верхнюю часть указательного пальца правой руки 6 раз и задайте себе вопрос: «Что я хочу?»

3) Позвольте мыслям, чувствам или образам легко прийти к Вам. Запишите всё, что Вы увидели. Ладонью правой руки легко простучите левую сторону груди 6 раз и произнесите: «Очень хорошо».
4) Нажмите 6 раз на среднюю фалангу указательного пальца правой руки и задайте себе вопрос: «Когда это придёт ко мне, что я буду делать?»
5) Позвольте любым мыслям, чувствам или образам прийти к Вам.

Запишите всё, что Вы увидели.
6) Нажмите 6 раз на левую сторону груди открытой правой ладонью и скажите: «Очень хорошо».

*Бонусный Материал: чтобы посмотреть видео, демонстрирующее этот процесс, пожалуйста, обратитесь к сайту MyAncientSecrets.com в свободном доступе. Подробнее об этом смотрите в 14-й главе.

Именно глубокая любовь Верна к Терезе вдохновила его на поиски того, что могло ей помочь. Они перепробовали множество вещей, но всё безрезультатно. И теперь именно любовь заставила его привезти жену в Лос-Анджелес из Канады в надежде, что эти древние методы могут оказаться действенными. В тот день я слышал, как Верн много раз умолял доктора Нарама: «Пожалуйста, пожалуйста, сделайте что-нибудь, чтобы помочь моей жене». Они ждали приёма в клинике почти восемь часов. И теперь я наблюдал, как Верн помогал Терезе, когда она изо всех сил пыталась подняться с инвалидной коляски. Он поддерживал её, когда она ковыляла с костылями в обеих руках к центру комнаты. Её ноги были повёрнуты носками внутрь, она совершенно не могла согнуть колени, поэтому Тереза не ходила, а переваливалась из стороны в сторону: ей приходилось переносить вес тела сначала на одну сторону, а затем поворачивать бёдра так, чтобы выбросить другую ногу вперёд.

Доктор Нарам проделал с ней тот же процесс, что и со своей матерью – он спросил Терезу, чего она хочет. Она ответила, что хочет ходить без костылей. Как только она смогла это себе представить, доктор Нарам велел ей лечь на простыню на полу. Она не могла опуститься самостоятельно и волновалась, что не сможет подняться. Доктор Нарам заверил её, что всё в порядке, и Верн пришёл на помощь. Когда Тереза легла на спину, доктор Нарам жестом велел Верну внимательно следить за ней. Он взял измерительную ленту и приложил один конец к пупку Терезы, а затем измерил расстояние до большого пальца правой ноги. Затем доктор Нарам спросил Верна: «Сколько это в длину?»

– Выглядит как тридцать шесть с половиной дюймов.

Затем доктор Нарам перенёс измерительную ленту к кончику большого пальца левой ноги и спросил:

– Сколько это в длину?

– Это тридцать девять с половиной дюймов.

– Так, трёхдюймовая разница!

«Я забыл предупредить вас, – сказал он, обращаясь к каждому в комнате, –важным побочным эффектом приезда сюда является то, что после мармаа вы почувствуете высвобождённые гормоны, которые могут заставить вас чувствовать себя очень-очень счастливым. Так что, если вы не хотите чувствовать себя счастливым, пожалуйста, не приходите сюда».

Улыбались все, и особенно Тереза.

– А теперь перевернись. – Он жестом предложил ей перевернуться на живот. Ей было невероятно трудно, но, полная решимости, она сделала это.

Он легонько и нежно провел пальцами по её спине, постукивая шесть раз в разных местах. Со стороны это выглядело так, как будто он играл на пианино. Затем доктор Нарам попросил доктора Джованни поднять рубашку на её пояснице и нанести на кожу немного крема, предназначенного для лечения в процессе *дард мукти* (произносится *даард мукти*). *Дард* переводится как «боль», а *мукти* означает «свобода от». Этот крем был создан в соответствии с древними принципами для облегчения различных видов мышечного или суставного дискомфорта. Доктор Нарам втёр его круговыми движениями, а затем велел Терезе перевернуться.

Это всё? Я задался вопросом. Как может такая быстрая и лёгкая процедура что-либо изменить?

Тереза перевернулась на спину, и доктор Нарам повторно измерил её ноги.

— Какая длина к правому пальцу? — спросил доктор Нарам.
— Тридцать восемь дюймов, — сказал Верн.
— А к левому?
— Также тридцать восемь дюймов, — ошеломлённо произнёс Верн.

Доктор Нарам объяснил Терезе, как теперь ходить после мармаа по шесть шагов, начиная с правой ноги. Тереза поднялась с некоторой помощью, её костыли все ещё лежали на полу, и мы все смотрели с нетерпением. Верн стоял рядом, чтобы подхватить её, если она вдруг начнёт падать, но доктор Нарам попросил его отойти подальше. Затем он велел Терезе снова закрыть глаза и увидеть себя, как она идёт. Он нажал на ещё несколько точек за каждым коленом, затем похлопал её по спине и сказал: «Теперь иди к своему мужу». Впервые за много лет она сделала шаг без костылей, затем медленно, но прямо — другой шаг! Она покачнулась, но продолжала двигаться. Она подошла к Верну, и они обнялись. Все присутствующие зааплодировали, кроме Верна. Нежно обнимая жену, он всё ещё пребывал в шоке. Его рот от удивления был открыт, а глаза широко распахнуты.

— Как ты себя чувствуешь сейчас? — спросил доктор Нарам Терезу. Она ответила:
— Лучше на шестьдесят-семьдесят процентов.
— В самом деле? — спросил Верн. Она кивнула с воодушевлением. Доктор Нарам сказал:
— Очень хорошо. А что, если ты сделала бы то, чего давно уже не делала? Что бы это могло быть?

Тереза ответила: «Даже просто сидеть и вставать для меня было невозможно».

Доктор Нарам попросил её закрыть глаза и представить, как она легко садится и встаёт без помощи мужа.

— Я удалил физический блок, но теперь ты должна удалить блок системы убеждений. Можешь ли ты представить себя сидящей и встающей?

— Да.

— Очень хорошо. А теперь сделай это!

Она неловко села, потом, немного пошатываясь из стороны в сторону, встала. Она самостоятельно встала.

— Впервые за семь лет она сделала это, — промолвил Верн. Все зааплодировали.

Доктор Нарам сказал Верну:

— Теперь у Вас новая жена. Каждое утро Вы будете видеть её счастливой, полной энтузиазма. Не возвращайтесь ко мне с жалобами, что Ваша жена сейчас слишком молода и энергична! И не говорите: «Верни мне мою старую жену». Это невозможно!

— Большое Вам спасибо, — произнесла Тереза, и на её глазах заблестели слезы. Оставив костыли, она подошла к доктору Нараму и сердечно обняла его. Вновь потоки слёз потекли по её щекам, когда её муж подошёл и обнял их обоих своими большими руками. Он прижал Терезу к себе и поцеловал её в лоб. На мгновение мне показалось, что он собирается поцеловать в лоб и доктора Нарама.

Доктор Нарам сказал ей:

— Это чувство или способность останутся, особенно, если в дополнение к травам и рекомендациям по питанию, вы ещё приедете на три или четыре мармаа в ближайшие месяцы и годы. Вы также можете регулярно делать это дома. — И доктор Нарам продемонстрировал мармаа, которые каждый может делать в домашних условиях, чтобы помочь глубокому исцелению.

Доктор Нарам попросил Терезу снова пройти. Она так и сделала, и все снова зааплодировали ей. Мы могли видеть явную разницу по сравнению с тем, что было всего несколько минут назад. Первый раз в жизни я видел что-то подобное и не знал, как это воспринимать. Единственные истории, которые я слышал об искалеченных или парализованных людях, исцелённых чудесным образом и получивших возможность ходить, были связаны с Иисусом. Тем не менее, доктор Нарам сказал, что хотя происходящее выглядело, как чудо, за всем этим стоит древняя наука. «Иногда результаты бывают мгновенными, как в случае с Терезой, – сказал он. – А иногда требуются годы терпения и настойчивости, чтобы они могли проявиться, как в случае с моей матерью. И хотя сроки, необходимые для этого, могут отличаться, результаты глубокого исцеления предсказуемы.

Затем, обращаясь ко всем нам, он сказал: «Это реально. Настоящая скованность и блок лишили её способности ходить. Освобождение от стресса- физического, умственного или эмоционального- является феноменальным опытом. Трудно осознать такие большие изменения в такой короткий промежуток времени. Если вы долгое время находитесь в темноте, а потом появляется свет, что вы делаете? Поначалу это может сбить вас с толку, но это реально. Хотите, я поделюсь с вами тем, что я делаю, и как это работает?» Все кивнули.

Блоки и прорывы

– Позвольте мне начать с метафоры. В жизни каждого человека есть блоки. Они могут быть физическими, эмоциональными, духовными, финансовыми или блоками, связанными с отношениями. Когда мы заблокированы, мы застреваем, жизнь застревает и начинает смердеть. Можно провести в этом месте пять или десять лет, почти ничего

Доктор Нарам с Терезой и Верном после её опыта мармаа шакти.

не добившись. И непонятно, почему ничего не происходит? Ответ таков: у нас есть блок.

Доктор Нарам схватил стул и поставил его на середину комнаты. «Давайте предположим, что стул – это блок. Если я хочу пойти отсюда к Вам, доктор Клинт, я не смогу, потому что мешает блок. Итак, каковы варианты? Я могу пойти в обход, либо под, над, или…»

– Вы можете удалить блок, – выкрикнула Тереза.

– Верно. В жизни мы знаем, что есть блок, но большинство людей не имеют понятия, какого он типа. Какова природа блока? Сколько ему лет? Насколько мощным он является? Теперь, благодаря пульсовой диагностике и мармаа, я могу распознать, какова природа этого блока, и снять его.

Доктор Нарам шутливо продолжал: «Вы задаёте вопрос: «О, господин Блок, кто Вы? – Говоря это, он достал из кармана лист бумаги. – Предположим, что этот блок говорит мне, что он сделан из бумаги – тогда всё просто». И он продемонстрировал, как легко разрывает бумагу и проходит по ней.

– Легко. Но жизнь не всегда так проста. Предположим, что блок говорит мне, что он сделан из дерева. Какие инструменты мне нужны, чтобы убрать его?

Присутствующие люди стали выкрикивать свои идеи: «Пила? Топор? Огонь?»

– Итак, есть различные инструменты, которые можно использовать. Понятен смысл?

Большинство людей закивали.

–Теперь предположим, что блок сделан из стали. Нужны ли нам другие инструменты?

Все утвердительно кивнули.

– Таким образом, существуют различные мармаа и другие инструменты, которые помогут устранить весь блок. Вы также можете думать о блоке, как о двери, и вам нужно подобрать правильные ключи, чтобы открыть и выйти за её пределы. Например, от боли в суставах, как у моей мамы, есть средство из топлёного масла гхи. Если дверь скрипит, что мы будем делать? Мы смажем её маслом. Вы даже можете спросить: «О, господин Гхи, кто Вы? И вы получите ответ: «Я смазываю и омолаживаю, уравновешиваю вату, питту и капху, заставляю вашу кожу светиться без макияжа, успокаиваю ваши эмоции, улучшаю сон и помогаю суставам плавно работать». Топлёное масло гхи – это настоящее волшебство. Мой мастер однажды сказал мне, что я никогда ничего не должен красть, но если бы мне пришлось пойти когда-либо на воровство, то только из-за топлёного масла гхи. Конечно же, он не толкал меня на воровство, просто таким образом он подчеркнул, насколько ценно топлёное коровье масло.

— Независимо от природы блока существует шесть ключей глубокого исцеления, чтобы его убрать и сбалансировать вашу систему. Многие люди пытаются найти короткий путь или быстрое решение в исцелении, используя дешёвые или быстрые способы. Как правило, это не работает. Более того, это может не только не помочь, но и усугубить ситуацию!

— Что Вы имеете в виду? — спросила Тереза.

— Позвольте мне привести вам практический пример. У моего отца было высокое давление и диабет, у нас это в роду. Что делает большинство людей в подобных случаях? Они принимают лекарство, которое подавляет симптомы вместо того, чтобы удалить сам блок. Это не избавит вас от диабета или высокого давления или какой-либо другой проблемы. У вас всё ещё есть диабет или высокое давление. Всё, что вы делаете, — это подавляете симптомы, что в конечном итоге приводит к возникновению побочных эффектов.

К разговору присоединился доктор Джованни: «Как врач-аллопат я сталкивался с подобными ситуациями у многих пациентов, которые принимали современные лекарства».

— А что значит «врач-аллопат?» — спросила Тереза.

— Хороший вопрос. Аллопатия или «аллопатическая медицина» — ещё одно название современной западной медицины. Я прошёл обучение в современном медицинском университете в Италии. Прописывая своим пациентам современные лекарства, я понял, что таким образом не помогаю пациентам решить проблему. Лекарствами я только заглушал боль и подавлял симптомы, но проблема оставалась. Это может вызвать лишь временное устранение боли или подавление симптомов. Аллопатия хорошо работает во многих случаях, но современная медицина не является безоговорочным авторитетом, и в конечном счёте вы несёте ответственность за своё тело и здоровье. Вы спрашиваете, какие могут быть побочные эффекты лечения, назначенного вам? Какие негативные последствия могут возникнуть в результате приёма лекарств или хирургического вмешательства? Проводите ли вы исследования, чтобы понять, есть ли у вас другие варианты? Современная аллопатическая медицина тоже имеет право на существование, но выбрать путь исцеления можете вы сами. Просто убедитесь, что вы задаёте достаточно

Заметки из моего дневника

Волшебные преимущества топлёного коровьего масла гхи*

Среди многих других преимуществ оно:

- смазывает и омолаживает тело, ум и эмоции;
- уравновешивает вату, питта и капха;
- делает кожу сияющей без макияжа;
- успокаивает эмоции;
- улучшает сон;
- помогает суставам работать гладко и ещё много-много другого...

Два домашних средства с использованием топлёного масла для улучшения качества вашей жизни:

1) Для поддержания здорового состояния суставов, кожи, пищеварения и мозговой деятельности принимайте 1 ч. л. гхи натощак и 1 ч. л. перед сном.

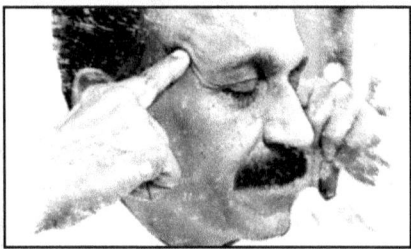

2) Для отличного сна: возьмите немного масла гхи на два пальца (указательный и средний) и втирайте круговыми движениями по часовой стрелке. Затем 6 раз нажмите на виски указательными пальцами.

*Бонусный материал: рецепт приготовления топлёного масла гхи в соответствии с древней рецептурой и некоторые интересные научные исследования о том, как употребление умеренного количества топлёного масла гхи не вызывает повышения уровня холестерина, находится в свободном доступе на сайте MyAncientSecrets.com вопросов о возможных последствиях каждого варианта лечения, чтобы сделать для себя правильный выбор.

Доктор Нарам повернулся ко мне, хотя он говорил со всеми:

— Мои дяди не знали, что у них есть выбор. Они принимали сильнодействующие препараты от высокого давления и диабета, пока не умерли молодыми от инсульта, почечной недостаточности и повреждения мозга. Увидев это, мой отец, с которым у меня всю жизнь были трудности, наконец, сказал: «Нет, я не хочу лечение, которое только подавляет симптомы. Панкадж, ты можешь мне помочь? Я решаю найти способ стать здоровым, обратить вспять диабет, нормализовать давление, стать сильным». И когда древние методы исцеления сработали, отец опять был недоволен мной: «Почему ты не встретил своего учителя десять лет назад? Почему ты не убедил меня раньше, что это может сработать? Я мог бы избежать стольких страданий и сделать гораздо больше!» — доктор Нарам рассмеялся при этом воспоминании.

— Чтобы добиться того, что сделал мой отец, ему нужно было полностью удалить блок, а для этого нужны правильные ключи. Без лекарств и без хирургического вмешательства мои мастера успешно снимают блоки, вызывающие все проблемы от высокого давления, диабета и аутизма до депрессии и онкологии.

— Каковы шесть ключей к глубокому исцелению? — спросила Тереза.

— Очень хороший вопрос. Один из них — мармаа, ещё один — домашние средства, а также диета, которая требует знаний о том, какие продукты создают блоки, а какие помогают их устранить. А ещё важно знать, как использовать домашние средства, чтобы они были лекарством, а не ядом. Для достижения долгосрочных результатов существуют определённые травяные формулы, которые работают в соответствии с древней наукой глубокого исцеления человека. Они и созданы для глубокого решения проблемы, поэтому не следует ждать от них быстрого результата. Эти средства совершенно безопасны и решают проблемы на тонком уровне, устраняя их в самом корне. Травяные средства снимают блоки и восстанавливают равновесие тела, чтобы оно могло естественно работать, как и было задумано природой.

Объяснение относительно блоков было довольно простым, но я всё ещё не понимал, как эта древняя наука помогала решить так много проблем, которые западная наука явно просто подавляла.

«*Шакти* — это слово для обозначения понятия силы, божественной созидающей силы. Она уже находится в вас. Мармаа заходит внутрь и помогает вывести её наружу. Целитель – всего лишь «акушерка», но рождение силы происходит при вашем активном участии. Мармаа работает с другими ключами таким образом, чтобы вы могли почувствовать себя абсолютно здоровым. Каждый день я благодарю своего мастера за то, что он научил меня мармаа!»

Доктор Нарам продолжал принимать одного пациента за другим. Наконец, остался только один человек – состоятельный мужчина с синдромом «замороженного» плеча, которого попросили подождать шесть часов.

Удаление блоков, вызывающих боль

Когда доктор Нарам впервые вошёл в комнату, этот человек поднялся ему навстречу. Я услышал, как доктор тихо спросил его, как сильно он желает исцелиться и какую цену он готов за это заплатить.

– Я сказал Вам, что готов заплатить любую цену, только Вы не примете мои деньги, – ответил он.

Доктор Нарам сказал: «Да, Вы не сможете купить это за деньги. Я очень горжусь тем, что Вы заплатили временем. Теперь за более глубокое исцеление Вам нужно будет заплатить служением. Вы будете последним, кому я помогу сегодня вечером, но Вы будете служить всем, кому понадобится помощь». Супруга этого человека была потрясена, и мы все с разной степенью удивления наблюдали, как он всю ночь помогал людям с их обувью, подавал им воду, держал измерительную ленту и искренне искал способы помочь тем, кто пришёл до него. Почти в два часа ночи, когда все уже разошлись, наконец-то настала его очередь.

Доктор Нарам продолжал делать ему две разные мармаа. Для первой доктор Нарам уложил мужчину на пол, как Терезу. Для

> «Шакти – это сила, которая уже изначально находится внутри вас. Мармаа входит внутрь и помогает вывести эту силу наружу. Целитель просто акушерка, но вы рождаете собственного ребенка».
>
> - Доктор Нарам

второй – усадил его на стул лицом назад. Прежде чем доктор Нарам приступил ко второй мармаа, он попросил мужчину поднять руку с «замороженным» плечом настолько высоко, насколько он мог. Примерно на полпути он вскрикнул от боли.

На вопрос, как долго он мучается, мужчина ответил, что уже много лет. Доктор Нарам спросил, хочет ли он поднять руку на шесть дюймов выше. Мужчина утвердительно кивнул, а потом добавил, что он будет очень рад этому.

Доктор Нарам попросил его закрыть глаза и представить, как он поднимает руку на шесть дюймов выше. «Можете ли Вы мысленно представить себя, поднимающим руку на шесть дюймов выше?» – спросил он.

Мужчина тихо произнес: «Да». Доктор Нарам постукивая по его лбу, сказал: «Очень хорошо». Затем он нажал несколько точек, поправил ему шею и начал отводить его руку назад, пока не раздался лёгкий щелчок. Доктор Нарам попросил мужчину поднять руку, и он начал поднимать. Он дошёл до той точки, выше которой ему не удавалось поднять руку. По выражению его лица было понятно, что он ожидал сопротивления и боли. Это выражение сменилось подлинным удивлением, когда его рука продолжала подниматься. Вместе с находившимися в комнате этот человек сам с изумлением наблюдал, как его рука поднялась прямо над головой, став теперь полностью подвижной.

Мужчина опустил руку и поднял её ещё раз, чтобы убедиться, что это не случайно. И опять полный диапазон движения. «Я не могу в это поверить, я не могу в это поверить», – повторял он. Его жена подошла, чтобы обнять его, удивлённая переменой. Дело было не только в отсутствии боли, волнение и гнев мужа растворились в мягкости, доброте и благодарности.

Я подумал, на скольких уровнях исцеления работает доктор Нарам, и как это более глубокое исцеление выходит за рамки физического недуга или проявления.

Каждый опыт в ту ночь оставил во мне глубокое ощущение перспективы и чувство трепета. Став свидетелем стольких различных примеров трансформации, я изменил ход своих мыслей. Меня мало беспокоило то, что это было реально, гораздо больше я был заинтересован тем, как работает эта древняя система исцеления. И неизбежно я задавался вопросом, *сработает ли это в случае с моим отцом?*

Неожиданное приглашение

После того, как сеанс мармаа была завершён, я попросил разрешения у доктора Нарама показать ему некоторые видеозаписи, которые я сделал в течение дня. Наблюдая за тем, как люди делились своим опытом, улыбка доктора Нарама становилась шире, чем обычно.

Я видел, каким эмоциональным он стал, слушая их истории.

– Теперь, наверное, ты начнёшь понимать, почему я так люблю свою работу и почему так спокойно сплю по ночам.

Он посмотрел мне прямо в глаза и спросил: «Клинт, ты знаешь, что в тебе самое главное, одна из самых сильных твоих сторон?»

Я опешил. Мы не так хорошо знали друг друга. Откуда ему было знать мои сильные стороны?

– Что? – спросил я.

– Ты располагаешь к себе людей.

Правильная реакция на комплименты – не лучшее, что я умею делать, поэтому я лишь тихо спросил: «Действительно?»

– Да, я наблюдал за тобой, проверял тебя. Я даже просил людей поговорить с тобой, а потом вернуться и рассказать мне о своих впечатлениях.

Я абсолютно растерялся. Он меня проверял? Мне казалось, что это я проверяю его. Мне вдруг стало неловко, что он проверяет меня без моего разрешения. В то же время мне было любопытно: чем я смог его настолько заинтересовать, что ему захотелось «проверить» меня, и что показали результаты его проверки. Он продолжил: «Твоя личность, тот, кто ты есть, позволяет людям открываться и делиться пережитым опытом».

Наступило неловкое молчание. Я попытался что-либо ответить, но ничего не вышло. Я никогда раньше не думал о себе с такой стороны.

Затем он снова посмотрел на меня и спросил: «Куда ты поедешь после этого?»

– Я возвращаюсь к своей докторской работе и исследованиям в Финляндии, – сказал я.

Доктор Нарам сказал: «Хорошо. Я тоже скоро собираюсь в Европу. Я обязательно буду в Германии, Италии и Франции. Хотел бы ты увидеть что-то по-настоящему удивительное?»

– Что Вы имеете в виду?

– Можешь ли ты встретиться со мной в Европе? – он заглянул в своё расписание.

Я же посмотрел в своё расписание и обнаружил, что некоторые даты у меня были свободными как раз в то время, когда доктор Нарам планировал быть в Италии. Хотя мне было любопытно, я не понимал, как мой интерес к тому, что он делает, вписывается в остальную часть моей жизни. Правда заключалась ещё и в том, что, хотя я и надеялся, что это поможет моему отцу, но сомнения всё ещё одолевали меня, так как это противоречило тому, чему меня учили с детства.

Доктор Нарам заметил мою нерешительность:

– Если ты приедешь, это будет одно из самых удивительных событий в твоей жизни.

Ваши заметки в дневнике

Чтобы углубить знания и увеличить пользу от прочтения этой книги, уделите несколько минут тому, чтобы ответить на следующие важные вопросы:

Какой процент своего времени Вы сосредоточены на том, чего Вы не хотите по сравнению с тем, что хотите?

_____

_____

_____

_____

Следуйте процессу, изложенному в этой главе, чтобы узнать, чего Вы хотите. После того как Вы нажмёте на точки мармаа и зададите себе вопрос о том, чего Вы хотите, отследите первое, что придёт Вам в голову.

_____

_____

_____

_____

Когда у Вас будет ответ, как Вы примените его дальше?

_____

_____

_____

_____

Какие ещё идеи, вопросы или озарения пришли к Вам в процессе чтения этой главы?

_____

_____

_____

_____

ГЛАВА 10

Можно ли родить в период менопаузы?

В конфликте между сердцем и разумом следуйте за своим сердцем.

Свами Вивекананда (индийский мистик, 1863–1902)

Милан, Италия

Это благословение свыше: несмотря на то, что мои родители всегда были стеснены в средствах, мне удавалось находить стипендии, работу и способы путешествовать. Моя душа всегда тянулась к странствиям. Когда меня спрашивали, почему мне это так нравилось, я отвечал: «Я чувствую себя живым, когда вижу, как люди во всём мире по-разному проживают свою жизнь». И это правда. Я стремлюсь лучше понять человека безотносительно той культуры, к которой принадлежу я. Погружение в другие культуры является самым быстрым способом раскрыть в себе то, что сразу не видишь в себе.

Я никому этого не говорил, да и сам тогда не осознавал, что путешествие является очень удобным способом отвлечься от страхов прошлого и беспокойства о будущем. Это отвлекало меня от моего внутреннего дискомфорта и нелестных самооценок.

Италия была одним из моих любимых мест для бегства. И на то было множество веских причин: мороженое, пицца, произведения искусства, мороженое, итальянский язык, паста, мороженое, шоколад, люди… Упомянул ли я о мороженом?

Я прилетел из Хельсинки в Милан и сел в автобус в направлении главного железнодорожного вокзала. Величественные мраморные арки, мускулистые статуи, замысловатые, полные страсти картины, вкусные запахи и энергичные голоса – так встречала меня Италия.

Доктор Джованни договорился с водителем, который должен был встретить меня на вокзале. И действительно, очень скоро подъехал маленький красный кабриолет.

«Чао!», – произнёс водитель, дружелюбный итальянец, который представился как Лучано. У него были большие, закрученные на кончиках, усы. Говорил Лучано с сильным итальянским акцентом; он был одет в жёлтую спортивную куртку, брюки на подтяжках, а на голове красовалась шляпа с белыми полями. Он вручил мне нарцисс и сказал: «Добрый день! Милан приветствует Вас!»

Его мелодичный говор, казалось, в любой момент может перейти в пение. Я искренне поблагодарил его, и вскоре мы уже ехали туда, где я собирался остановиться на несколько дней. Он совсем немного говорил по-английски, я ещё меньше по-итальянски, но почему-то мы понимали друг друга.

Мы проехали мимо богато украшенных церквей, шумных кафе и аквапарка, похожего на замок, с фонтаном в центре. Мы подъехали к очаровательному тихому дому с белыми колоннами и зелёными виноградными лозами, вьющимися по стенам. В этом скромном уютном доме меня ждали сочные фрукты, тёмный шоколад и горячий травяной чай. И к тому моменту, когда я засыпал, все мои чувства были наполнены прекрасной Италией.

Может ли Ваша сексуальная жизнь в восемьдесят быть лучше, чем у молодожёнов?

Ранним утром следующего дня я отправился в клинику, где принимал доктор Нарам. Меня провели в отдельную комнату, в которой я установил видеокамеру для записи интервью с пациентами. То, что в Индии начиналось как запись историй, чтобы сделать подарок доктору Нараму, в Лос-Анджелесе превратилось в попытку получить больше информации и доказательства, которые могли бы помочь моему отцу. На этот раз в Италии, записывая истории исцеления людей, я впервые почувствовал себя полуофициальным членом команды и подумал: то, что я делаю, может иметь большее значение, чем можно было первоначально предположить.

Доктор Нарам приехал невероятно энергичным и жизнерадостным. Он с изумлением смотрел вокруг, как будто это был первый день его жизни, и всё было новым и красочным. Он поприветствовал меня, справился о здоровье отца и сказал, что рад нашей встрече.

Доктор Джованни расцеловал меня в обе щёки и крепко обнял. Он так крепко держал мои руки, что невозможно было отойти. Он смотрел мне прямо в глаза с тёплой улыбкой на лице. Обычно я чувствовал себя неловко, глядя кому-то в глаза так долго, но его любовь и доброта растворили мою неловкость и позволили мне полностью предаться этому моменту. Слов не требовалось, чтобы выразить чувства, и было приятно осознавать, что доктор Джованни был рад встретить меня у себя на родине.

Комната ожидания начала заполняться. По мере того, как люди просачивались внутрь, моё мечтательное состояние от пребывания в таком прекрасном месте медленно исчезало. Я снова становился свидетелем сильной боли, которую многие испытывали.

Пожилая женщина с изуродованными пальцами на руках отчаянно схватилась за свои ходунки, пытаясь войти в комнату. Мужчина тяжело и шумно дышал с помощью кислородного баллона. Ещё одна женщина со слезами на глазах держала ребёнка, но я не мог понять, почему она плачет. Другая молодая мать пришла с двумя детьми: один из них с синдромом Дауна, а другой с серьёзной проблемой кожи.

В то время экономика Италии переживала кризис. Многие предприятия закрылись, и примерно двадцать процентов молодых людей остались без работы. Современная медицинская помощь оплачивалась государством, но страховка не покрывала альтернативные методы лечения, поэтому людям приходилось оплачивать из своего кармана. Консультация у доктора Нарама стоила около семидесяти евро (это примерно 100 долларов США) и около двух–пяти евро в день (от трех до семи долларов США) за травы, которые были прописаны. И все же день за днём толпы пациентов с нетерпением ждали встречи с ним.

Мне было чрезвычайно любопытно, почему так много итальянцев выстраиваются в очередь на приём к доктору Нараму. Что вдохновило их?

Первым, с кем познакомил меня доктор Нарам, был молодой человек, который впервые попал к нему ещё в раннем детстве, девятнадцать лет назад. В то время врачи сказали его родителям, что почки не развиваются и постепенно отказывают, ему нужен диализ, а в скором времени потребуется пересадка. У него была поликистозная болезнь почек, и большинство людей с таким заболеванием постоянно борются за жизнь. Спустя много лет тесты показали, что благодаря помощи доктора Нарама его почки в норме и больше не нуждаются в диализе или трансплантации!

— В прошлый раз он спросил меня, может ли у него быть девушка, — сказал доктор Нарам. Я ответил:

— Конечно, а почему нет?

— Но, доктор Нарам, ведь у меня проблемы с почками.

— Нет, у тебя *были* проблемы с почками. — Увидев результат, молодой человек засмеялся от радости.

Доктор Джованни подтвердил: «У этого парня замечательное здоровье, он очень хорошо выглядит. И молодой человек сообщил нам, что теперь у него есть девушка!»

Затем появилась пожилая пара лет восьмидесяти. Они разговаривали с заразительным итальянским темпераментом. Они не очень хорошо говорили по-английски, но одна добрая женщина в клинике перевела мне. Эти супруги шокировали меня, рассказав, что у них не только улучшилось пищеварение и почти исчезли возрастные боли в суставах, но они испытывают то, о чём большинство людей вдвое моложе их только мечтают. Они сказали, что их сексуальная жизнь лучше, чем у молодожёнов! Пожилая женщина поделилась со мной подробностями, которые мне не следовало бы знать, однако её это не остановило. Она рассказала, как почувствовала сухость и боль во влагалище. У неё не было желания обнять или поцеловать мужа, и она избегала его. У него тоже были проблемы. «Теперь мы не выпускаем рук друг друга! Я люблю прикасаться к нему и люблю, когда он прикасается ко мне!» — завершила рассказ она.

Она рассказала, что диета, травы и домашние средства, прописанные доктором Нарамом, улучшили уровень её гормонов и естественным образом увеличили смазку, и теперь она чувствует больше удовольствия во всех аспектах своей жизни. Затем она сказала что-то, от чего переводчица широко раскрыла глаза и удивлённо рассмеялась. Сделав паузу, чтобы перевести дыхание, она перевела. Эта пожилая женщина с таким пылом объясняла, что теперь они занимаются сексом по крайней мере три раза в неделю.

Я тоже не мог удержаться от смеха. Было неловко слышать, как эта бабушка говорит о сексе, но благодаря её энтузиазму она выглядела невинной и красивой. Она даже точно знала, в какое время утра у её

Пожилая итальянская пара, влюблённая и способная выразить это всеми способами. Фото Фабио Флориса и Андреа Пигруччи.

мужа будет эрекция, чтобы она могла быть к этому готова.

«Что хорошего, если я могу есть только пасту, пиццу, но не наслаждаться своим мужем как любовником? Мы влюблены друг в друга больше, чем когда-либо, и с удовольствием показываем это друг другу!» – сказала она. Я был уверен, что покраснел, и надеялся, что моя улыбка скроет это.

Их история заинтриговала меня, потому что я знал нескольких друзей мужчин, которым было по двадцать–тридцать лет, но у них уже была эректильная дисфункция. Это очень влияло на их уверенность в себе: они чувствовали себя смущёнными и бессильными. А передо мной сидели 87-летний мужчина и 81-летняя женщина, которые занимаются сексом несколько раз в неделю!

Выйти из менопаузы, чтобы иметь ребенка?

По окончании этого интервью доктор Нарам подвёл меня к высокой темноволосой женщине с лучистыми глазами. Её звали Мария Кьяра. Она рассказала мне историю о том, как три года назад впервые пришла к доктору Нараму.

– Доктор Нарам спросил меня: «Чего Вы хотите?» Я ответила, что хочу вернуть месячные, чтобы родить ещё одного ребенка. Я знала,

Доктор Нарам смеётся, с удивлением и радостью слушая, как пожилая итальянка описывает опыт своей новой молодой жизни. Фото Фабио Флориса и Андреа Пигруччи.

что прошу невозможного, но в любом случае я этого хотела.

— В то время у меня уже началась менопауза, и месячных не было в течение трёх лет, — сказала она, — я стала чувствовать себя подавленной, и у меня были перепады настроения. Я ощущала боль во всём теле и не могла заснуть. Всё тело пылало от приливов жара, и по ночам мне приходилось открывать окна, потому что я сильно потела. Я меняла подушки, простыни, изменяла положение тела, пытаясь заснуть, но ничего не получалось. Я испытывала усталость, страдала от вздутия живота, судорог и несварения желудка. У меня также была сухость во влагалище и отсутствовало либидо. На коже появлялись морщины, и я превращалась в старуху. Потом начались приступы головокружения: я шла и весь мир начинал вращаться. Мне приходилось часто бегать днём и ночью в туалет, поэтому мне пришлось носить прокладки. Начались боли в спине, кости стали хрустеть, и врачи сообщили, что у меня начался остеоартроз. Я чувствовала себя старой. И, что хуже всего, у меня начали расти волосы в странных местах. Но потом у меня появился мужчина, который моложе меня, и, хотя у нас есть некоторые проблемы, я очень хочу иметь с ним общего ребёнка.

— Её случай напомнил мне о другой женщине, которая однажды приходила ко мне, — сказал мне доктор Нарам. — Она рассказала, что Иисус пришёл к ней во сне и сообщил, что доктор Нарам может ей помочь выйти из менопаузы. Удивлённый, я ей ответил: «Возможно, Иисус пришёл к Вам во сне, но ко мне он не приходил». Доктор Нарам рассмеялся. Помогая этой женщине, доктор Нарам открыл секреты, которые, по его мнению, также могут помочь Марии.

Когда Мария впервые пришла на приём, доктор Нарам сказал ей: «Вы очень хорошая женщина. Проблема не в Вас, а в Ваших гормонах. Это они вызывают приливы жара, вздутие живота, волнение и гнев. Ваш мужчина может подумать, что Вы сердитая женщина, но это не так. Он этого не понимает, а Вы чувствуете себя виноватой и сбитой с толку, и, опять же, Ваш дисбаланс гормонов создает этот хаос, а не Вы».

Он предупредил Марию, что лечение с использованием древних секретов может вызвать некоторые побочные эффекты, как, например, возрастание к ней интереса со стороны молодых людей. «Наш самый первый учитель Дживака лечил Амрапали, которая в шестьдесят лет считалась самой красивой женщиной в мире и продолжала привлекать внимание молодых мужчин. Даже тридцатипятилетний король, у которого была молодая жена, хотел жениться на ней».

«Я ничего не могу обещать относительно рождения ребёнка, – сказал он ей, – но, следуя этим древним секретам, я определенно могу помочь Вам выглядеть и чувствовать себя моложе. И мы посмотрим, что ещё к этому приложится. Готовы ли Вы пойти на такой риск?»

«Что же случилось потом?» – спросил я.

И Мария рассказала, что она тщательно соблюдала диету и около года принимала все домашние средства и травы. С широкой улыбкой, полной блаженства, она сказала: «Теперь мне пятьдесят шесть лет, и мой менструальный цикл начался снова!»

Доктор Джованни тоже не смог сдержать улыбки, добавив, что он сомневался, когда доктор Нарам разговаривал с Марией три года назад. Он наблюдал, как у более молодых пациенток наступала менопауза и возвращался цикл, но никогда у женщин её возраста. «С медицинской точки зрения, – сказал он, – это было беспрецедентно и удивительно».

«Я могу творить, у меня может быть ребёнок! Я чувствую себя как в раю!» – добавила Мария.

Я спросил её: «У Вас есть какое-либо доказательство Вашего возраста, например, водительские права?»

Широко улыбаясь, Мария достала из сумочки водительские права и показала мне. – Травяные препараты помогли мне выглядеть и чувствовать себя моложе. Все, кого я встречаю, думают, что мне около сорока. Даже мой мужчина ревнует, когда молодые парни засматриваются на меня. Я радуюсь своему самочувствию сейчас».

Доктор Джованни добавил: «Я тоже очень горжусь Марией, потому что у неё была такая сильная вера и желание. Даже когда большинство людей считают, что после наступлении менопаузы невозможно забеременеть, она твердо верила, что сможет, и выбрала для себя путь. Она следовала протоколу и добилась замечательного результата».

Услышав эти комментарии, доктор Нарам сказал: «Мой мастер, где бы он ни был, должно быть, чувствует себя очень хорошо из-за того, что древние секреты исцеления теперь помогают Марии. Она достигает своей мечты! Могу ли я поделиться с тобой ещё одним подобным случаем?»

Я кивнул.

– В Париже есть ещё одна женщина, с которой я хочу тебя познакомить. Элен пришла ко мне, когда ей было почти пятьдесят. У неё шесть лет назад прекратились месячные. И всё же, когда я спросил её:

– Чего Вы хотите?

Она ответила:

– Я очень хочу ребенка.

– Очень хорошо, – сказал я. Но доктор Джованни, который в это время находился рядом, удивился:

– Что Вы имеете в виду? – Затем отвёл меня в сторону и произнёс:

– Доктор Нарам, Вы не понимаете?! У неё уже шесть лет менопауза! У неё не может быть ребёнка. Зачем Вы даете ей ложную надежду?

– Тогда я ответил ему, что дело совершенно не в том, чего он хочет или считает возможным, а в том, чего хочет эта замечательная женщина. Я дал ей древние секреты, домашние средства, травяные формулы, диету. Она была дисциплинированной и в точности следовала курсу лечения, с терпением и настойчивостью. А потом, хотите верьте, хотите нет, она позвонила мне. Элен была счастлива, и когда я спросил, в чём причина, она сказала, что у неё начались предменструальные боли. Потрясающе, да? Быть радостной из-за боли? Я сказал ей, что это хороший знак, и что нужно продолжать. Через несколько месяцев она снова позвонила мне:

– Доктор Нарам, у меня снова начались месячные, как в двадцать лет! – Это был праздничный момент для нас обоих, я не могу даже выразить это словами. Мне хотелось танцевать и плакать от радости. Лечение сработало!

Она была так рада, что теперь у неё может быть ребёнок, но сказала, что существует ещё одна проблема.

– Какая? – спросил я.

– Доктор Нарам, у меня нет мужчины! – ответила Элен.

Глаза доктора Нарама были широко открыты, когда он рассказывал эту часть истории. «Но даже это препятствие не остановило её, так как она твёрдо знала, чего хочет. Она решила забеременеть с помощью искусственного оплодотворения. И в следующий мой приезд в Париж она привезла с собой замечательную здоровую девочку! Элен сказала, что это чудо древней и современной науки. Радость и удовлетворение, которые я испытывал, увидев, что сбылась её мечта, была невообразимой! Я смотрел на прекрасного ребенка у неё на руках и думал, что это лучше, чем получить Нобелевскую премию».

Доктор Нарам выразил благодарность своему мастеру, который научил его этой древней науке, а также вере и настойчивости этой женщины, давшие в совокупности такие удивительные результаты. Он был в восторге от силы травяных формул и простых домашних средств, которые она употребляла по его рекомендации: порошок тмина, порошок аджвайна, хинг, порошок семян укропа, чёрная соль, квасцы и фенхель. «Фенхель – лучший друг женщины, он естественным образом поддерживает высокий уровень эстрогена и прогестерона», – подчеркнул он.

Доктор Нарам в Париже с 52-летней Элен и её красивой девочкой. Она не хотела, чтобы её узнали, поэтому мы намеренно размыли её изображение. Однако она согласилась, что такая радостная фотография должна быть в этой книге.

> «Фенхель – лучший друг женщины, он естественным образом поддерживает высокий уровень эстрогена и прогестерона».
>
> Доктор Нарам

«Когда у вас есть горячее желание, сопряжённое с большой верой, приверженностью и дисциплиной, тогда всё возможно!» – говорил учитель доктора Нарама.

В моей голове крутилось так много вопросов о методах, которые использовал доктор Нарам для достижения результатов. Я видел их в большом количестве, работая в Индии, Соединённых Штатах и Италии. И если раньше мой скептицизм составлял около 80 или 90 процентов, то сейчас он был на уровне 30 процентов, а интерес и количество вопросов – 65 процентов. Оставшиеся 5 процентов показывали уверенность и уровень доверия к этому древнему методу исцеления.

«Как же Вам удалось помочь этим женщинам возобновить их менструальные циклы после наступления менопаузы? И что именно Вы сделали, чтобы помочь этой пожилой паре снова почувствовать себя молодожёнами?» – спросил я доктора Нарама.

> «Когда у вас есть горячее желание, сопряжённое с большой верой, приверженностью и дисциплиной, тогда всё возможно!»
>
> Баба Рамдас
> (Учитель доктора Нарама)

– Ты действительно хочешь узнать? – спросил меня доктор Нарам.

– Да! – сказал я.

– Что ж, и я действительно хочу, чтобы ты узнал. От сердца к сердцу, Клинт, я хочу, чтобы ты знал, как это работает.

– Тогда, пожалуйста, скажите мне.

– Для этого тебе нужно будет прийти завтра.

---

* Бонусный материал: для того, чтобы узнать о секретных средствах Амрапали и о том, как пожилая супружеская пара оставалась такой молодой, доктор Нарам рекомендует приложение и видео на сайте MyAncientSecrets.com (свободный доступ для зарегистрированных пользователей).

Ваши заметки в дневнике

Чтобы углубить и увеличить пользу от прочтения этой книги, уделите несколько минут тому, чтобы ответить на следующие вопросы:

Каковы самые заветные желания Вашего сердца несмотря на то, что кому-то они могут показаться неосуществимыми? (Если Вы не станете оценивать себя или свои желания как правильные или неправильные, хорошие или плохие, возможные или невозможные и не будете беспокоиться о том, что об этом думают другие, тогда задайте себе вопрос: чего Вы действительно хотите?)

_____
_____
_____
_____

Когда это у Вас будет, что Вы будете делать?

_____
_____
_____
_____

Какие ещё идеи, вопросы или озарения пришли к Вам в процессе чтения этой главы?

_____
_____
_____
_____

ГЛАВА 11

Секретная диета для тех, кто хочет жить дольше 125 лет?

Врач будущего не станет прописывать лекарства, но заинтересует своего пациента заботой о его теле, диетой, а также поможет разобраться не только с причиной, но и с профилактикой заболеваний.

Томас Джефферсон
(3-й президент США, главный автор Декларации Независимости)

На следующий день я поговорил с Симоне Росси Дориа, который разрабатывал план поездок доктора Нарама. «Италия была первой страной за пределами Индии, где доктор Нарам поделился древней системой исцеления. Это было более двадцати пяти лет назад», – гордо сказал он. В тот день клинику в Милане посетили девяносто пять человек. На мой вопрос, откуда все эти итальянцы узнали о докторе Нараме, Симоне ответил: «Сарафанное радио, рассылка по электронной почте, газетные статьи делают многое для распространения информации».

Он поделился тем, что тысячи и тысячи итальянцев из более чем шестидесяти городов уже воспользовались услугами клиник доктора Нарама. Несколько итальянских врачей прошли обучение у доктора Нарама древним методам исцеления, а началось всё с сестры Симоне Сьюзи.

Позже в тот же день во время перерыва на обед я встретил Сьюзи и Симоне с их мамой. Сьюзи была вдумчивой женщиной,

Доктор Джованни, доктор Нарам и Симоне перед Ватиканом.

она приобрела большой опыт благодаря своей открытости к жизни и любви к путешествиям. Их мать Пуччи была яркой женщиной, полной энергии, энтузиазма и экспрессии. Родом из Англии, Пуччи вышла замуж за итальянца и прожила в Италии так долго, что теперь свободно говорила по-итальянски.

В 1987 году Сьюзи и отец доктора Нарама в одно и то же время находились в ашраме Сатьи Саи Бабы в Индии. Однажды доктор Нарам приехал туда навестить своего отца. Группа итальянцев заинтересовалась им и его работой, а Сьюзи для них переводила. Когда она попросила проверить её пульс, доктор Нарам диагностировал проблемы с печенью и сказал, что у неё гепатит А. Сьюзи не поверила доктор Нараму. Она говорила, что чувствует себя хорошо. А через десять дней её глаза пожелтели.

Мама Сьюзи сказала: «Моя дочь думала, что у неё пищевое отравление рыбой, которую она съела перед отъездом из Италии, но анализ крови подтвердил гепатит А. Она никак не могла поверить, что доктор Нарам узнал об этом задолго до результатов анализа крови, просто проверив её пульс. Как же он мог это знать?!»

Сьюзи объяснила, как она теперь, опираясь на пережитый опыт, понимает метод пульсовой диагностики: «Доктор Нарам может считать сигналы вашего пульса и понять, что с вашим организмом не так. И это вместо анализов и других медицинских обследований. Я знаю, что многие врачи скептически относятся к этому методу, но я видела многих, кто, как и я, были на приёме у доктора Нарама, а после встречи с ним сдавали кровь на анализ, проходили обследования, которые подтверждали именно то, что он диагностировал по их пульсу. Чтобы овладеть методом пульсовой диагностики, нужно много лет, потому что это не просто навык, – это и наука, и искусство. «Слушая» пальцами пульс человека, можно определить, на каком уровне находятся ваши доши: вата, питта и капха, есть ли их дисбаланс, а также определить, есть ли блок в теле, и где именно он находится».

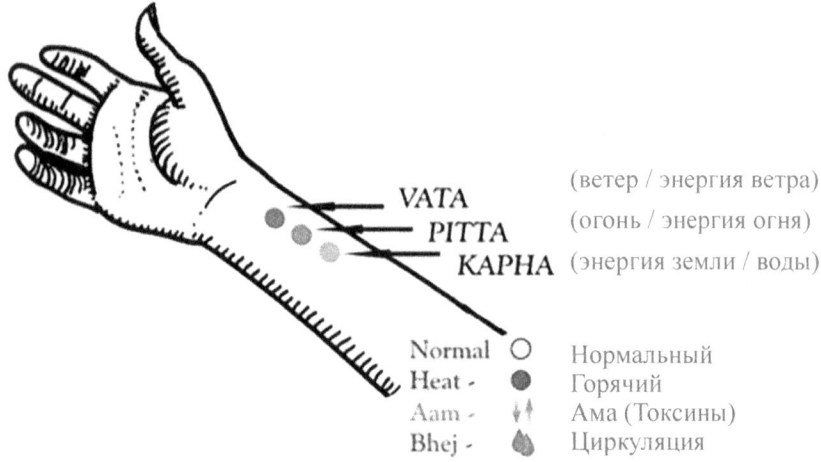

Диаграмма некоторых основных элементов, которые могут быть обнаружены при пульсовой диагностике. Сила, характер и частота пульса в каждой точке указывают на любой потенциальный дисбаланс и блок в системе человека. Эти блоки и дисбалансы коррелируют с физическими, умственными и/ или эмоциональными проблемами, с которыми человек сталкивается или может столкнуться в будущем.

Доктор Джованни уже объяснил мне концепцию дош, и, проведя собственное исследование, я понял, что Сьюзи говорила об элементарных аспектах тела, на которых основаны подходы к исцелению как в Сиддха-Веде, так и в Аюрведе. Вата – это энергия ветра, питта – это огонь, а капха – это вода/земля. Телосложение каждого человека отличается в зависимости от того, какое качество или сочетание качеств преобладает. Основываясь на том, как они проявляются в пульсе, можно обнаружить дисбалансы и диагностировать болезни.

Продолжая рассказ, Сьюзи сказала, что на следующий день она собиралась вылететь домой в Италию, но доктор Нарам и его жена

Смита убедили её остаться у них дома ещё на некоторое время. Она была слишком слаба, чтобы лететь. Это дало ей возможность изменить свою диету и принимать травяные средства, которые приготовил для неё доктор Нарам.

Хотя большинство людей могут справиться со многими своими проблемами никуда не обращаясь, и только в крайних случаях или когда есть стремление к более быстрому прогрессу, они могут пойти на панчакарму (произносится *панч-ах-кар-ма*) или астакарму (произносится *ахст-ах-карма*). Каждый из этих методов является многоступенчатым процессом очищения для восстановления основных систем организма. Карма означает «действие», а панча – «пять». Панчакарма состоит из пяти действий по выведению токсинов из организма. В астакарме есть восемь действий или три дополнительных шага для очищения организма и восстановления равновесия изнутри.

В то время как Сьюзи рассказывала о своём пребывании в Индии и о том, как о ней заботились доктор Нарам и его жена Смита, я думал и о своём отце. Двумя неделями ранее я говорил с ним по телефону, и он сказал, что получил посылку с травяными средствами. Изменив свою диету и регулярно принимая травяные средства, он стал чувствовать меньше боли, жизненная энергия прибавилась, и это вселило в него надежду. Он очень удивил меня, сказав: «Сынок, я начинаю обдумывать возможность поездки в Индию». Я сразу же забронировал ему билет на авиарейс и место в клинике Айюшакти в Мумбае. Доктор Нарам рекомендовал отцу месяц лечения панчакармой в клинике. Итак, в то время, когда я прибыл в Италию, мой отец приземлился в Индии. Полёт был для него тяжелым. Он был настолько слаб, что на выходе из самолёта чуть не упал. И двое джентльменов, добросердечных мусульман, с которыми он летел, осторожно вели его, поддерживая под руки.

Вскоре от него пришло электронное письмо, в котором сообщалось, что он устроился в клинике и чувствует себя так, будто о нём заботятся ангелы. Я почувствовал волну благодарности, поднимающуюся в сердце. Правда, я всё же беспокоился о том, какой опыт ждёт его впереди.

Сьюзи ещё сказала, что всего через пару недель лечения специальной диетой и травами у доктора Нарама, она почувствовала значительные улучшения, которые позволили ей вернуться домой. Когда она вернулась в Италию, первый её анализ крови показал нечто замечательное: печень была здорова!

Первый приезд в Италию. Доктор Нарам с женой Смитой, Сьюзи и Симоне Росси Дориа (1988).

«Мои врачи в Италии сказали мне, что для выздоровления от такого заболевания обычно требуется несколько месяцев, – сказала она. – Когда же они обследовали меня через месяц и убедились, что моя печень функционирует отлично, они были просто потрясены. Я рассказала им о методе глубокого исцеления, о докторе Нараме, о его древних формулах, травяных пищевых добавках и рекомендациях по питанию, и они захотели узнать ещё больше».

В знак благодарности за оказанную помощь Сьюзи решила организовать семинар по древнему методу врачевания, который испытала на себе, и пригласила доктора Нарама приехать в Италию. Ему потребовалось некоторое время, чтобы найти такую возможность, но, благодаря настойчивым просьбам Сьюзи, он согласился. Доктор Нарам 4 мая, в свой очередной День рождения в 1988 году, вместе с женой Смитой прибыл в Италию.

Из Индии в Италию

Доктор Нарам пришёл за порцией супа из мунга и увидел нас там же. Сьюзи сказала: «Мы рассказываем Клинту о вашем первом визите в Италию».

Доктор Нарам засмеялся и сказал: «Это был мой первый визит в Европу, и всё казалось очень странным по сравнению с Индией.

Никто не говорил по-английски, и когда я начал выступать на семинаре, организованном Сьюзи, все с недоумением смотрели на меня».

Доктор Нарам через Сьюзи, которая переводила, спросил аудиторию, слышал ли кто-нибудь из присутствующих что-либо о Сиддха-Веде или Аюрведе. Никто не поднял руку. Тогда он спросил, заинтересованы ли они в том, чтобы узнать об этом? И опять никто не поднял руку. Ситуация становилась напряжённой. Тогда доктор Нарам задал другой вопрос: «Кто из вас заинтересован в том, чтобы прожить до ста лет?» Только один человек поднял руку. Доктор Нарам был в отчаянии, но Сьюзи попросила его рассказать свою личную историю исцеления, о встрече со своим 115-летним учителем и о том, что часть секрета долгой жизни его учителя заключалась в том, чтобы в основном отказаться от сыра, помидоров, продуктов из пшеницы и алкоголя.

Аудитория взорвалась возмущением. Один человек встал и крикнул: «Что-о?! Ни вина, ни сыра, ни пасты?! Это неприемлемо!» Кто-то другой добавил: «Ужасно! Я ем сыр, пасту и пиццу каждый день! И я пью вино».

Когда доктор Нарам рассказывал эту историю, он поставил в сторону свой суп из мунга. Он энергично жестикулировал обеими руками и говорил с полу-итальянским акцентом, смешанным с родным индийским говором, и это было забавно. Теперь он лучше понимал итальянскую культуру и мог посмеяться над той неловкой ситуацией, сложившейся много лет назад.

— Я впервые покинул Индию, чтобы поделиться древними секретами, и мне казалось, что это никого не интересует. Тогда я не говорил по-итальянски, но теперь знаю, что бы я ни говорил через Сьюзи в тот раз, никто меня не воспринимал, и я пал духом. Он посмотрел на меня и спросил: «А что бы ты сделал, Клинт?»

Я покачал головой.

— Сейчас я вспоминаю об этом с улыбкой, но в тот момент мне было не до смеха. Я был совершенно сбит с толку и думал о том, не совершил ли я ошибку, приехав в Италию. И тогда я решил рассказать о своём мастере, показал его фотографии, поделился историей моей встречи с ним и учёбы у него. И хотите верьте, хотите нет, но случилось чудо. Я говорил около полутора часов, затем замолчал и стал ждать. Затем один человек поднял руку и спросил: «Когда я могу показать Вам свой пульс?»

Тогда я задал вопрос всем присутствующим: «Кто из вас хочет, чтобы я проверил ваш пульс?» К огромному удивлению доктора Нарама и Сьюзи большинство людей подняли руки!

– В первый же день шестнадцать человек записались на пульсовую диагностику. На второй день пришли тридцать два человека, так как первые пациенты поделились своими впечатлениями. На третий день количество пришедших снова удвоилось. На этот раз у нас было шестьдесят четыре пациента.

*Доктор Нарам и итальянские врачи, которых он обучал.
Фото из журнала «Oggi».*

Доктор Нарам планировал находиться в Италии всего два дня, но в итоге задержался на шесть, и даже этого времени было недостаточно, чтобы принять всех желающих. И доктор получил приглашение приехать снова и выступить в других городах.

– Это было несколько десятилетий назад. С тех пор я здесь проконсультировал тысячи людей и обучил много врачей, таких как доктор Джованни, доктор Лисчиани, доктор Киромаэстро, доктор Лидиана, доктор Альберто, доктор Антонелла, доктор Катя, доктор Гвидо и Клаудио. Жизнь стольких людей изменилась к лучшему. Они стали здоровее и счастливее.

Доктор Нарам рассказал мне об Александре из Германии, который приехал в Италию, чтобы встретиться с ним. Александр привёл с собой других людей. Вскоре им пришлось арендовать автобус, пока доктор Нарам не принял приглашение Александра приехать в Германию. Затем последовали приглашения во Францию, Швейцарию, Австрию, Голландию, Великобританию, Соединённые Штаты Америки, Канаду и многие другие страны.

«Когда мой учитель дал мне понять, что моя миссия состоит в том,

> «Моя миссия состоит в том, чтобы привнести эту древнюю систему исцеления в каждый дом, в каждое сердце».
>
> Доктор Нарам

чтобы принести эту древнюю систему исцеления в каждый дом, в каждое сердце на земле, я не поверил. В то время у меня не было даже одного пациента. Но когда движение глубокого исцеления началось в Европе, я поверил, что мой учитель увидел то, чего не увидел я. И это продолжается. Древний метод глубокого исцеления похож на искру, которая теперь превращается в огонь».

К разговору подключилась Сьюзи. Она объяснила: «Доктор Нарам учит вас, как правильно заботиться о своём теле ещё до того, как вы заболеете: как правильно питаться, какие травяные добавки принимать и какому образу жизни следовать. А это – правильный сон, физические упражнения, режим работы и отдыха, и как найти время для молитвы или медитации. Если вы знаете, что делать и чего не делать, вы не заболеете. В этом заключается истинная сила Сиддха-Веды».

Доктор Нарам продолжил: «Сьюзи открыла некоторые очень важные секреты! Вчера ты спросил, как я помог женщинам вернуть месячные и что назначил восьмидесятилетней супружеской паре, чтобы вернуть им молодость в отношениях, верно?»

Я кивнул.

— Она только что рассказала тебе «как»! Мой мастер научил меня, как это и многое другое возможно с помощью шести секретных ключей Сиддха-Веды к глубокому исцелению. А сейчас ты знаешь, что такое шесть ключей?

Я начал нервничать, не было ли это ещё одним испытанием?

— Вы говорили о домашних средствах, травяных препаратах и мармаа, — сказал я.

— А что из себя представляют остальные три?

К счастью, Сьюзи была всё ещё слишком взволнована, так что мне не пришлось долго гадать! Она без запинки назвала остальные ключи: «Диета, панчакарма или астакарма и образ жизни»!

Доктор Нарам продолжил: «Наша линия Сиддха-Веды, наша «школа мысли» использует эти мощные древние ключи исцеления для того, чтобы добиться результатов, которые в современном мире выглядят как чудеса. Но они основаны на проверенных временем принципах и процессах и дают предсказуемые, долгосрочные, нетоксичные результаты. Эти ключи помогли моему мастеру дожить до 125 лет молодым и полным сил. Но надо понимать, что применение этих ключей в жизни даёт не быстрое поверхностное решение проблемы, а глубокое исцеление».

Мне показалось забавным, что одним из основных ключей к глубокому исцелению была диета.

– Но как диета может быть «секретом»? – спросил я. – Ведь все едят пищу.

Сьюзи сказала:

– Возможно, это один из тех «секретов», которые всё время находятся прямо перед тобой, и ты не замечаешь его до того момента, пока кто-нибудь тебе не укажет на него.

Разговор продолжил доктор Нарам: «Да, все люди едят пищу. Но они обычно не знают, какие продукты поддерживают крепкое здоровье, неограниченную энергию и душевное спокойствие, а какие продукты ухудшают ваше здоровье, истощают вашу энергию и вызывают страх и негативные эмоции. Знаете ли вы, какие продукты могут быть лекарством для одного организма и ядом для другого? И знаете ли вы, какие продукты питают ваш мозг, улучшают память и пробуждают положительные эмоции?

В ответ на каждый вопрос я отрицательно качал головой, и он продолжал: «Знаете ли вы, в какое время суток лучше всего есть и сколько, или какие продукты следует сочетать, а какие лучше есть по отдельности? Знаете ли вы, какие продукты могут укрепить ваш иммунитет, а какие уменьшают вашу *агни* (пищеварительную силу) или *бала* (жизненную энергию)? Знаете ли вы, каких продуктов надо избегать, когда вы боретесь с болезнью, а какие продукты способствуют вашему глубокому исцелению? Знание этих секретов и их применение может помочь кому-то восстановить менструальный цикл после менопаузы, преодолеть гепатит, укрепить почки, поддержать ребёнка-аутиста или оставаться энергичным, молодым даже в свои восемьдесят лет!»

– Существует так много различных философий в отношении еды и продуктов питания, – сказал я. – Откуда мне знать, кто прав?

– Клинт, мой мастер научил меня этому секрету: «Не беспокойся о том, кто прав. Сосредоточься исключительно на том, что работает».

Сьюзи добавила: «Да, существует множество различных теорий о здоровом питании, что употреблять в пищу, а чего надо избегать. Но очень немногие из них показывают такие долгосрочные результаты у людей, которые им следуют».

– Я узнал от своего учителя такие мощные секреты диеты,

> *«Если вы измените свою еду, вы сможете изменить своё будущее».*
>
> Доктор Нарам

которые могут изменить жизнь любого человека. По крайней мере они могут изменить жизнь тех, кто хочет чего-то большего, чем быстрое улучшение самочувствия при общем нездоровом образе жизни. Эти секреты – золото для тех, кто стремится к долгосрочному, нетоксичному, глубокому исцелению, – сказал доктор Нарам.

– А каким секретам диеты вы научились у своего мастера? – спросил я.

– Очень хороший вопрос! Я хотел выяснить, что он делает, чтобы жить более ста лет, продолжая чувствовать себя таким молодым? Что он делает иначе, чем большинство людей, которые уже в пятьдесят чувствуют себя старыми? Что дало ему такие удивительные результаты? Что он рекомендовал привнести в свою жизнь другим людям, чего они не видели в «методах быстрого решения»? Одно из самых больших различий заключалось в еде!

– Да, но чему именно он научил вас насчёт еды?

Доктор Нарам посмотрел прямо на меня и произнёс:

– Он научил меня: если ты изменишь свою еду, то сможешь изменить своё будущее.

Это было сильное заявление! Я хотел изменить будущее для себя и своего отца, но не знал, какие продукты нам нужно заменить.

– Да, – сказал я, – я верю вам. Но что именно я должен есть, и чего мне следует избегать?

– Это вопрос на миллиард евро, – сказал доктор Нарам, доев суп, и медленно направился к двери. – Сейчас мне нужно вернуться к пациентам, но я очень рад, что ты задал этот вопрос. И если ты научишься, какие продукты есть, а каких избегать, это может изменить твою жизнь. Ты обретёшь способность знать, что делает тебя больным, и что делает тебя здоровым, а что помогает глубокому исцелению и может помочь тебе прожить более ста лет абсолютно здоровым, наполненным энергией и душевным спокойствием.

– Пожалуйста, доктор Нарам, скажите же мне, что нужно сделать?

– Приходи завтра.

И с этими словами он вышел из комнаты, чтобы вернуться к осмотру пациентов.

Неужели всё именно так? Мне очень хотелось расспросить Сьюзи и её мать, но их вызвали в клинику, чтобы помочь, и я остался наедине со своими мыслями.

Я размышлял о своих недавних беседах с отцом. Ещё до поездки в Индию он внёс некоторые значительные изменения в свой рацион питания, основываясь на рекомендации доктора Нарама. Большую часть жизни мой папа ел хлопья с молоком или яичницу с беконом на завтрак. На обед он съедал бутерброды с сыром на пшеничном хлебе и картофельные чипсы. На ужин он ел мясо с картошкой и всё это запивал стаканом молока. Это были именно те продукты, которые доктор Нарам рекомендовал избегать. Сначала мой папа задумался, что же тогда он может есть, но вскоре он выстроил свой рацион с нуля. Он перестал есть пшеницу, молочные продукты, почти полностью исключил мясо и начал есть варёные зелёные листовые овощи и много супа из мунга.

Поначалу это казалось пугающим, но очень скоро он нашёл удовлетворение в альтернативах, которые раньше даже не рассматривал! Он обнаружил, что существует огромное разнообразие вкусных и здоровых продуктов, о существовании которых он даже не подозревал, к тому же оказалось, что многие из них очень легко приготовить. Мой папа нашёл отличную замену своим старым любимым блюдам и освоил новые рецепты, которые ему искренне нравились. Вершиной всего был секретный рецепт супа из мунга от доктора Нарама! Этот суп богат белком, уменьшает воспаление, даёт много энергии и при этом оставляет ощущение лёгкости. Мы также узнали, что тот же процесс пищеварения, который необходим

Заметки из моего дневника

Чудесный мунговый суп. Рецепт доктора Нарама

Целебные свойства бобов мунга: питательны, обладают эффектом детоксикации, помогают сбалансировать все три доши (жизненные элементы), помогают устранить аама (токсичность), которая скапливается в организме с течением времени из-за плохого питания, недостатка физических упражнений и малоподвижного образа жизни. Многие из ингредиентов для этого супа можно купить через интернет либо в азиатских или индийских магазинах.

Ингредиенты:
- 1 чашка цельных зелёных сухих бобов мунга, предварительно замоченных в воде на ночь;
- 2 стакана воды + 1½ ч. л. соли;
- 1 ст. л. чистого топленого коровьево масла гхи или подсолнечного масла;
- 1 ч. л. семян чёрной горчицы;
- 2 щепотки хинга (на Западе – асафетида);
- 1 лавровый лист;
- 1/2 ч. л. порошка куркумы;
- 1 ч. л. порошка тмина;
- 1 ч. л. порошка кориандра;
- 1 щепотка чёрного перца;
- 1½ ч. л. свежего мелко нарезанного имбиря;
- ½ –1 ч. л. или 1 зубчик мелко нарезанного свежего чеснока;
- Ещё 2 стакана воды – добавляются после того, как бобы будут готовы для приготовления супа;
- 3 кусочка кокума (сухая слива джунглей);
- соль добавляется по вкусу при подаче к столу;
- дополнительно можно добавить 1 чашку нарезанной очищенной моркови, 1 чашку нарезанного кубиками сельдерея.

ПРИГОТОВЛЕНИЕ:
1. Очистите, промойте, а затем замочите в воде бобы мунга и оставьте на ночь. Добавьте 1 ч. л. пищевой соды, чтобы предотвратить метеоризм.
2. Слейте воду, промойте бобы и добавьте указанное в рецепте количество воды и соли. Варите в скороварке до готовности. Это займёт около 25 минут в зависимости от мощности вашей скороварки (бобы необходимо разбить).
3. Можно варить мунг в обычной кастрюле. Тогда приготовление займёт где-то 40–45 минут, чтобы фасоль полностью приготовилась. Бобы доведите до кипения и варите на слабом огне с приоткрытой крышкой. Через 25 минут добавьте кокум, морковь и сельдерей.
4. Пока мунг варится, примерно через 20 минут нагрейте на среднем огне растительное или топленое масло гхи в отдельной глубокой кастрюле и положите туда семена горчицы.
5. Когда семена начнут лопаться, добавьте хинг (асафетида), лавровый лист, куркуму, тмин, кориандр, имбирь, чеснок и щепотку чёрного перца. Аккуратно и тщательно всё перемешайте.
6. Быстро убавьте нагрев до минимума и тушите около 10 минут. Внимание: не дайте специям пригореть.
7. К прогретым в масле специям добавьте варёный мунг и долейте ещё два стакана питьевой воды. Довести до кипения, а затем варите на медленном огне ещё 5–10 минут.
8. Можно подавать с рисом басмати.

Наслаждайтесь!

Бонусный материал: увидеть несколько различных способов приготовления такого супа, а также найти другие вкусные рецепты и узнать секреты очищающей и восстанавливающей диеты можно на сайте MyAncientSecrets.com.

для метаболизма мунга, помогает организму удалить нежелательные токсины. Все мастера доктора Нарама, прожившие более ста лет, ели мунг и много топленого масла гхи. Он дал моему отцу рецепт приготовления вкусного масла гхи от древних мастеров. Доктор Нарам называл это масло «волшебным», потому что оно очень эффективно помогает сбалансировать любую из трёх типов дош.

Подождите, что значит «пицце – нет»?

Хотя мне нравилось слушать рассказ Сьюзи, меня зацепило, что доктор Нарам рекомендовал людям перестать есть пиццу, пасту, сыр, пшеницу и молочные продукты. Мне нравилась эта пища. Какой была бы жизнь без пиццы? А без мороженого? Почему доктор Нарам сказал, что эти продукты усугубляют проблемы со здоровьем?

Я провёл некоторые исследования и узнал о работах доктора Джоэла Фурмана, доктора Бакстера Монтгомери и ещё нескольких других американских и европейских врачей. Там я нашёл ответы на некоторые из моих вопросов, в том числе выявил растущее число неоспоримых доказательств в пользу растительной диеты. К примеру, некоторые из исследований документально подтвердили положительное влияние растительной диеты на людей с серьёзными проблемами сердца и закупоркой сосудов. Западные врачи обычно вставляют стент, чтобы расширить сосуд, или хирургическим путём делают шунтирование кровеносных сосудов. У моего отца уже было два стента и несколько рекомендаций по шунтированию. Исследования показали, что переход на растительную диету и регулярные занятия физкультурой, может в значительной степени уменьшить количество бляшек в сосудах, а в некоторых случаях и вовсе избавиться от них.

Ведь Доктор Нарам говорил: «Если вы измените свою пищу, вы сможете изменить своё будущее».

Возможно ли, чтобы еда ТАК влияла на нашу жизнь? Неужели то, что мы кладём в рот, оказывает такое влияние на наше здоровье? Кому-то эта связь может показаться очевидной, но для меня это было новым.

Может ли пища, которую вы едите, улучшить вашу память?

В одной из клиник Италии я познакомился с адвокатом по имени Стивен. Он страдал кожной аллергией и астмой. Стивен рассказал, что его родители и брат были врачами, и он думал, что они обязательно найдут решение его проблем, но, к сожалению, они не смогли помочь ему. Всё, что они пробовали делать, приводило к ужасным побочным эффектам. Доктор Нарам был первым, кто помог ему понять, что астма началась у него не с лёгких, а с пищеварения. Стивен узнал, что ему нужно есть, и чего избегать, а также какие домашние средства и травяные средства принимать. Он сказал, что вся его жизнь изменилась, как только исчезли аллергия и астма. А дополнительным бонусом у него улучшилась память.

«Когда я познакомился с доктором Нарамом, – сказал Стивен, – я учился на первом курсе юридической школы, изучал объёмные и сложные юридические книги с тысячами статей. Доктор Нарам дал мне рекомендации по питанию и особые средства, которые помогли улучшить мою память, и я смог понимать и запоминать намного лучше, чем раньше. Оценки на экзаменах стали выше. Мой мозг успокоился, что позволило мне проще сосредоточиваться и запоминать информацию, что и помогло мне повысить свой студенческий статус в университете».

Стивен добавил: «Память доктора Нарама тоже удивительна. Он помнит то, что я сказал ему много лет назад, хотя с тех пор

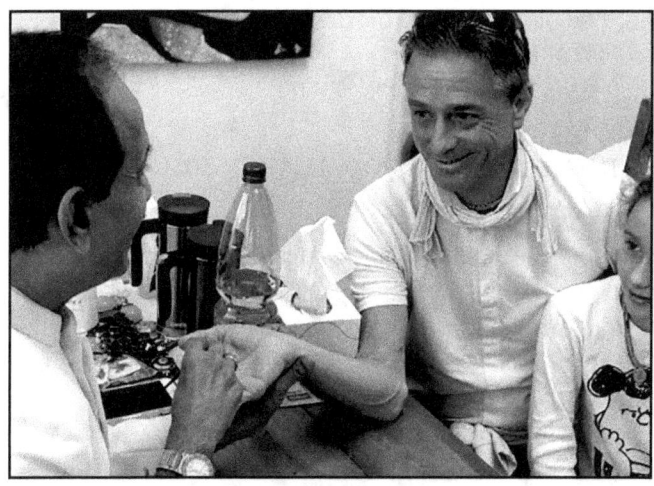

Доктор Нарам измеряет пульс Стивена.

> **Заметки из моего дневника**
>
> Дополнительные секреты древнего исцеления для улучшения вашей памяти *
>
> Марма Шакти - у основания внешней стороны большого пальца левой руки, нажимайте на точку 6 раз, по многу раз в день.
>
>
>
> * Бонусный материал: чтобы увидеть демонстрацию мармаа и многие другие секреты памяти, пожалуйста, посетите в свободном доступе сайт MyAncientSecrets.com

перед его глазами прошло больше тысячи пациентов. Я вижу то, как он выглядит, как работает его ум. Как-будто для него времени не существует!»

Стивен признался мне, что иногда не полностью следует рекомендациям по питанию, но, когда он чувствовал себя плохо, он знал причину и способ исправления ситуации, за что он безмерно благодарен. И ещё Стивен сказал, что пока он не знал того, что знает сейчас, у него не было шансов быть здоровым, а теперь есть.

Секреты питания, о которых большинство мастеров вам не расскажет

Как раз в тот момент, когда я думал, что начинаю понимать взаимосвязь между диетой и здоровьем, доктор Нарам в буквальном смысле «взорвал» мне мозг. Во время перерыва, с волнением ребёнка, ожидающего встречи с Дедом Морозом, он сказал: «Доктор Джованни и Клинт, пойдёмте со мной! Я должен отвезти вас в одно место!»

– Куда? – заинтересовался я.

– Туда, где лучшая пицца во всей Италии!

Я был поражён! Как это возможно? И что же я услышал в ответ:

«Мой учитель наставлял меня никогда не становиться эмоционально чёрствым, чтобы однажды не стать «сухарём». Пицца вредна для моего тела, это правда, но удовольствие, которое она даёт, очень полезно для моих эмоций. И вопрос заключается в том, как мы можем иногда наслаждаться этой пищей, но не в ущерб своему здоровью?»

По-моему, это был хороший вопрос, и я внимательно слушал доктора Нарама.

«После этого вам придётся в течение длительного периода не есть, чтобы ваше тело могло очиститься и восстановить равновесие. Я придерживаюсь очень строгой диеты в течение всего года, но раз в год, когда я нахожусь в Италии, я хочу насладиться лучшей пиццей. И тогда я начинаю готовить своё пищеварение за несколько дней до и несколько дней после, употребляя только суп из бобов мунга и принимая травяные средства. Это помогает мне переваривать пищу, а не накапливать токсины. Таким образом, у меня будет пища для положительных эмоций, и моё тело не пострадает».

Доктор Нарам точно знал, в какой ресторан он хочет пойти. За двадцать с лишним лет поездок в Италию он уже нашёл для себя место, где по его вкусовым предпочтениям готовили «лучшую пиццу в мире» и где самое вкусное мороженое. Пока мы наслаждались едой, доктор Нарам хотел убедиться, что я понимаю суть вопроса: когда люди преодолевают болезнь, как его мать или мой отец, они не могут переварить такую еду. Пока идёт лечение, крайне важно соблюдать дисциплину в употреблении здоровой пищи.

Он объяснил, что в наших телах есть буферная зона, которая со временем изнашивается. Хотя употребление нездоровой пищи в течение многих лет может показаться безобидным и не оказывающим отрицательного влияния на молодой организм, однажды, когда нам будет 30–40–50 лет, что-то пойдёт не так. Люди думают, что это просто необратимый процесс старения, управлять которым можно только с помощью лекарств. Но побочные эффекты этих лекарств могут привести к другим заболеваниям, требующим ещё большего количества лекарств. На самом же деле эти проблемы вызваны вовсе не старением, а накоплением аама или токсинов из пищи и окружающей среды, которые в конечном итоге вызывают воспаление, блоки и дисбаланс!

Он добавил к пицце ещё соуса и откусил кусочек, когда доктор Джованни сказал мне, что на собственном горьком опыте узнал, что та же еда, которая является лекарством для одного человека, может быть ядом для другого.

Доктор Нарам даже объяснил, как и когда мы можем наслаждаться такой едой, как пицца.

«Когда я впервые увидел, что доктор Нарам добавляет к своей пище острый соус, я решил, что это, должно быть, очень полезно для здоровья. И я начал употреблять в пищу много острого соуса. Вскоре мне стало очень плохо. Я не знал, что острый соус действовал в его организме как лекарство, потому что он преимущественно *капха* (доша вода /земля), но для моего организма это было ядом. В моём теле и так было много огня, то есть *питта* (доша огонь), и потому острый соус вызвал у меня перегрузку». Он засмеялся, вспомнив этот болезненный урок. Я улыбнулся, благодаря за то, что он поделился этим опытом прежде, чем я совершил ту же ошибку.

Наслаждаясь восхитительным сыром и хрустящей корочкой своего ломтика пиццы, я начал постигать философию доктора Нарама: «Как только люди поймут принципы того, что создаёт здоровье, а что порождает болезни, им нужно помнить, что жизнью следует наслаждаться. Если ты станешь слишком жёстким и строгим, какой тогда смысл в жизни? Мастер доктора Нарама научил его, как узнать, чего ты хочешь и как достичь того, что ты хочешь, а затем наслаждаться этим. Эта последняя часть – наслаждение – была необходима».

Я никогда не забуду, каким счастливым выглядел доктор Нарам, когда ел пиццу!

> «Одна и та же пища может быть лекарством для одного человека и ядом для другого».
>
> Доктор Джованни

Ваши заметки в дневнике

Чтобы углубить и увеличить пользу от прочтения этой книги, уделите несколько минут тому, чтобы ответить на следующие вопросы:

Как Вы думаете, каким образом изменение в еде может изменить Ваше будущее? (Если бы Вы внесли положительные изменения в свой рацион, какие изменения вслед за этим могли бы произойти в Вашем уме, теле, эмоциях и отношениях с другими людьми?)

_____

_____

_____

_____

Какие ещё идеи, вопросы или озарения пришли к Вам в процессе чтения этой главы?

_____

_____

_____

_____

---

*Бонусный материал: для более подробного руководства по общей диете доктора Нарама, его рекомендации, а также его секреты о том, когда и как можно иногда «обмануть» диету и не допустить негативного влияния на ваше здоровье, можно узнать на сайте MyAncientSecrets.com (свободный доступ для зарегистрированных пользователей).

ГЛАВА 12

Древние секреты для оказания помощи животным тоже?

Не только у людей мы учимся любить.

Неизвестный Автор

Поскольку доктор Джованни большую часть дня переводил для доктора Нарама, мы встретились с ним поздно вечером. Когда все разошлись, я поинтересовался, как он начал работать с доктором Нарамом.

Свой диплом врача доктор Джованни получил в Болонье (кстати, это не имеет ничего общего с мясным блюдом с похожим названием, которое я ел в детстве, а является старейшей медицинской школой в Европе). Мне было интересно, что заставило такого блестящего врача, как он, более семнадцати лет изучать древнеиндийскую форму лечения.

Доктор Джованни сказал, что всё объясняется просто. Аллопатическая медицинская практика не даёт удовлетворённости в лечении пациентов, поэтому он начал искать альтернативные лекарства и методы лечения. Во время поездки в Индию в 1984 году он услышал о докторе Нараме и сразу понял, что нашёл нечто экстраординарное.

— Когда я начал учиться у доктора Нарама, я одновременно использовал и западную медицину, и Сиддха-Веду. При поддержке профессора нашей медицинской школы я провёл собственное исследование по применению этих древних методов у пациентов в

доктор Нарам с одним из своих самых любимых студентов – доктором Джованни Бринцивалли.

крайне тревожных состояниях и депрессии. После нескольких лет обучения у доктора Нарама и получения потрясающих результатов, я начал практиковать исключительно методы этой древней науки.

– Как Вы считаете, повлияло ли это на Вашу медицинскую практику? – спросил я.

– Во-первых, мне больше не нужно назначать антибиотики или противовоспалительные препараты. Ко мне приходят пациенты с такими же проблемами, как и к любому врачу семейной практики, и я до сих пор использую только глубокие секреты исцеления, которые узнал от доктора Нарама. У моих пациентов отличные результаты. Люди также приносят своих животных. Секреты, которым меня научил доктор Нарам, им тоже помогают. Сейчас, скорее, меня удивляет, когда нет результатов. Но потом я разговариваю с доктором Нарамом, и он находит в древних рукописях то, что помогает даже в самых редких случаях.

Доктор Джованни работал более, чем в двадцати городах Италии: «Люди приходят ко мне по разным причинам. И когда у меня есть решение их проблем, это доставляет мне огромное удовлетворение и умиротворение».

Затем он рассказал, как тяжело было работать в психиатрической больнице в Италии: «Я был в отчаянии, когда видел пациентов в депрессии, со склонностью к суициду, больных шизофренией.

Некоторых из них приходилось запирать в палатах из-за одержимости мыслью об убийстве. Иногда их заковывали в цепи, чтобы они не причинили вреда себе или другим. Их накачивали наркотиками, которые подавляли их, и они ходили, как зомби, без всяких надежд на улучшение. Цепи с них снимали, только когда они шли в туалет. К тому же с ними всегда находились два больших крепких охранника, которые следили за тем, чтобы больные не пытались сбежать. Было очень тяжело на всё это смотреть».

Доктор Джованни рассказал, как внимательно он отнёсся к случаю, когда одна отчаявшаяся семья привела к доктору Нараму дочь, страдающую шизофренией. После того, как он увидел подобных пациентов в больнице, ему было любопытно, какой подход к лечению этой девочки выберет доктор Нарам. Когда эта семья впервые приехала к доктору Нараму, девочка находилась под действием сильных лекарств, чтобы она оставалась спокойной и контролируемой. Она была вялой-вялой, а потом внезапно случались перепады настроения. Например, она вдруг хватала и рвала бумаги на столе.

После шести месяцев лечения у доктора Нарама её состояние резко изменилось. Дозы её лекарств сократились вдвое, и она начала больше улыбаться. Она стала более осознанной и внимательной, более живой и радостной.

«Мы никогда не видели и даже не ожидали увидеть такого улучшения в условиях больницы. Ещё меня впечатлило, насколько изменилось качество жизни всей семьи. Это вдохновляло. Когда я спросил доктора Нарама, как это работает, он сказал, что девяносто процентов наших проблем возникают от эмоциональных ран или травм, полученных в детстве. Затем он научил меня древним методам лечения этих травм, и в течение последних семнадцати лет я видел их положительное действие снова и снова даже в самых крайних случаях.

Мои мысли снова вернулись к моей сестре, которая боролась с депрессией, и в конечном итоге покончила с собой. Я не был готов говорить об этом с доктором Джованни, но подумал, смог бы доктор Нарам помочь ей? Всё, что врачи могли тогда сделать – это дать ей лекарства, которые не помогали.

Доктор Джованни описал ещё один случай, который он видел на раннем этапе обучения у доктора Нарама, и это произвело на него глубокое впечатление. Мужчина, у которого были закупорены артерии в сердце, страдал одышкой и мог пройти всего несколько

> «Девяносто процентов наших проблем возникают от эмоциональных ран или травм, полученных в детстве».
>
> Доктор Нарам

шагов без боли в груди. «Я изучал эту тему в медицинском университете. В западной медицине нет результативного способа устранить артериальные блоки. Мы только можем вставить стент, чтобы расширить кровеносный сосуд, либо сделать шунтирование сердца. Кардиологи предложили этому пациенту немедленную операцию, потому что у него был высокий риск обширного инфаркта. Мужчина отказался от операции и пришёл к доктору Нараму. После того, как он стал в течение трёх с половиной месяцев следовать советам доктора Нарама, его самочувствие улучшилось, а последующие исследования показали, что закупорки исчезли. По голосу доктора Джованни чувствовалось, насколько он был впечатлён этим результатом.

«Я был вдохновлён, – вспоминал доктор Джованни, – так как никогда не думал, что такое возможно. Этот человек прошёл через мощный древний процесс глубокого исцеления. Он делал панчакарму, принимал травяные средства и соблюдал предписанную диету. Он взял на себя ответственность за свою жизнь, изменил свои привычки, ел много маша и овощей».

Доктор Джованни посмотрел на меня и сказал: «Я горжусь тобой, ты открыт древним знаниям».

Все собаки попадают в рай, но зачем уходить раньше положенного времени?

Чувствуя себя более раскованным для выражения постоянно мучающих сомнений, я спросил доктора Джованни: «Как Вы думаете, есть ли в лечении эффект плацебо? То есть, если люди твёрдо верят, что диета или травяные средства помогут исцелиться, они вдруг почувствуют себя лучше?»

Доктор Джованни ответил: «Хороший вопрос, Клинт. Во-первых, посмотри на Раббат, которая была в коме, и ей стало лучше. Разве это могло быть плацебо? Посмотри также, как доктор Нарам помогает животным. Я видел, как он лечил многих животных – тигров, слонов, собак, лошадей, сов, кенгуру, крокодилов и кошек. Верят ли животные, что им станет лучше? И всё же древние методы исцеляют их тоже. Через свой фонд доктор Нарам спонсирует многие приюты для животных, в которых они также используют натуральные растительные средства, чтобы помочь уличным собакам и другим раненым или больным животным. Ты сегодня видел Паулу?»

– Да, – ответил я.

Чуть раньше в тот же день я увидел, как 64-летняя женщина Паула привела на приём двух собак. Она была очень взволнована, когда рассказывала мне о том, что много лет назад одна из её собак, чёрный лабрадор, испытывал такую сильную боль, что не мог ходить.

Вверху: Эта королевская бенгальская тигрица не могла забеременеть, пока доктор Нарам не проверил её пульс и не дал определённые травы и диету, и вскоре у неё родилось трое детёнышей.

Внизу: Этот крокодил был постоянно обозлён, и в зоопарке не знали почему... Проверив пульс доктор Нарам обнаружил, что у него был запор, и после того, как ему дали соответствующие травы, крокодил был снова счастлив!

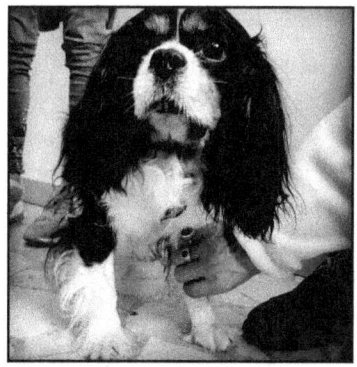

Доктор Нарам и доктор Джованни измеряют пульс собакам.

Ветеринар не мог ничем помочь и собирался усыпить его. Паула не могла прийти в себя от того, что решила убить свою любимую собаку. Собака сильно страдала, а Паула была бессильна ей помочь. Утром во время пробежки она узнала от подруги, что доктор Нарам как раз был в Италии. Она быстро вернулась домой, посадила собаку в машину и поехала через всю страну на приём к доктору Нараму.

— Я была в отчаянии, — сказала мне Паула. — Доктор Нарам проверил пульс и объяснил мне, что именно случилось: у моей собаки было очень много *аам* (токсинов), и она страдала остеопорозом. Я делала всё, что доктор велел: давала ему специальные травяные средства и ограниченную диету, и всего через неделю мой лабрадор снова смог запрыгнуть в машину! Он прыгал! Он больше не хромал и ещё три года был в полном здравии. Возможно, животные думают не так, как люди, и поэтому они намного чище. Может быть, лекарства действуют на них быстрее, чем на людей. Я не знаю, но именно это и произошло. Даже когда лабрадор стал старше, он всё ещё оставался сильным и здоровым до тех пор, пока мирно не скончался дома.

Помощь пчёлам?

Доктор Джованни рассказал мне ещё одну историю о своей подруге, которая была пчеловодом. Вредоносный паразит заразил её пчёл вирусом, они перестали делать мёд и начали умирать. Для уничтожения паразитов другие пчеловоды обработали пчёл ядовитыми парами, которые погубили и самих пчёл. А выжившие пчёлы были наполнены этими химикатами, что повлияло на качество мёда. Поскольку эта женщина и её семья сами употребляли мёд, а также продавали его, то они хотели выбрать метод лечения без применения химических веществ. Они позвонили доктору Джованни.

– Я пошёл посмотреть на пчёл и поначалу понятия не имел, как им помочь, – объяснил он. – Как измерить пульс пчелы и не быть ужаленным? Он улыбнулся, а я рассмеялся, представив себе, как он пытается нащупать пульс пчелы. Доктор Джованни показал мне точку мармаа для повышения иммунитета у людей, а затем спросил меня: «Но как это сделать пчеле?»

– Я сделал некоторые исследования и понял, какой вид инфекции делает пчёл слабыми. Они перестают летать, а некоторые теряют все волоски на тельце. Здоровые пчёлы начинают бороться с больными, так как они не признают их своими. И это навело меня на мысль.

Доктор Джованни вспомнил историю о том, как доктор Нарам отрастил себе волосы. Он подобрал травы, которые повышают иммунитет. Вместе с пчеловодом они измельчили несколько травяных таблеток для повышения иммунитета и роста волос, приготовленных доктором Нарамом. Смешали их с мощным домашним средством, включающим мёд, и скормили пчёлам.*

«У пчёл отрастают волоски! И они выглядят сильнее и здоровее». Постепенно популяция пчёл увеличивалась, и они производили мёд в изобилии. Это был особенный мёд и его назвали в память

Заметки в моём дневнике

Древние целительные секреты для повышения иммунитета

Мармаа Шакти - На кончике среднего пальца правой руки, нажимайте 6 раз по многу раз в день.*

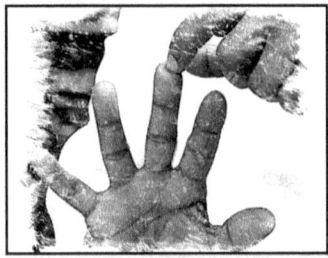

*Бонусный материал: Чтобы узнать о более сильнодействующем средстве, которое помогло пчёлам преодолеть вирус, смотрите Приложение и посетите сайт в свободном доступе.

об исцелении пчёл с помощью древних секретов «Мёд древних секретов». Пчеловод считает, что этот мёд обладает свойством повышать иммунитет и выносливость организма благодаря травяным средствам, которые они давали пчёлам.

Когда я позже обсудил это с доктором Нарамом, он сказал мне: «Веришь или нет, но эти древние секреты исцеления действуют на людей, животных, а также на растения. Поскольку все мы являемся частью природы, то применяются одни и те же принципы».

Эта история тронула меня, так как я видел сообщения в новостях о сокращении популяции пчёл по всему миру с тревожащими вопросами о глобальных последствиях устойчивости экосистемы, если эти опылители исчезнут. Если бы больше людей, как доктор Джованни, изучали и использовали бы эти методы в жизни. *

– Что вы посоветуете тем, кто хочет изучить этот метод древнего исцеления? – спросил я.

– Это постоянный процесс, Клинт, – сказал Доктор Джованни. – Тебе потребуется открытое сердце и разум. Если ты просто хочешь

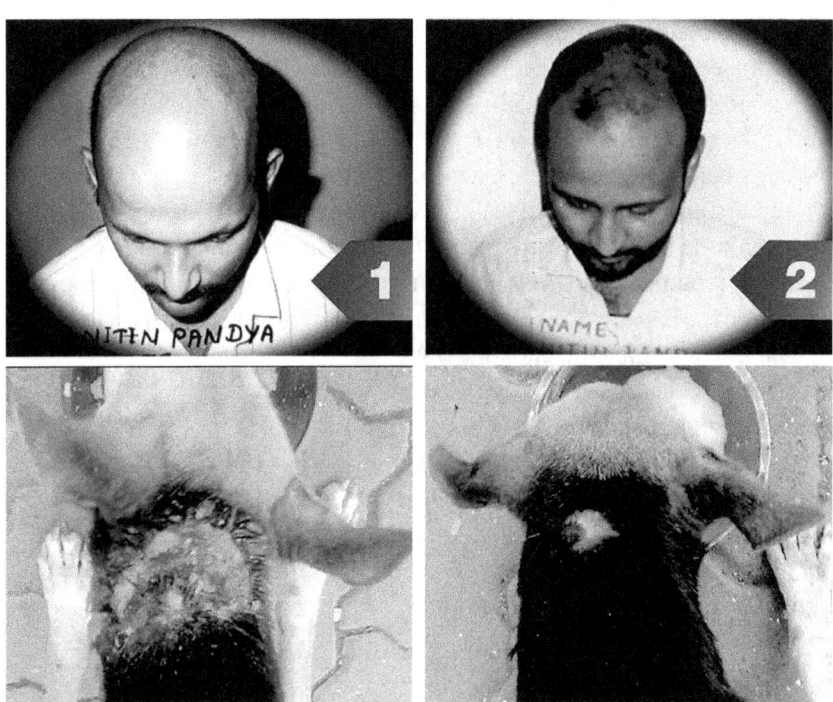

Зная, что доктор Нарам помог многим людям (в частности, и этому человеку на фотографии) отрастить волосы и этой собаке отрастить шерсть, доктор Джованни использовал эти средства как один из способов лечения пчёл.

узнать то, что может помочь тебе лично, это очень даже возможно. Любой человек на этой планете может узнать древние секреты, которые изменят его жизнь, если он возьмёт на себя обязательство усердно следовать им. Но для того, чтобы стать целителем, требуется внутреннее развитие, а не только технические знания. Доктор Нарам говорит, что

Древние секреты исцеления помогли даже пчёлам.

быть настоящим целителем – это не только знать, но и делать, и что самое главное, быть самим собой. Также, когда ты работаешь с животными, они особенно хорошо чувствуют твою сущность. Чтобы достичь состояния мастера-целителя, ты должен посвятить этому свою жизнь.

Он объяснил, что самое сложное для любого человека заключается в том, что большинство людей зависимы от своих привычек. «Например, в Италии все думают, что «хорошая диета» –это паста, сыр и вино. Затем, когда они заболевают, им нужно принять какие-нибудь таблетки, – это их выбор. Но какой ценой? От таблеток бывают серьёзные долговременные побочные эффекты. В качестве альтернативы, когда люди выбирают путь более глубокое исцеления, они должны заплатить за это цену дисциплинированности, чтобы изменить свои привычки, развивать терпение, настойчивость и решимость. В результате они испытывают длительное и глубокое исцеление и душевное спокойствие. Это просто выбор. А какую цену готовы заплатить вы?»

Доктор Джованни сделал паузу, чтобы я смог вникнуть в то, чем он поделился. Благодаря наблюдениям за людьми, которых я встречал, включая моего отца, я смог понять, что он имел в виду.

> «Древние секреты исцеления действуют на людей, животных, а также на растения».
>
> Доктор Нарам

---

*Бонусный материал: вы можете узнать больше о древних секретах общения с животными, а также о секретах роста здоровых густых волос в свободном доступе на сайте: MyAncientSecrets.com

> «Чтобы стать настоящим целителем, требуется внутреннее развитие, а не только технические знания».
>
> Доктор Джованни

«Что вдохновляет людей изменить свои привычки, свою жизнь, чтобы они могли испытать более глубокого исцеление? Сначала им нужна вера в целителя и доверие, чтобы следовать его советам достаточно долго и почувствовать разницу. После того, как они начинают видеть результаты, они продолжают ещё длительное время придерживаться предписаний и делиться ими с людьми. Выбор более глубокого исцеления является значимым. Для большинства это требует длительного изменения в долгосрочной перспективе, что зачастую трудно сделать.

Его слова заставили меня задуматься о моём отце и некоторых недавних наших разговорах. Наши представления менялись в отношении таких основных вещей, как полезные продукты. Для моего отца проведение обширного курса детоксикации в Индии было серьёзной переменой. *В конечном счёте я всё ещё думал, помогут ли эти изменения отцу в его сложной ситуации?* На карту было поставлено очень многое. Отец вложил значительные средства, время, усилия и надежду в перестройку своей жизни, чтобы выполнить все рекомендации доктора Нарама. И я боялся, что, если это не сработает, отец может впасть в ещё большую депрессию и уныние, чем раньше, и вернётся к мыслям о смерти.

Общение с теми, кому помог подход доктора Нарама, придало мне больше уверенности в том, что это надёжная древняя система, которая даёт положительные результаты. Но сработает ли это для *моего отца*?

Необычные новости от моего отца

Однажды, прогуливаясь по центру Милана, я с радостью обнаружил, что могу воспользоваться бесплатным Wi-Fi на своём телефоне. Я открыл электронную почту и увидел сообщение от отца.

3 августа 2010 г. День третий (отчёт)

Сейчас 7:15 вечера в Мумбае, 6:45 утра в Юте. Вот и второй день моего лечения подходит к концу. Условия жизни в Мумбае сильно отличаются от обстановки в Солт-Лейк-Сити, но я уже привыкаю и чувствую себя более комфортно. Сегодня моя диета состояла из тарелки нарезанной папайи на завтрак и тарелки супа из бобов маша на обед и ужин. Что касается дневных занятий, то с 7:30 до 8:30 утра – йога, затем встреча с доктором Свапна, одним из лучших врачей в клинике Айюшакти, и полный массаж тёплым, зернистым веществом. Такой массаж помог мне почувствовать лёгкость, бодрость и обновление во всём теле. Правда, после натирания на мне оставалось вещество, которое не нужно было смывать ещё в течение трёх-четырёх часов. Ещё в течение дня мне предстоит принять холодный душ. Кроме того, утром и вечером я принимаю по двадцать различных травяных средств. В результате большинство болей в животе и груди, которые я испытывал, прошло. Думаю, что таким количеством супа из маша и ломтиков папайи не нанести ущерба пищеварительной системе. На самом деле еда приятная, и мне не хочется есть больше, так что пищи хватает. В ресторане мне могут приготовить всё, что я пожелаю, но на сегодняшний день – это всё, чего я хочу.

Я читал его письмо, сидя под аркой огромного фонтана в самом центре открытой площади. Мой отец занимается йогой? Я улыбнулся этой мысли. А ещё больше меня порадовало то, что он начинает чувствовать себя лучше.

Он также сказал, что больше всего в клинике ему нравились встречи с интересными людьми из Кении, Англии, Германии и других стран. Один случай, который произвёл на него наибольшее впечатление, был связан с женщиной, которая страдала рассеянным склерозом. В течение двадцати лет она не могла ходить, а с помощью доктора Нарама она не только постройнела более, чем на пятьдесят фунтов, но и смогла устроиться на работу в Красный Крест в Германии. Эта женщина приехала в Индию с мечтой исцелить свой организм и снова начать ходить. Мой отец описал свои эмоции, наблюдая, как она делала свои первые шаги.

Позже в тот же вечер я связался с отцом по скайпу, чтобы узнать больше подробностей. Он рассказал, что в самом начале лечения его тело было настолько уязвимым, что массаж доставлял сильный дискомфорт. Когда же я спросил, нравится ли ему это сейчас, он засмеялся и сказал: «Я не уверен, что «нравится» – правильное слово, но я благодарен за это».

По словам отца, первые этапы лечения были направлены на выведение токсинов из его организма, а это требовало времени и терпения. Следующие шаги должны были помочь восстановить его здоровье.

Даже если мой папа пока не чувствовал себя достаточно хорошо, общение с другими пациентами, их истории успокаивали его. Хорошая и здоровая пища и почти предсказуемый порядок вещей также облегчал ему жизнь. В целом в его голосе звучала надежда. Ощущение того, что отец больше успокоился, помогло и мне избавиться от некоторых опасений и немного расслабиться.

Хорошие новости от отца и все истории, которыми со мной в тот день поделились доктор Джованни и другие люди, переполняли меня, и я ещё раз подумал: как же так, почему так мало людей знает о глубоких методах исцеления Сиддха-Веды.

К настоящему времени я повстречал так много людей (и даже животных), чья жизнь изменилась благодаря доктору Нараму и его работе. Я размышлял о том, как и я меняюсь. Моё состояние становилось всё более приземлённым и умиротворённым. Я не знал почему, но я чувствовал себя лучше по отношению к себе и жизни в целом. Мои вопросы менялись с «работает ли это» на «как это работает», и вместо «как можно верить в такое» на «почему большинство людей не знают, что это существует».

С таким количеством доказательств скептик во мне стал менее заметен, поскольку я стал больше надеяться, что это действительно надёжный, предсказуемый подход к исцелению. И если это так, то почему людям так трудно выбрать именно этот способ исцеления? Почему так трудно внести изменения в свою жизнь, если это приносит пользу нашему здоровью? Почему большинство людей, которые пришли к доктору Нараму, должны были дойти до отчаяния, прежде чем понять, что есть лучший и более здоровый способ жить? И почему от нездоровых привычек так трудно избавиться?

Ваши заметки в дневнике

Чтобы углубить и получить больше пользы от прочтения этой книги, уделите несколько минут тому, чтобы ответить на следующие вопросы:

Есть ли какие-то старые раны, которые всё ещё влияют на Вас сегодня?
_____
_____
_____
_____

Какие старые привычки, от которых Вы «зависите», удерживают Вас от того, что Вы хотите больше всего?
_____
_____
_____
_____

Как Вы считаете, чему мы можем научиться у животных, насекомых и/или растений?
_____
_____
_____
_____

Какие ещё идеи, вопросы или озарения пришли к Вам в процессе чтения этой главы?
_____
_____
_____
_____

ГЛАВА 13

Уроки истории: величайшие препятствия и величайшие открытия

Простой сдвиг парадигмы – это всё, что нужно, чтобы навсегда изменить ход вашей жизни.

Джефф Спайрс

Желая получить ответы во время моего пребывания в Милане, я обратился к двум людям. Первым был мой друг доктор Джон Ратгерс, врач, который изучал многие формы альтернативной и комплементарной медицины. Я познакомился с ним много лет назад и слышал от него о замечательных случаях исцеления с помощью альтернативной медицины.

Мне нравилось то, о чём рассказывал Джон, но, честно говоря, тогда я думал, что его взгляды были немного… как бы это сказать… эксцентричны. Теперь нужно было признать, что мои собственные взгляды на здоровье ограничивали мои возможности, поскольку я сводил к минимуму любые мнения, не соответствующие общепринятому направлению медицины. После встречи с доктором Нарамом мои взгляды в этом вопросе расширились. И мой так называемый эксцентричный друг Джон вдруг показался мне тем человеком, чьи ценные идеи тогда я не был готов услышать. Я почувствовал, что он может помочь мне разобраться в некоторых вещах и спросил, найдётся ли у него время пообщаться по скайпу.

Чтобы обеспечить надёжную связь, я нашёл кафе в причудливой части города, в котором был не только прекрасный Wi-Fi, но и густой

Густой итальянский горячий шоколад... Ням!

горячий шоколад. Мне это нравилось. Потягивая густой горячий напиток, я рассказал Джону немного из того, что видел и слышал в клиниках доктора Нарама в Индии, Калифорнии и Италии. Он был искренне заинтересован, и я оценил его тёплое участие в моём потоке сомнений и вопросов.

— Почему, несмотря на огромное количество денег, потраченных в американских медицинских исследовательских институтах, учёные до сих пор ещё не поняли, как делать то, что делает доктор Нарам? Если такой способ исцеления существует и даёт потрясающие результаты и положительно меняет жизни многих людей, то почему тогда мало кто знает об этом направлении медицины? И почему возникает серьёзное сопротивление?

Джон сделал долгую паузу.

— Давайте рассмотрим общую картину. С самого начала своей истории человечество пыталось найти способы объяснить то, что не поддавалось нашему контролю и влиянию: штормы, смена времён года, голод и болезни. События, повлиявшие на жизнь людей и растениеводство, вызвали потребность в установлении определённого порядка, что позволило нам лучше контролировать исход этих событий и увеличило наши шансы на выживание. Видишь ли ты эту закономерность?

— Думаю, да, — ответил я.

— Возьми древние цивилизации. — продолжил Джон. — Глядя в ночное небо, усыпанное звёздами, люди не могли объяснить, каким образом планеты движутся. Они стали думать об этих планетах, как о богах, которые по своему настроению управляют стихиями на Земле, такими как погода или чьё-то здоровье. В древности люди придумывали истории о небесных телах, чтобы объяснить необъяснимые события и явления, и это придавало смысл окружающему их миру. По сути, это тот же импульс, что и в науке: объяснить необъяснимое. Хотя наука и религия иногда кажутся противоречащими друг другу, на самом деле они являются выражением одного и того же: стремлением к порядку в нашей жизни.

С детства вера играла большую роль в моей жизни, а став университетским исследователем, я переключил своё внимание на науку. Хотя лично я никогда не чувствовал, что наука и вера противоречат друг другу, но и никогда не считал, что они находятся в одной и той же сфере.

Затем Джон добавил:

— Как только мы, люди, находим убеждение, которое даёт нашему разуму ощущение порядка, смысла и предсказуемости, и мы чувствуем безопасность в этом убеждении, нам становится трудно измениться, независимо от того, какие у нас есть доказательства обратного. Мы собираем как можно больше доказательств, чтобы укрепить нашу веру, и в то же время боимся, не замечаем или отвергаем любые доказательства, которые её опровергают. Например, как часто люди посещают церковь «чужой» веры или читают книгу, в которой изложены противоположные политические взгляды?

— Не часто, — признался я.

— Вот именно! Человеческий мозг боится беспорядка и неопределённости, поэтому он пытается противостоять им, чтобы поддерживать порядок. И мы ограничиваем себя этой тенденцией, что и становится препятствием к тому, чтобы увидеть новые идеи, от которых мы можем получить пользу для себя. Например, Галилео Галилей. Он был итальянцем, много ли ты знаешь из истории его жизни?

Я посмотрел через окно кафе на другую сторону очаровательной итальянской улицы и увидел бельё, развешанное на верёвке, натянутой между зданиями. «Разве Галилей не был известен открытием, что Земля вращается вокруг Солнца, а не наоборот?» — подумал я.

— На самом деле именно Коперник в XVI веке сделал математические расчёты, доказывающие этот факт, но в тот момент никто не придал этому большого значения. За восемнадцать столетий до Коперника греческий философ Аристотель бросил вызов существовавшему в то время представлению о планетах и звёздах как о странствующих богах. Он предположил, что это есть объекты или сферы, которые вращаются по фиксированной траектории вокруг Земли, и люди приняли это. В 1609 году Галилей, в телескоп наблюдая за ночным небом, пришёл к выводу, что Коперник был прав: не все небесные тела вращаются вокруг Земли».

Глядя на улицу, я думал, как выглядел этот район Милана в

XVI веке. Вымощенные булыжником улицы и старинные здания давали некоторое представление об этом. Джон продолжал:

— Галилео опубликовал свои открытия на итальянском языке, а не на латыни, чтобы большее количество людей могли прочитать их. Латынь была доступна только учёным. Он предоставил доказательства того, что прежнее представление о Земле было неверным. При более точном понимании

Портрет Галилео Галилея, Хустус Сустерманс, 1636г., фото из Викимедиа.

Солнечной системы многое можно было усовершенствовать, в том числе календарь, объяснение смены времён года и многое другое. Так как же, по-твоему, люди отреагировали?

— Думаю, людям было трудно это принять, — сказал я. — Помню, в школе узнал о том, что Папа Римский в то время даже приговорил его к домашнему аресту, верно? Я размышлял о том, что сказал мне доктор Джованни: когда открывается новая точка зрения, людям трудно изменить свои привычные представления.

— Да. Как ты думаешь, почему в то время учёные, церковь, научные круги того времени и даже Папа Римский были так обеспокоены тем, что Галилей бросил вызов идее о том, что Земля является центром Вселенной?

Сделав последний глоток горячего шоколада, я пытался понять, почему они заняли такую позицию.

— Не знаю, — сказал я. — Почему?

— Отчасти потому, что человеческий мозг сопротивляется беспорядку. В данном случае они боялись самой идеи, которая противоречила, казалось бы, незыблемым представлениям о порядке вещей. Это то, что исследователи называют «предвзятостью подтверждения». И это одна из наихудших ошибок, которую мы когда-либо могли совершить. Слишком рано сбрасывать со счетов что-либо только потому, что это противоречит нашим устоявшимся знаниям и взглядам.

— Понимаю, — сказал я, рассказав о своём первоначальном сопротивлении доктору Нараму и его работе. — На самом деле, я всё ещё борюсь, вот почему я позвонил тебе.

— Смотри, — сказал Джон. — Дело не в том, что люди никогда не примут то, что делает доктор Нарам. На самом деле, всё больше и больше врачей открывают для себя преимущества медитации, йоги и растительной диеты. Но большинство ещё не приняли это, так как для проведения исследований и распространения результатов требуются время и деньги. Тем более, что парадигмы западной научной модели не могут понять или даже измерить влияние этой древней науки исцеления на организм человека.

— Что ты имеешь в виду под словом «парадигмы»? — спросил я.

— Допустим, ты играешь в футбол, и группа бейсболистов подходит к вам и говорит, что ваш футбол не настоящий спорт, потому что вы не соблюдаете спортивные правила. Чтобы обосновать своё заявление, они указывают вам на то, что вы не используете в игре бейсбольную биту, а мяч у вас слишком большой и неправильной формы. А правда состоит в том, что вы в футболе просто не придерживаетесь правил бейсбола. Аналогичным образом западная научная и медицинская парадигма имеет фиксированные допущения, которые позволяют видеть происходящее под определённым углом зрения. Это привело западную медицину к некоторым великим открытиям, но в то же время лишило её возможности видеть многие другие важные вещи. Это не означает, что другие формы науки или исследования бесполезны. Просто доктор Нарам, образно говоря, не играет в ту же игру, что и западные врачи. Но это не означает, что то, что он делает, неверно.

Он привёл ещё одну аналогию:

— Ты не можешь сравнивать рыбу с птицей и говорить, что одна лучше другой. Ведь они функционируют по-разному. Ты не можешь судить о рыбе по тому, насколько хорошо она умеет летать.

— Понимаю эту аналогию, — сказал я, — но разве наука не выходит за рамки культуры?

— На самом деле наука, как и культура, имеет свой собственный набор допущений и правил о понятиях и смыслах. Это как твоя история о головной боли и луковых кольцах. Западная модель провела бы эксперимент, чтобы проверить, действительно ли луковые кольца помогают от головных болей. В двойном «слепом» исследовании ни врачи, ни пациенты не знали бы, кто получает плацебо (как правило, таблетки сахара), действующее обезболивающее средство

> «Вы не можете сказать, что футбол не является спортом только потому, что он не соответствует правилам бейсбола. Доктор Нарам, образно говоря, не играет в ту же игру, что и западные врачи, но это не означает что то, что он делает, неверно».
>
> Доктор Джон Ратгерс

или новое вещество – в твоём случае, луковые кольца. Затем они бы проанализировали, были ли у пациентов, которых лечили луком, другие результаты. Ты понимаешь, в чём смысл?

Я кивнул.

– И, если они не смогут доказать, что существуют значительные различия между луковыми кольцами и плацебо, традиционное научное исследование определит, что эта традиционная форма лечения неэффективна.

– Так ты хочешь сказать, что современная наука не доказала, что это вещество лучше, чем плацебо? – спросил я.

– Всё это доказывает, что их методы тестирования ещё неэффективны для выявления действенности методов исцеления и лечебных процедур за рамками их собственной парадигмы. Доктор Нарам сказал, что существует много разных видов головных болей, и что лук особенно полезен для устранения одного из них. Он назначает индивидуальное лечение основываясь на том, что он почувствует в пульсе. Никакое современное западное медицинское оборудование не в состоянии обнаружить то, что доктор Нарам определяет по пульсу. В то время, когда западная наука часто утверждает: «У тебя головная боль, вот тебе таблетки», доктор Нарам определяет тип головной боли, а затем смотрит на твоё телосложение, чтобы из широкого спектра лечебных средств выбрать лекарство именно для тебя».

> «Вы не можете сравнивать рыбу с птицей и говорить, что одна лучше другой. Ведь они функционируют по-разному».
>
> Доктор Джон Ратгерс

– Хорошо, – сказал я, начиная понимать, – так как доктор Нарам не лечит болезнь, а подбирает индивидуальное лечение для человека в целом, то измерить эффективность этого метода с помощью западной научной парадигмы невозможно?

– Верно, – сказал Джон. - Но я заметил, что появляются мудрые врачи с блестящим умом и открытым

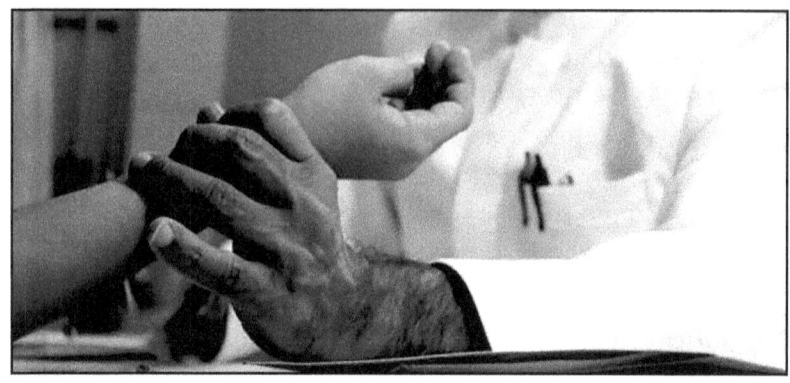

Доктор Нарам измеряет пульс, с помощью чего он может обнаружить дисбалансы и блоки на тонком уровне, влияющие на физическое, психическое и эмоциональное благосостояние.

сердцем, которые действительно хотят помочь людям. Клятву Гиппократа – «не навреди» – дают все начинающие врачи. В свете этой клятвы многие мудрые врачи, исходя из своего опыта работы, понимают, что современные методы лечения могут наносить вред пациентам по сравнению с древними природными средствами, и тогда они становятся открытыми другим способам оказания помощи и исцеления пациентов. Величайшие открытия всегда делают люди, готовые к чему-то новому и неизведанному, в то время как большинство обычных людей сопротивляются новым убеждениям до тех пор, пока старые установки не подведут их.

– Это правда, – сказал я, – многие люди обращаются к доктору Нараму как к последней надежде на излечение, хотя эти древние методы могут даже предотвратить болезнь, от которой они теперь страдают. Это избавило бы людей от многих неприятностей и боли до того, как начнутся проблемы со здоровьем. И почему западная медицина не уделяет больше внимания профилактике?»

Гиппократ, греческий врач, которого называют «отцом медицины». Гравюра Питера Пауля Рубенса, 1638г. Фото предоставлено Национальной Медицинской Библиотекой.

— Смотри, — сказал Джон, — каждая культура с незапамятных времён искала источник молодости, хорошего самочувствия и исцеления. Люди обращались к шаманам, знахарям, врачевателям, чтобы избавиться от болезни и поддержать здоровье. Некоторые методы были эффективнее других. Важно понять, как западная медицина стала «западной медициной».

Какой-то шум за окном привлек моё внимание. Я увидел группу школьников, которые проходили мимо и оживлённо разговаривали по-итальянски. Затем я снова сосредоточился на разговоре с Джоном. Он делился краткой и увлекательной историей той западной медицины, какой мы её знаем.

— Долгое время, — объяснил он, — врачи в Соединённых Штатах Америки применяли сочетание лечебных практик, таких, как натуропатия, гомеопатия, гидротерапия и томсоновская медицина, которая в значительной степени использовала травяные средства коренных американцев и потогонные ванны. Затем в 1910 году было проведено исследование, чтобы определить, какой из лечебных подходов был наиболее эффективным. В результате чего было закрыто 120 медицинских школ, и осталось только 32 школы. В соответствии с их способами оценки лучшая модель была найдена в Университете Джона Хопкинса, которая теперь известна как «аллопатия», что в переводе с греческого дословно означает «другая болезнь». По сути, это была практика исцеления по принципу противоположности, то есть если у человека сильный кашель, дайте ему средство для подавления кашля.

— Приток денег от спонсоров, пытающихся поддержать стандартизацию медицины в Америке, основанной на принципах аллопатии, привёл к большим изменениям в политике и регламентации в этой сфере. Да, этот сдвиг имел некоторые положительные последствия, например, искоренение полиомиелита и сокращение числа продавцов змеиного масла. Но это также создало некоторые существенные ограничения и привело к систематическому подавлению эффективных форм целостного подхода в лечении, которые не соответствовали принятой парадигме.

Раньше я никогда ничего подобного не слышал. Вертясь в кресле, я пытался оспорить то, что сказал Джон: «Послушай, пусть даже с недостатками, но наша западная медицина востребована во всём мире. Она должна быть более эффективной, чем все другие методы исцеления».

— Подумай об этом с другой точки зрения: если аллопатия

является доминирующей моделью медицины на данный момент и действительно лучше других методов понимает здоровье, хорошее самочувствие и долголетие, то почему продолжительность жизни самих врачей ниже, чем у среднего человека? И почему так высок уровень самоубийств среди них? В то же время, почему так много мужчин, женщин и детей в западном обществе страдают ожирением, и почему такой высокий уровень депрессии? Почему количество болезней увеличивается, а не уменьшается? Я согласен, определённые достижения есть, но, на мой взгляд, доминирующей парадигме явно чего-то не хватает.

Позже, размышляя о том, что сказал Джон, я понял, как много из того, что он мне говорил, относится к тому, что делал доктор Нарам. У людей были свои представления и философские взгляды о диете: что полезно есть, а что нет, от чего они болеют и что нужно делать, чтобы оставаться здоровым. Эти убеждения помогали им чувствовать себя уверенными. И если кто-то пытался оспорить эти убеждения, было трудно изменить привычную точку зрения. Только дойдя до отчаяния, люди были вынуждены искать что-то другое.

Тут было над чем задуматься. В течение многих лет я думал, что открыт для других систем убеждений, и я любил погружаться в них во время своих путешествий. Теперь я понял, насколько непреклонными были мои убеждения. Я так много вещей принимал за истину только потому, что меня этому учили. Например, я искренне верил, что в Америке и Европе лучшие практикующие врачи на планете, и никогда не думал, что в нашей медицинской системе могут отсутствовать фундаментальные основы для понимания и укрепления здоровья, хорошего самочувствия и долголетия. Я был озадачен: кому я теперь могу доверять, если потребуется эффективная медицинская помощь?

Путешествуя по Мексике, я познакомился с профессором университета из Германии Людвигом Максом Фишером (он же Макс), который жил в Торонто. Большую часть своей жизни он занимался исследованием древних целительских традиций по всему миру. Я был мгновенно очарован его взглядом на вопросы, которые изо всех сил сам пытался понять. Я также связался с Максом и спросил, можем ли мы позвонить ему, и он начал с того места, на котором остановился Джон.

— Почему ты начал исследовать эту область? — спросил я.

— Когда я был ещё молодым профессором, в течение полутора лет меня беспокоили боли в животе. — Макс говорил с мягким немецким акцентом. Его голос был тёплым и успокаивающим, и у меня было ощущение, будто я разговаривал с мудрым старцем.

— Я объездил врачей всей Европы и США. Они назначали мне одно лечение за другим, но ничего не помогало, а в некоторых случаях были ужасные побочные эффекты. В конце концов мне стало так плохо, что большую часть времени я был прикован к постели.

— Находясь в полном отчаянии, я встретился с целителем восточной традиции, который сказал, что в моём организме наблюдается дисбаланс элементов. «В вашем теле слишком много дерева», — сказал он. Помню, я тогда подумал: «Он, наверное, шутит, это не может быть серьёзным! Я не ел никаких дров. Для моего слуха, привыкшего к академическим знаниям, это звучало несуразно. В отчаянии я последовал совету целителя и был удивлен тому, как быстро мне стало лучше.

— Это на самом деле удивительно, — сказал я.

«Что удивительно, так это то, что я полностью восстановил своё здоровье, — сказал Макс, — но у меня были смешанные чувства. С одной стороны, я был благодарен за советы целителя, которые помогли выздороветь, а с другой стороны, я был раздосадован. Я никак не мог признать, что моё западное образование подвело меня. Потребовалось некоторое время, чтобы разобраться в своих чувствах. Именно тогда я начал изучать древние традиции исцеления по всему миру, чем до сих пор и занимаюсь.

Я был очарован тем, что говорил Макс. Он продолжил:

— Только позже я понял, как этот целитель так быстро проанализировал и решил мою проблему. В современной западной медицине мы всё превращаем в борьбу. Мы боремся с болезнями, боремся с бактериями, боремся с раком. В восточной системе, как и в других древних традициях, речь идёт не о борьбе, а скорее о создании равновесия через очищение. Великие целители этих древних традиций выявляют дисбаланс и назначают средства для очищения и восстановления баланса системы.

— Если эти древние формы исцеления так эффективны, — спросил я, — почему так много уважаемых людей сводят их к минимуму или вовсе отвергают? Например, когда я попытался рассказать своему другу, врачу из Америки, о том, что я видел в Индии, он сразу же сказал, что эти травы и древние методы научно не доказаны.

Макс внимательно выслушал и задумчиво ответил:

— Я считаю, что со стороны современной западной системы высокомерно автоматически отвергать иной подход, называя его «научно не доказанным». Это означает, что другой подход просто не соответствует нашей ограниченной и относительно молодой традиции. «Современная» медицинская наука существует всего пару сотен лет, а концепция «аллопатической» медицины появилась только в 1810 году.

Напротив, многие из так называемых «альтернативных» наук совершенствовались великими учеными и целителями на протяжении тысячелетий. И многие переменные параметры наши учёные не только ещё не рассмотрели, но и даже не имеют возможности измерить их. Те приборы, которые у нас есть, не справляются с этой задачей.

Пока Макс говорил, я размышлял о том, как доктор Нарам начинал свои многочисленные интервью с рассказа о непрерывной линии врачей-целителей, его мастеров, которая существует более 2500 лет. Я должен был признать, что только что-то правильное может существовать так долго.

— Наша точка зрения также редукционистская, — продолжил Макс. — Под этим я подразумеваю, что мы разбиваем вещи на части. Например, западная медицина «разделяет» человека на части, а затем концентрируется только на этих частях. Мы принимаем во внимание только то, что можем измерить. Мы полагаемся в первую очередь на сбор статичных данных о частях, затем на основании этих данных составляем диаграммы и строим графики. И если мы не находим то, что ищем, то предполагаем, что *отсутствие доказательства является доказательством отсутствия*, но это не так! Напротив, древние способы исцеления рассматривают *всю* систему в целом. Они понимают, как

Профессор, доктор наук Людвиг Макс Фишер

> «Большинство людей не знают, как работает электричество, но, когда они видят свет внутри тёмного здания, они обычно идут туда. Доктор Нарам – это свет, который притягивает многих людей в их самые тёмные часы жизни. Эти люди могут не знать, как это действует, но горячее желание выздороветь и быть здоровыми приводит их к нему».
>
> Доктор Людвиг Макс Фишер

одна составляющая влияет на все остальные, и как привести их в равновесие.

Макс сказал, что некоторые восточные традиции признают, что определённая мудрость и знания не могут быть отражены в книге, преподаны на курсе или измерены приборами. Эти знания, мудрость и опыт линии мастеров, сложившиеся за тысячи лет, можно обрести, а затем передать напрямую от мастера к ученику, от сердца к сердцу. Он признаёт, что существует сила познания многовековой мудрости и опыта линии мастеров, которая передаётся ученику невидимым образом. Похоже, так произошло и с доктором Нарамом, который стал частью этой древней линии мастеров.

Я вспомнил, что Джон сказал о докторе Нараме, которого, по его мнению, нельзя отнести ни к одной категории людей в современном мире. Для него неважно быть кем-то: древним или современным, западным или восточным, применять гомеопатию или аллопатию, аюрведическую или китайскую медицину или что-то ещё. Речь идёт о более глубоком исцелении и обнаружении действенных направлений.

– Тебе было любопытно узнать о докторе Нараме, так как ты видел результаты его подхода, верно? – спросил меня Макс.

Я согласился.

– Большинство людей не знают, как работает электричество, но, когда они видят свет внутри тёмного здания, они обычно идут туда.

Я улыбнулся такой аналогии.

– Хотя такие люди, как доктор Нарам действуют согласно правилам и ограничениям, которые большинству из нас не понятны, мы видим его заботу и преданность пациентам. Он – свет, который притягивает многих людей в их самые тёмные часы жизни. Эти люди могут не знать, как это действует, но горячее желание выздороветь и быть здоровыми приводит их к нему. Есть буддийская поговорка: «Когда ученик готов, приходит учитель». А я верю: «когда пациент открыт и готов, появляется целитель».

Благодаря беседам с Джоном и Максом я почувствовал, как будто что-то переключилось внутри меня. Они помогли мне понять, что доктор Нарам использовал подлинную науку с последовательными внутренними принципами. Они помогали ему находить и решать проблемы, в которых западная медицина ещё не разбиралась.

Хотя это осознание было полезным, но оно стало вызовом для меня. Может быть, то, что до сих пор было для меня непререкаемой истиной, думая, что западная медицина является лучшей возможностью исцеления болезней, это оказалось всего лишь моим убеждением? Возможно ли, что в нашей медицинской системе есть «слепые зоны» и, следовательно, могут отсутствовать элементы, имеющие основополагающее значение для поддержания здоровья, хорошего самочувствия и долголетия?

Ваши заметки в дневнике

Чтобы углубить и увеличить пользу от прочтения этой книги, уделите несколько минут тому, чтобы ответить на следующие вопросы:

Во что Вы верили в жизни, но позже обнаружили, что это не было истиной?

_____

_____

_____

_____

Можете ли Вы вспомнить период жизни, когда Вы были готовы к чему-то (например, были в поиске учителя или исцеления); и когда Вы были действительно готовы, они вдруг появлялись?

_____

_____

_____

_____

Какие ещё идеи, вопросы или озарения пришли к Вам в процессе чтения этой главы?

_____

_____

_____

_____

ГЛАВА 14

Секреты, помогающие раскрыть ваше жизненное предназначение

Смысл жизни в том, чтобы найти свой дар. А цель в том, чтобы дарить его людям.

—Пабло Пикассо

В Милане есть знаменитый готический храм Дуомо – собор Рождества Девы Марии. Это один из крупнейших соборов Италии, и доктор Нарам любил посещать его каждый раз, когда приезжал. Пока Симоне, координатор доктора Нарама в Италии, вёз нас по многолюдным улицам к Кафедральному собору, я думал о том, как быстро меняется мой взгляд на мир и на самого себя. Внутри меня шла борьба, я не мог понять, почему мне так не хватает спокойствия, и куда же двигаться дальше.

– Ты помнишь, каковы три величайших достижения в жизни согласно древней линии моих мастеров? – опять спросил меня доктор Нарам, когда мы сидели на заднем сиденье машины.

Я пытался вспомнить.

– Давайте посмотрим. Первое – это знать, чего ты хочешь, второе – достичь того, чего хочешь и третье – наслаждаться тем, чего достиг.

– Правильно. Сиддха-Веда – это школа мысли, которая помогает на физическом, психическом и эмоциональном уровнях, – улыбнулся он.

– Могу ли я поделиться с тобой бесценным секретом, который мне раскрыл мой мастер? – спросил доктор Нарам. – Это касается того, как открыть и достичь того, чего мы хотим в жизни. Ты никогда не догадаешься, как это произошло со мной. Однажды учитель спросил меня: «Что ты хочешь?» И я ответил: «Откуда мне знать?» Затем он мне сделал потрясающий подарок, показав мне секретную мармаа. Это та точка мармаа, на которую я нажимал во время лечения моей мамы, чтобы узнать, чего она хотела.

Мастер доктора Нарама велел ему закрыть глаза, шесть раз нажать точку мармаа на кончике указательного пальца правой руки и побыть в тишине. Через некоторое время он задал доктору Нараму несколько вопросов. Доктор Нарам подчеркнул важность и ценность этих вопросов и то, насколько они могут изменить мою жизнь.

— Эти вопросы на миллиард долларов можно задать себе, чтобы открыть своё предназначение в жизни:

Если бы вам оставалось жить всего шесть месяцев, чем бы вы больше всего хотели заниматься или кем быть?

Если бы вы знали, что не можете потерпеть неудачу, чем бы вы больше всего хотели заниматься или кем быть?

Если бы у вас было десять миллионов долларов в банке и вам больше не нужно было работать, чем вы больше всего хотели бы заниматься или кем бы вы хотели быть?

Пока Симоне продолжал скользить в транспортном потоке по миланским улицам, я записывал вопросы, ощущая знакомый дискомфорт. Даже если бы я задал себе все эти вопросы, имелись ли у меня на них ответы? Большую часть времени я понятия не имел, что хотел сделать или кем бы я хотел быть; слишком резким был контраст между мной и этим человеком, который всегда был очень сконцентрирован и полностью присутствовал в настоящем моменте.

Доктор Нарам продолжил:

— Мой ответ на вопрос учителя был таким: «Я хотел бы стать великим целителем».

Он ответил:

— Чем яснее цели, тем больше шансов.

Затем мастер помог мне ясно создать конкретную картину в моём сознании. Он нажимал на различные точки мармаа на моём пальце и задавал дополнительные вопросы.

— Что ты подразумеваешь под «великим целителем»? – спросил Баба Рамдас. Доктор Нарам ответил:

— Я хочу быть на этой планете лучшим пульсовым диагностом и мастером этих древних секретов исцеления.

Учитель воодушевил меня, сказав:

— Очень хорошо, Панкадж. Запиши это.

> «Чем цели яснее, чем они точнее, тем больше шансов достичь их».
>
> Баба Рамдас
> (Учитель доктора Нарама)

Доктор Нарам сказал мне: «Хотя отчасти это желание исходило от моего эго и страха, поскольку я хотел доказать своему отцу и всем остальным, что я этого достоин, мой мастер не стал оспаривать или отговаривать меня от этих мечтаний. Наоборот, он поощрял это! Затем он задал мне ещё один трудный вопрос: «Как ты поймёшь, что ты лучший?»

На этом месте доктор Нарам прервал рассказ, посмотрел на меня и сказал: «Я делюсь с тобой своей историей не из-за эго. Пожалуйста, постарайся понять, что сейчас речь идёт не обо мне и не о том, чтобы произвести впечатление. Я хочу вдохновить тебя, чтобы ты задумался над тем, что возможно. Так как ты задаёшь искренние вопросы, пытаясь узнать больше о своей жизни, я хочу, чтобы ты добился успеха. В 1982 году мой отец выгнал меня из дома после нашей ссоры. У меня в кармане было меньше доллара. Я был зол, одинок, растерян, расстроен, нездоров и подавлен. В ту ночь я не знал, куда пойти и где мне спать. Именно благодаря моему учителю я в конце концов узнал, кто я такой и что могу сделать со своей жизнью».

Доктор Нарам рассказал, что мастер продолжал расспрашивать его.

— Как ты узнаешь, что ты лучший специалист пульсовой диагностики?

— Когда я проконсультирую сто тысяч человек, я буду знать.

— Что ещё?

— Я узнаю это, когда ко мне приедут люди из шести стран.

— Великолепно! Запиши это. Что ещё?

— Я буду лучшим, когда мать Тереза придёт ко мне и скажет: «Доктор Нарам, Вы делаете величайшую работу на этой планете».

— Очень хорошо. Что ещё?

— Я также узнаю это, когда Его Святейшество Далай-лама приедет и попросит меня «послушать» его пульс.

Доктор Нарам сделал паузу и сказал: «Все эти желания появились

> ### Заметки в моём дневнике
> **Дополнительные секреты Мармаа Шакти для получения ясности в том, чего хотите» (Продолжение из главы 7)**
>
> 7) Нажмите на точку на нижней части (нижней фаланги – *ред.*) указательного пальца правой руки 6 раз.
>
> 8) Спросите себя: «Если бы я получил или стал тем, кем хочу, как бы это выглядело?»
>
>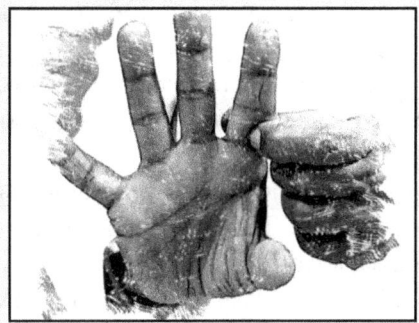
>
> 9) Запишите ответы, которые приходят к вам, и продолжайте задавать вопросы, пока не сформируется чёткая картина.
>
> *Бонусный материал: если вы хотите пройти через этот процесс вместе с доктором Нарамом, пожалуйста, посмотрите видео на сайте MyAncientSecrets.com.

в моём сердце до того, как у меня появился хоть один пациент. Мне только приснился сон. Мой учитель подбадривал меня, но, когда я рассказал об этом своим друзьям и семье, они рассмеялись. Они не могли понять, почему так много людей захотят прийти ко мне, или почему Далай-лама или мать Тереза заинтересуются пульсовой диагностикой и древним направлением целительства нашей линии мастеров.

«Когда у кого-то есть мечта, поддержите этих людей. Не саботируйте их», –сказал доктор Нарам. Я почти отказался от своей мечты прямо тогда. Но при поддержке учителя начался мой процесс становления целителем. Поначалу это шло медленно, но темп постепенно нарастал и продолжал нарастать. Я хотел, чтобы ко мне на приём приехали люди из шести стран мира, и я бы им помог.

На сегодняшний день у меня побывало людей более, чем из ста стран мира, и я всем им смог помочь. Его Святейшество Далай-лама приезжал много раз, чтобы я «послушал» его пульс. Мать Тереза тоже приехала ко мне в клинику и обняла меня.

– На что это похоже? – спросил я в удивлении.

– Это ощущение было похоже на то, как будто тысячи матерей обнимали меня. Только когда она обняла меня, то спросила: «Доктор Нарам, вы беременны?» Я был потрясён. Я не знал, что она имела в виду, пока она не сказала мне, что удивлена тем, насколько я толстый. В то время у меня был очень большой вес – 220 фунтов. Её вопрос помог увидеть, каково было моё лицемерие в попытках вернуть здоровье другим людям, не вернув его себе. Я оправдывал себя тем, что был слишком занят. Это так поразило меня, что я начал изучать рукописи, в которых были записаны древние секреты снижения веса. Я постройнел почти на 100 фунтов. *

Это была их первая встреча и первый опыт общения. Доктор Нарам рассказал, что мать Тереза начала звонить, чтобы узнать, поможет ли он людям, которые находятся на её попечении.

– Мать Тереза действительно любила людей, и поэтому она хотела видеть, как они исцеляются, – сказал мне доктор Нарам. – Она пыталась помочь этим людям, и когда лучшие современные методы им не помогали или имели отрицательные побочные эффекты, она принимала это близко к сердцу. Когда она, в очередной раз общаясь с доктором Нарамом, увидела, что людям с огромным набором проблем становится лучше в результате этого лечения, она в шутку рассердилась на него.

– Почему мы не встретились тридцать лет назад! – сказала она. – Мы могли бы помочь стольким людям.

Она признала, что у доктора Нарама есть способы, которые помогают людям избавиться от болезней безопасно, нетоксично и с долгосрочным результатом. Доктор Нарам сказал, что это был один из самых счастливых дней в его жизни, когда мать Тереза заявила: «Доктор Нарам, Ваша работа – прекраснейшая и чистейшая форма врачевания на этой планете. Я Вас очень люблю. Давайте работать вместе».

---

*Бонусный материал: чтобы узнать о древнем методе, который доктор Нарам использовал для здорового похудения, чем помог тысячам людей по всему миру, пожалуйста, посмотрите видео в свободном доступе на нашем сайте MyAncientSecrets.com

Святая мать Тереза получает медаль Свободы от президента Рональда Рейгана в 1985 году. Изображения из Викимедиа.

Доктор Нарам сказал:

— Вы можете любить людей, но если у вас нет правильных инструментов или методов, чтобы помочь им, то вы будете чувствовать разочарование и боль. Особенно, если вы пытаетесь помочь, а то, как вы «помогаете», только усугубляет их проблемы. Я так благодарен своему учителю за то, что он дал мне эти шесть древних инструментов, приносящих глубокое исцеление. И я благодарен матери Терезе, которая показала мне, что они являются истинным продолжением любви.

Доктор Нарам достал что-то из-под рубашки, чтобы показать мне. На шее близко к сердцу под белой курткой он носил очень дорогие для него предметы. Это были чётки *мала* и бусы *рудракша*, переданные доктору Нараму его мастером, жемчужные мусульманские чётки, подаренные ему набожной мусульманкой, чью жизнь он спас, священный медальон от великого мастера сикхов и подаренная Святой матерью Терезой подвеска с христианским крестом, которую благословил Папа Римский Иоанн Павел II.

— Вот оно. Я хотел, чтобы вы увидели её драгоценный подарок. Я всегда буду дорожить временем общения с матерью Терезой. Он пальцами сжал кулон, как будто хотел обнять его, и сказал: «Но давай вернёмся к сути. Это касается тебя. Если ты искренне веришь и действительно осознал, чего ты хочешь в жизни, то это произойдёт.

Как только ты обнаружишь свою мечту или горячее желание, я дам тебе то, что я получил от своего учителя: инструменты, позволяющие перенести эту мечту из твоего сверхсознания в подсознание, а затем и в сознание с тем, чтобы воплотить мечту в жизнь».

Я написал это в своих заметках не только потому, что хотел запомнить, но ещё и потому, что не мог выдержать его проницательного и наполненного заботой взгляда, когда он всё это мне говорил. Тогда я не был уверен в себе и постоянно пребывал в сомнениях. Я хотел верить, что смогу достичь ясности, но в то же время не хотел разочаровываться, если ничего не получится.

Доктор Нарам настойчиво повторил:

— Главное — знать, чего ты хочешь достичь, чего ты на самом деле хочешь, а затем наслаждаться тем, чего ты достиг.

— Как же мне это сделать? — спросил я.

Никогда не гоняйся за деньгами; достигай совершенства

Доктор Нарам сказал: «Я хочу, чтобы ты принял участие в *ягне*».

Ягна — это церемония или процесс, совершаемый с определённой целью. Он сказал, что суть данной церемонии состоит в том, чтобы раскрыть своё предназначение, задавая себе вопросы: «Кто я? Куда я иду? И как мне идти дальше быстрее и увереннее, чтобы реализовать свой жизненный потенциал?» Не было загадкой, почему доктор Нарам предложил мне принять участие в этом.

«В качестве первого шага я попрошу доктора Джованни показать тебе, какие продукты следует есть, чтобы питать тело и разум и быть здоровым, бодрым, сосредоточенным и полным энергии для осуществлении своей мечты».

В этот момент Симоне нашёл место для парковки. Прежде чем мы вышли из машины, чтобы войти в собор Дуомо, доктор Нарам повернулся ко мне и заговорил с такой силой, что я этого никогда не забуду:

> «Найди для себя ответы на вопросы: Кто я? Куда я иду? И как мне идти дальше, быстрее и увереннее, чтобы реализовать свой жизненный потенциал?»
>
> Доктор Нарам

> «Никогда не гоняйтесь за деньгами. Преследуйте идеи, великие идеи; Преследуйте и достигайте великие мечты».
>
> Баба Рамдас (Мастер доктора Нарама)

— Клинт, я хочу сказать то, что однажды сказал мне мастер! «Никогда не гоняйся за деньгами. Я хочу, чтобы ты охотился за идеями, великими идеями, и я хочу, чтобы ты преследовал и воплощал великие мечты. Не гоняйся за успехом; вместо этого преследуй и достигай совершенства».

Он сказал мне, что если я смогу открыть желание своего сердца и следовать ему, то страсть придёт. Доктор Нарам продолжил:

— Когда ты полон страсти и стремишься к совершенству, успех придёт естественным образом, и денег будет достаточно, и к тому же в жизни произойдут важные события.

Я спросил:

— Какие именно?

— Ты будешь счастлив, доволен и в конце концов обретёшь удовлетворение.

Я быстро написал это в своих записках, прежде чем мы выскочили из машины. Когда мы проходили через красивый вход в собор, доктор Нарам сказал:

— Только когда ты к этому придёшь, люди услышат тебя, когда ты будешь говорить. Они заметят тебя, и ты сможешь оказать положительное влияние на них.

> «Когда вы будете знать, чего вы хотите, достигнете этого и станете наслаждаться достигнутым, вы станете ядром с волновым эффектом, положительно влияющим на мир».
>
> Доктор Нарам

— Хотите верьте, хотите нет, но каждый день все мы влияем друг на друга как положительно, так и отрицательно. Когда ты будешь знать, чего хочешь, достигнешь этого и будешь этим наслаждаться, ты станешь ядром с волновым эффектом и начнёшь положительно влиять на мир. И ты сможешь сделать этот мир более здоровым и счастливым местом для жизни.

Доктор Нарам остановился, посмотрел прямо на меня и сказал:

— Клинт, знаешь, чем ты меня заинтересовал?

Я покачал головой и переступил с ноги на ногу. Хотя мне снова было неудобно находиться в центре внимания, но было любопытно узнать, почему он проводит со мной так много времени.

— Это потому, что ты пришёл из «сева» (служения). Все твои действия демонстрируют, что твоё сердце отдано служению твоему отцу, да и всем, кого ты встречаешь на своём пути. Только мне кажется, что ты немного запутался, в чём именно твоё величайшее служение. Я уверен в том, что ты сыграешь свою роль в том, чтобы сделать мир лучше. А иначе зачем ты здесь? Я хочу, чтобы ты понял своё предназначение, каким бы оно ни было. Я хочу, чтобы ты знал это.

Моё сердце билось всё быстрее с каждой фразой доктора Нарама.

— Прежде, чем я нашёл свою цель, — продолжал он, — мой учитель велел мне провести десять дней в тишине и молчании. Это одна из самых глубоких и мощных практик, которую вы можете сделать в жизни.

Он сказал, что очень немногие люди проводят так много времени в молчании. Доктор Нарам регулярно применял эту практику и считал её одной из самых важных, влияющих на его внутренний рост.

Когда мы вновь пошли пешком, он спросил меня:

— Почему люди пьют? Почему люди курят? Или пристрастны к еде или к чему-то ещё? Они хотят убежать от себя; они не хотят быть наедине со своим внутренним «я». Они не желают терпеть дискомфорт даже для того, чтобы открыть свою глубинную суть.

Мне стало ясно, что я застрял в привычке убегать от себя. Нет, не с помощью наркотиков или алкоголя, а отдаваясь работе, путешествиям и развлечениям. Даже моя служебная деятельность была желанным отвлечением от дискомфорта оставаться наедине с самим собой. Я понял, что не знаю, кто я такой, а также не знаю, как побыть наедине с собой достаточно долго, чтобы это выяснить. У меня было смутное представление о себе, и оно основывалось на том, как другие воспринимают меня. Чтобы заглушить чувство дискомфорта, я больше работал или больше играл, или отвлекался на новые отношения или на последнюю модель электронной

> «Оставаться в тишине и молчании на определённое время — это одна из самых глубоких и мощных вещей, которую вы можете сделать в жизни».
>
> Доктор Нарам

Доктор Нарам с доктором Джованни смотрят на Кафедральный собор Дуомо.

игрушки. Острота этих ощущений быстро проходила, и пустота снова подкрадывалась ко мне, словно подсказывая, что есть нечто большее, и я должно быть что-то упускаю.

Когда мы стояли снаружи, глядя на Кафедральный собор, доктор Нарам подытожил:

— Есть много таких секретов, как этот. Всякий раз, когда ты будешь возвращаться в Индию, ты должен на некоторое время погружаться в тишину и молчание. Я могу задать тебе несколько вопросов, которые ты сам себе задашь, но сначала тебе нужно погрузиться в чистое молчание.

Я знал, что это важно, но чувствовал разочарование из-за того, что не понимал, как сделать больше, чем просто слушать. Теория — это одно, а моя сегодняшняя реальность — совсем другое. Как же всё, что я услышал от доктора Нарама и записал в блокноте, превратить в реальность? Как всё это применять в повседневной жизни?

Ваши заметки в дневнике

Чтобы углубить и увеличить пользу от прочтения этой книги, уделите несколько минут тому, чтобы ответить на следующие вопросы.

Закройте глаза и нажмите на точку мармаа, находящуюся на верхней части указательного пальца правой руки, и задайте себе по порядку в указанной последовательности по одному вопросу. После каждого вопроса запишите первые мысли / идеи, которые придут Вам в голову.

Если бы Вам осталось жить всего шесть месяцев, что бы Вы больше всего хотели сделать или кем бы Вам хотелось быть?

_____
_____
_____
_____

Если бы Вы знали, что не можете потерпеть неудачу, чем бы Вы больше всего хотели заниматься или кем бы Вы хотели быть?

_____
_____
_____
_____

Если бы у Вас было десять миллионов долларов в банке и Вам больше никогда не нужно было бы работать, что Вы больше всего хотели бы сделать или кем бы Вы хотели быть?

_____
_____
_____
_____

Какие ещё идеи, вопросы или озарения пришли к Вам в процессе чтения этой главы?

_____

_____

_____

_____

ГЛАВА 15

Слоны, Питоны и Бесценные Моменты

Дело не в том, как много вы делаете, а в том, сколько любви вы вкладываете в то, что делаете.

- Святая Мать Тереза Калькуттская

Мумбай, Индия

После пребывания в Италии я направился в Индию, чтобы побыть рядом с отцом.

То, что я увидел в клинике, привело меня в полный восторг: отец прогуливался. Более того, он буквально светился – я давно не видел его таким. Другие пациенты рассказали мне о трансформации, которую они наблюдали с тех пор, как он появился в клинике. Папа улыбнулся и сказал, что, хотя его тело ещё не совсем окрепло, некоторые проблемы стали исчезать. Теперь он с нетерпением ждал возвращения домой, чтобы пройти повторное обследование.

В этот приезд в Индию доктор Нарам пригласил нас с отцом к себе домой. Нас встретила его жена Смита, которая управляла всеми клиниками в Индии, включая отделение панчакармы, где моему отцу оказывали помощь. Смита тепло приветствовала нас. Войдя в дом, мы увидели десятилетнего сына доктора Нарама, Крушну, который держал на руках огромного питона.

Несмотря на то, что мои встречи с Крушной были очень краткими, я понял, что он особенный: он не сидел в стороне, уткнувшись в свои гаджеты, как многие дети его возраста, а общался с нами. Несмотря на то, что Крушна – сын известного человека, он скромный и любящий мальчик. Я заметил, что многие люди, находясь рядом с ним, чувствуют себя хорошо.

«Хотите подержать?» – спросил он нас. Хотя поначалу было страшновато, но в то же время я пережил захватывающее ощущение текстуры, веса и силы змеи; когда её тело переползало по моим рукам к шее, я пытался сохранять спокойствие. Когда я сказал, что наигрался с питоном, Крушна помог мне освободить от него мои обвитые конечности.

После того, как мы съели восхитительный суп из маша и овощей, нам сказали, что перед входом в дом стоит слон. Мы кормили его тыквами с огорода. Он хоботом брал еду из рук, меня охватывал восторг от огромных размеров этого удивительного животного. Доктор Нарам что-то сказал слону, и тот хоботом взял цветочную гирлянду из рук доктора Нарама и повесил её на шею моему отцу. Улыбка на лице моего папы была бесценной.

Когда слон ушёл, я спросил доктора Нарама о курсе лечения моего отца и о некоторых вещах, которые всё ещё беспокоили меня. Возможно, это выглядело как чрезмерная опека, но всё-таки меня не переставали тревожить вопросы безопасности и эффективности того, что принимал мой отец. В ответ на моё нетерпение по поводу некоторых проблем, которые всё ещё оставались у моего

Папа и я со слонихой Лакшми в Индии.

отца, доктор Нарам ответил: «Это не программа быстрого устранения проблем. Иногда выздоровление может быть мгновенным, но чаще всего древнее исцеление действует с течением времени, исцеляя человека всё глубже и глубже. Это как беременность: нельзя сказать врачу — я хочу родить ребёнка через два месяца, тогда как на это требуется девять месяцев. Для некоторых вещей просто необходимо дополнительное время, усилия и энергия, независимо от того, нравится нам это или нет. Мой учитель обучил меня одной очень важной вещи: «Требуется время, чтобы исцелить себя и других».

> «Это не программа быстрого устранения проблем. Древнее исцеление действует с течением времени, исцеляя человека всё глубже и глубже. Мой учитель обучил меня одной очень важной вещи: «Требуется время, чтобы исцелить себя и других».
>
> Доктор Нарам

Хотя я всё понимал, мне не терпелось увидеть отца полностью выздоровевшим. Я беспокоился о том, что он идёт по такому незнакомому пути, и расспросил доктора Нарама о безопасности травяных добавок, которые мой отец должен был продолжать принимать и после отъезда из Индии. Доктор Нарам сказал: «Вместо того, чтобы отвечать на твои важные вопросы, я приглашаю тебя отправиться на фабрику, где они производятся, и увидеть всё своими глазами».

Фальшивый учёный?

Проводив отца, оставшиеся пару дней в Индии я провёл путешествуя по фабрикам и лабораториям, где производились и тестировались травяные средства доктора Нарама. Причём старался сделать так, чтобы каждый раз моё появление было неожиданным.

Я сразу же был поражен тем, насколько всё было чисто и опрятно. Чтобы отправиться на экскурсию, мне пришлось надеть бахилы, шапочку для волос и продезинфицировать руки. Всё было современным; одно только оборудование для стандартизации и тестирования, должно быть, стоило сотни тысяч долларов. Создание всего предприятия определённо обошлось в миллионы долларов и полностью соответствовало тому, что промышленность называет CGMP (текущая надлежащая производственная практика). В середине моей экскурсии один из администраторов связал меня по телефону с доктором Нарамом. Искренне оценив увиденное, я сказал, что всё соответствует мировому классу. Доктор Нарам быстро сказал: «О нет, это никуда не годится. Мой учитель сказал мне, что нам нужно создать величайшее в мире производство. «Мирового класса» недостаточно. Если ты увидишь что-нибудь, что мы можем улучшить, пожалуйста, дай мне знать».

Он продолжил: «Можешь себе представить, когда я только начинал, я готовил травяные средства на собственной кухне! Мы проделали большую работу, и всё же сегодня, как и тогда, я гарантирую, что каждое травяное средство мы производим с такой же любовью, как мать, кормящая своего ребёнка».

> *«Мой учитель сказал, что «мирового класса» недостаточно. Нам нужно создать величайшее в мире производство».*
> Доктор Нарам

После экскурсии я поговорил с двумя учёными, которые уже десятки лет работали с доктором Нарамом — доктором Пуджари и Гаем Кавари. Доктор Пуджари с гордостью показал мне лабораторный исследовательский центр. Он сказал: «Мы гарантируем, что каждая таблетка или лосьон безопасны и не содержат бактерий или примесей тяжёлых металлов». Он описал, как досконально и старательно они должны были следить за тем, чтобы каждая бутылочка с травяными средствами была стандартизирована с точки зрения качества и была чистой. Древние мастера подчёркивали важность соответствия природе и вместо извлечения активных ингредиентов использовали целое растение. Он отметил, что иногда люди обеспокоены тем, что две бутылочки одного и того же травяного средства могут быть разных цветов. Он объяснил: поскольку на предприятии не используются искусственные химические вещества или красители, естественное изменение цветов в одних и тех же растениях может привести к тому, что различные партии одного и того же средства будут иметь немного разные оттенки. Точно так же, как две партии брокколи на продуктовом рынке могут быть разных оттенков зелёного цвета, хотя обе они – свежие брокколи. «Это изменение цвета, – сказал он мне, – является одним из признаков того, что всё совершенно натуральное».

Доктор Пуджари признался, что, будучи специалистом в области фармацевтических исследований, он вообще не верил в древнюю науку исцеления. Затем он провёл своё собственное тестирование, и результаты доказали эффективность этих трав и методов.

В свою очередь Гай Кавари объяснил, что вскоре после того, как он начал работать с доктором Нарамом, стало очевидно, что нигде в Индии, в Аюрведе или где-либо на Западе не существует кодекса или базы данных по травам и процедурам, которые хотел использовать доктор Нарам. Тогда они построили новую лабораторию, где кропотливо тестировались сотни трав, документировались их свойства и создавалась собственная библиотека трав.

Когда я спросил Гая, как бы он охарактеризовал доктора Нарама как личность, он сразу без колебаний сказал: «Два слова: гуманист и гений». Меня удивило, что он сказал это так быстро и уверенно.

«Почему?» – спросил я.

Он сказал, что большинство людей в этой отрасли просто хотели сократить расходы и поэтому использовали самое дешёвое сырьё и самые быстрые методы обработки. А доктор Нарам, напротив, хотел производить препараты самого высокого качества, независимо от цены или затрат времени на их производство.

«Так вот почему его травяные средства стоят дороже, чем большинство других травяных лекарств!» – воскликнул я.

Гай сказал, что он знает себестоимость травяных добавок и цену, по которой доктор Нарам их продаёт. «Практически без прибыли. За этот энтузиазм, пыл, за эту страстность я и называю его гуманистом».

«А почему он гений?» – спросил я.

«Много лет назад, ещё задолго до того, как правительства Индии или Америки не были обеспокоены содержанием тяжёлых металлов в продуктах, доктор Нарам настаивал на том, чтобы все травяные средства, создаваемые по его формулам, не содержали тяжёлых металлов. Вот почему с самого начала они использовали лучшее сырьё и применяли инновационные методы для гарантии чистоты конечного продукта от тяжёлых металлов, независимо от затрат средств и усилий», – ответил он.

Позже я рассказал доктору Нараму о своём визите на фабрику. Он сказал мне, как благодарен этим людям, с которыми я встретился. Они следили за тем, чтобы при производстве соблюдались древние процессы изготовления травяных средств. Они также гарантировали то, что каждый продукт прошёл самые высокие стандарты современного нутрицевтического тестирования.

Доктор Нарам поделился со мной проблемами, разногласиями и трудностями, с которыми он часто сталкивался во время работы с каждым новым учёным. Процессы, которые поощрял его мастер, и древние тексты значительно отличались от того, чему учили в современных университетах. Учёные не понимали, почему доктор Нарам настаивал на том, чтобы определённые мантры произносились до и во время производства травяных средств, или почему компоненты должны соединяться только так, как он говорил, и только в определённое время. Особенно сильное сопротивление возникало, когда процесс производства занимал больше времени и оказывался дороже, в то время как, по мнению этих учёных, можно было сделать проще и дешевле.

В случае с Гаем Кавари конфликт возник, когда доктор Нарам сказал, что одну траву, останавливающую сильное кровотечение во время менструации у женщин, нужно собирать только в полночь полнолуния. Гай решил, что это чепуха, и сказал об этом доктору Нараму. А также добавил, что он, как учёный, не верит в сказки. И отказался собирать траву в положенное время.

Доктор Нарам в сельской местности, где собирают травы; в руках он держит растение, сок которого помогает ослабить боль и повысить иммунитет.

«На самом деле Вы вовсе не учёный, – ответил доктор Нарам. – Вы лжеучёный».

Гай был застигнут врасплох и начал защищаться: «Я учёный. Вот почему я не верю в эту чушь».

«Вы не настоящий учёный. Вы считаете правдой то, о чём Вы понятия не имеете. Если бы Вы были настоящим учёным, то, получив гипотезу, Вы бы проверили, верна ли она».

Гай чувствовал себя так, словно его вызвали на дуэль, от которой он не мог отказаться. Поэтому он провёл обширное исследование, чтобы доказать доктору Нараму, что тот ошибается. Он собирал эту траву в разное время дня и ночи, в том числе в полночь полнолуния. Затем он проверил эффективность активного ингредиента с помощью их оборудования. Он брал различные образцы, готовил травяные средства по формуле и давал женщинам, у которых были проблемы с кровотечением.

Результаты шокировали Гая. Сила травы, собранной в полночь при полной луне, была почти в двадцать раз выше, чем у той же травы, собранной днём. Когда из неё готовили травяное средство и давали женщинам, которые в них нуждались, результаты были явно лучше. С этого момента Гай согласился следовать правилам сбора трав и приготовления травяных средств в точности, как это было изложено в древних целительских манускриптах.

В лаборатории он обнаружил и другие захватывающие результаты, которые противоречили тому, чему его учили. К его удивлению, если следовать указаниям в древних текстах, уровень прогорклости препаратов снижался, а срок годности увеличивался.

Мои вопросы о безопасности травяных средств получили исчерпывающие ответы. Кроме того, я был вдохновлён, тем, с какой страстью и насколько безупречно работают люди.

Тревожное письмо от моего папы

Из Индии через Таиланд я летел в Китай, чтобы выступить с докладом на научной конференции. Меня окружали профессора и студенты, которые рассказывали о различных достижениях в области технологий и о том, как они повлияют на образование. После того, как я провёл время с доктором Нарамом, возвращение к моей «нормальной» жизни было, мягко говоря, дезориентирующим.

Моё восприятие себя и мира менялось. Когда я пытался поделиться с другими людьми тем, чему лично стал свидетелем, они сразу смотрели на меня с недоверием, и разговор быстро подходил к концу. Я решил, что это не моя роль – кого-то убеждать. Мой папа чувствовал себя лучше, и это было для меня самым главным.

Когда я приехал в Китай, я написал маме и папе письма по электронной почте, чтобы сообщить им, что долетел нормально, и узнать, как у них дела. В течение дня я получил тревожные новости от моего папы.

10 сентября 2010 г

Привет, Сын! Ты постоянно удивляешь меня. Ты говоришь, что переночевал в Бангкоке, затем – перелёт в Китай перед поездкой в следующую страну, и это всё так, как если бы ты провёл ночь в Прово и был на пути к нашему дому в Солт-Лейк-Сити. Я всё ещё пытаюсь прийти в себя после моей поездки в Индию. Вернувшись домой, я испытал энергетический спад. Я не в состоянии почти ничего делать. Спасибо, что прислал нам своё расписание. Когда ты свяжешься с доктором Нарамом в следующий раз? Если в ближайшее время, то у меня есть пара вопросов, может быть, ты попытаешься получить на них ответы, так как я не понимаю, что происходит в моём теле. Пожалуйста, знай, что я молюсь о том, чтобы ваша поездка была безопасной и плодотворной для всех участников мероприятия.

Очень люблю тебя,
Папа.

Я быстро ответил ему, написав контакты колл-центра доктора Нарама. Я вдруг почувствовал, как тревожная тихая печаль возвращается, чтобы снова окутать меня. После стольких усилий и затрат времени, энергии и средств! Неужели древние методы исцеления и доктор Нарам подвели моего отца?

Ваши заметки в дневнике

Чтобы углубить и увеличить пользу от прочтения этой книги, уделите несколько минут тому, чтобы ответить на следующие вопросы:

Назовите одну или две вещи, которые могли всё изменить, если бы Вы делали их безукоризненно в своей жизни.

_____

_____

_____

_____

Что хорошего пришло в Вашу жизнь в результате терпения и дисциплины?

_____

_____

_____

_____

Какие ещё идеи, вопросы или осознания пришли к Вам в процессе чтения этой главы?

_____

_____

_____

_____

ГЛАВА 16

Неожиданная новая проблема

Не говори: «Уже утро», отбрасывая его, как вчерашний день. Впервые увидь его, как новорожденного ребёнка, у которого нет имени.

Рабиндранат Тагор

После Китая я вернулся в Финляндию на работу в Университете Йоенсуу (который позже стал Университетом Восточной Финляндии). Я жил в маленьком городке, покрытым снегом, недалеко от российской границы. Несмотря на то, что я очень люблю Финляндию, её жителей и свою работу там, после тревожного письма от папы я почувствовал острую необходимость увидеть его. Это чувство ещё более усилилось после его звонка. Он спросил, когда я опять приеду домой, чтобы мы могли поговорить о его здоровье. Отец упомянул о «новой проблеме», я разволновался и при первой же возможности вылетел домой.

Стоя у дверей родительского дома, я пытался предугадать, что именно хотел обсудить со мной отец. Прошло более шести месяцев с тех пор, как я впервые познакомил его с доктором Нарамом в Лос-Анджелесе. Стало ли ему хоть немного лучше? Замечу ли в нём перемены, или я зря устроил ему путешествие через полмира? Неужели он всё ещё страдает? Стало ли ему хуже? Всего за полгода до этого он сказал мне, что, возможно, не доживёт до следующего утра. Воспоминания об этом всё ещё жили в моём сердце.

Отец встретил меня в дверях. В его взгляде я ничего особенного не заметил. Мы вошли в его кабинет и сели на те же стулья, на которых сидели тогда, в прошлый мой приезд. Только на этот раз вместо того, чтобы смотреть в пол, папа смотрел мне прямо в лицо. Усевшись поудобнее, он глубоко вздохнул и сказал: «Сынок, есть новая проблема».

Моя душа ушла в пятки. Собравшись с духом, я спросил: «Что ты имеешь в виду?»

Из-под стола он достал обувную коробку и открыл её. Она была заполнена пузырьками с таблетками. «Моя проблема в том, что я не знаю, что делать со всеми этими таблетками. Они мне больше не нужны!» Его лицо просияло улыбкой. Из двенадцати лекарств, которые отец принимал до поездки в Индию, теперь ему был нужен только один препарат. Всё это время я почти не дышал, и тут у меня вырвался вздох облегчения! Его улыбка была настолько заразительной, что я рассмеялся.

Оказалось, что энергетический спад, который папа пережил после Индии, был кратковременным. Просто он начал есть всю старую пищу, которую ему не полагалось есть, и он страдал от последствий этого. Но как только он принял домашние средства и снова скорректировал своё питание, он сразу же почувствовал себя лучше.

Я не мог в это поверить. Всего полгода назад он испытывал мучительную боль и не знал, сколько ещё проживёт. Он был настолько слаб, что даже такие простые действия, как встать со стула или походить по коридору, были для него огромным испытанием. На него наваливалась такая сильная усталость, что это пугало меня. Он быстро всё забывал, терял смысл фразы и его мозг был на грани болезни Альцгеймера. У меня душа разрывалась от боли, когда отец впадал в тяжёлую депрессию.

Теперь всего через несколько месяцев после встречи с доктором Нарамом, дисциплинированного следования его советам мой папа изменился. У него больше не было проблем с повышенным холестерином, его артериальное давление пришло в норму, и он больше не боролся с высоким сахаром в крови. Во время лечебного процесса он периодически встречался со своими лечащими врачами, которые наблюдали за его прогрессом и были настолько удивлены, что вскоре предложили отменить некоторые лекарства. На момент моего приезда отец практически не нуждался в лекарствах!

Вся боль в ногах и груди прошла, и теперь не нужно было принимать обезболивающие средства. И это, возможно, было самым важным для папы.

«Собственно, у меня во всём теле больше нет боли!» – сказал он.

Он рассказал, что теперь у него раз в двадцать больше энергии, физических сил и умственной работоспособности. Он снова может заниматься любимым делом и ощущать, что меняет жизнь к лучшему. Наблюдая за тем, как мой папа чувствует себя полезным и продуктивным, внося свой вклад в общее благо, ведь это было его миссией, я, как никогда, испытывал огромное удовлетворение.

Мой разум продолжал подкидывать вопросы и сомнения: я лихорадочно думал, могло ли это произойти на самом деле?

Какой сокровенный момент! Какой прекрасный подарок!

Даже сейчас, когда я вспоминаю и пишу обо этом, у меня по щекам текут слёзы благодарности.

Самый значимый момент был тогда, когда отец посмотрел мне прямо в глаза и сказал: «Теперь у меня есть ещё одна важная просьба к тебе, Сынок».

Папа и мама вновь смеются

На папином столе, занимая своё законное место вместо того, чтобы быть запрятанной обратно в ящик, возвышалась стопка папок и документов со всеми материалами, которые папа собрал за свою жизнь. Помните, я говорил о книге, обобщающую весь опыт работы его жизни, которую он хотел написать. Предполагалось, что эта книга будет помогать детям распознавать хорошие идеи и принимать правильные решения. Когда папа заболел и его охватила депрессия, он потерял видение и надежду на осуществление задуманного.

Положив руку на стопку бумаг, он сказал: «Я хочу закончить написание книги «Недостающее звено в образовании», и мне нужна твоя помощь. Сынок, ты будешь моим соавтором?»

Для меня это было большой честью, и, хотя я продолжал улыбаться, слёзы текли по моему лицу.

– Конечно, – сказал я.

Как эта просьба отличалась от той, которую он высказал полгода назад! Я надеялся, что написание этой книги станет исцелением для моего отца, доставит ему радость и станет частью его наследия. Меньше всего я думал о том, что это также исцелит и меня. Но эту историю отложим на потом.

После замечательного выздоровления моего папы я начал описывать то, что доктор Нарам делал для людей. Это было аналогично замене масла в автомобиле. Когда вы меняете фильтры в машине, видите, сколько там накопилось загрязнений. Мы не замечаем их в нашем теле, но там они тоже есть. Если мы не очистимся от них и не позаботимся должным образом о своём теле, это проявится как «неисправность». Когда «фильтры» в теле моего отца были очищены, его проблемы со здоровьем ушли.

Чувствуя благодарность к доктору Нараму и всей древней системе исцеления, видя собственными глазами удивительное преобразование, которое пережил мой отец, я позвонил доктору Нараму, чтобы поблагодарить его, но никто не ответил. Я не знал о том, что в то время, когда здоровье моего отца неуклонно улучшалось, отец доктора Нарама впал в кому, и через некоторое время врачи констатировали его смерть.

Ваши заметки в дневнике

Чтобы углубить и увеличить пользу от прочтения этой книги, уделите несколько минут тому, чтобы ответить на следующие вопросы:

Знаете ли Вы самую большую мечту того, кого Вы очень любите?

_____

_____

_____

_____

Как Вы можете поддержать их в осуществлении этой мечты? Или как Вы можете помочь им ясно осознать свою мечту, если они ещё не уверены, чего хотят?

_____

_____

_____

_____

Какие ещё идеи, вопросы или озарения пришли к Вам в процессе чтения этой главы?

_____

_____

_____

_____

ГЛАВА 17

Прощание

Что является самым примечательным в этом мире? Это то, что все мы смертны, но никто не думает, что однажды это случится и с ним.

Перефразировано из 5 000-летнего текста Бхагавад-Гита

Доктор Нарам знал, что его отец был нездоров. Он часто навещал его в последние годы и всегда помогал ему. На этот раз прогноз был неутешительным. Доктор Нарам попросил доктора Джованни, Лучано и Виная поехать с ним в отцовский дом, так как не знал, с чем ему придётся столкнуться.

Когда они прибыли, у самого входа их встретили со слезами на глазах брат доктора Нарама Видьютт, мама, остальные члены семьи и врач, который только что заполнил бланк свидетельства о смерти. Было слишком поздно.

«Я хочу его увидеть», – сказал доктор своему брату.

Доктор Нарам подошёл к кровати, где лежало тело его отца. Он протянул руку, чтобы взять папу за запястье и был поражён, кое-что заметив. Пальцами он почувствовал очень слабый пульс. Доктор Нарам немедленно попросил доктора Джованни достать аппарат и проверить частоту пульса и артериальное давление. Прибор показал, что пульса нет. Доктор Нарам попросил проверить ещё раз, результат был тот же – ни пульса, ни давления.

Доктор Нарам попросил доктора Джованни быстро принести имбирь и порошок ажгона (индийского тмина) из кухни. Все в доме спрашивали доктора Джованни, зачем они ему понадобились. Лицо лечащего врача выражало полное недоумение, и семья объяснила ему, что доктор Нарам является пульсовым диагностом и целителем. Врач покачал головой и вернулся к своим документам.

Доктор Нарам велел доктору Джованни втереть сухую смесь порошка ажгона и имбиря в ноги его отца. Одновременно доктор Нарам нанёс топленое масло гхи и нажал на определённые точки мармаа на руках, ногах, животе и голове отца. Через несколько минут он наклонился к уху отца и сказал: «Папа, если ты в сознании, если ты слышишь меня и хочешь жить, тогда подними руку, ногу или хотя бы палец. Если нет, они сейчас заберут тебя, чтобы сжечь твоё тело». Его папа поднял руку!

Доктор Нарам не смог сдержать своего волнения, говоря брату, что их папа всё ещё жив. Лечащий врач был настроен скептически и обвинил доктора Нарама в том, что он сам двигал рукой своего отца. Все вошли в комнату, наблюдая, как доктор Нарам повторил процедуру. На этот раз отец поднял ногу, и лечащий врач в шоке отскочил назад.

Слушая эту часть повествования, я смеялся, представляя себе эту сцену. Доктор думал, что это может быть трупное окоченение, пока доктор Нарам не продолжил процесс. Отец доктора Нарама любил гуру Саи Бабу. Зная это, доктор Нарам попросил доктора Джованни помочь нажимать точки мармаа и при этом произнести взаимное приветствие последователей Саи Бабы: «Саи Рам». Слабый, но чёткий ответ послышался в ответ: «Саи Рам».

Все были ошеломлены. Широкая изумлённая улыбка осветила лицо доктора Джованни, и он повторил: «Саи Рам».

Ещё более ясно прозвучал ответ отца доктора Нарама: «Саи Рам». Услышав это, все в комнате засмеялись от радости, некоторые – сквозь слёзы.

Только врач не улыбался, держа подписанное свидетельство о смерти, ещё влажное от чернил. Это было за пределами его понимания. Он объявил этого человека мёртвым, а теперь «мертвец» разговаривает?! Вместо того, чтобы навсегда попрощаться с отцом в ту ночь, семья простилась с врачом. Когда он выходил за дверь, он уже был лишён дара речи.

«Важно завершить определённые дела в жизни, чтобы душа могла упокоиться с миром».

Доктор Нарам

Окончательно пробудившись и придя в сознание, отец доктора Нарама в течение всей следующей недели быстро поправлялся. Он очень скоро смог вновь сидеть, ходить, разговаривать и общаться со своей семьёй. Лечащий врач, подписавший свидетельство о смерти, несколько дней подряд звонил брату доктора Нарама, чтобы узнать последние новости об этом «странном случае». И каждый раз он с удивлением слышал, что пациент не только жив, но и стремительно восстанавливается.

Отец доктора Нарама, доктор Кхимджибай У. Нарам

Отец доктора Нарама вскоре почувствовал себя настолько хорошо, что смог завершить некоторые незаконченные дела, подписать важные документы и провести жизненно важные беседы с женой, детьми и внуками.

«Важно завершить определённые дела в жизни, чтобы душа могла упокоиться с миром», – заключил доктор Нарам.

Когда я выразил своё восхищение тем, как это было замечательно, доктор Нарам привёл слова своего мастера: «Никогда не теряйте надежду!»

Заметки моего дневника

Дополнительные древние секреты исцеления для оказания помощи человеку в состоянии комы (*продолжение – начало см. в главе 4*)*

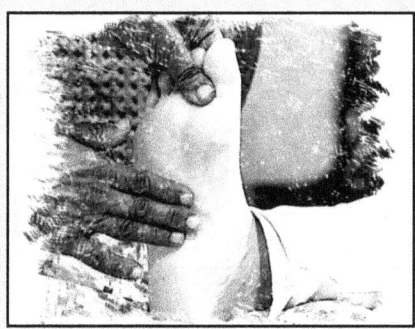

4) Домашнее средство – смешайте сухой порошок имбиря и порошок ажгон (индийского тмина), вотрите эту смесь в ступни человека, находящегося в коме

5) Мармаа Шакти – нажимая на точки, описанные в главе 1, произносите имя человека в наиболее привычной для его слуха форме.

*Бонусный материал: вы можете послушать, как доктор Джованни и доктор Нарам рассказывают об этом случае, что поможет вам глубже понять этот метод. Вы найдёте этот материал в свободном доступе на нашем сайте MyAncientSecrets.com.

Ваши заметки в дневнике

Чтобы углубить и увеличить пользу от прочтения этой книги, уделите несколько минут тому, чтобы ответить на следующие вопросы:

Какие дела в Вашей жизни Вы хотели бы завершить, прежде чем отойдёте в мир иной (например, побороть какой-то страх, простить кого-то, достичь чего-то, попросить прощения у кого-то, преодолеть некоторые проблемы и т.д.)?

_____
_____
_____
_____

Какие ещё идеи, вопросы или озарения пришли к Вам в процессе чтения этой главы?

_____
_____
_____
_____

ГЛАВА 18

Древняя мудрость, современный мир

Все путешествия имеют тайные цели, о которых путешественник даже не имеет представления.

Мартин Бубер

Вскоре после этих, казалось бы, чудесных событий доктор Нарам пригласил меня на церемонию награждения в Нью-Джерси, где его чествовали за помощь пожарным и работникам скорой помощи во время трагических событий 11 сентября 2001 г. Находясь среди тысяч разговаривающих людей, ожидающих начала церемонии, я в глубине души знал, что мне нужно задать доктору Нараму вопрос, который уже давно не давал мне покоя.

Я улыбнулся, когда заметил Маршалла и Хосе, двух основателей организации «Служение тем, кто служит», с которыми познакомился ранее в Нью-Йорке. Теперь они помогали людям, пережившим другие катастрофы, и надеялись, что доктор Нарам продолжит их поддерживать.

Доктор Нарам улыбнулся, увидев меня, и произнёс: «Я так рад, что ты смог приехать, Клинт».

Во всех путешествиях есть секретные пункты назначения, о которых путешественник не знает.

Для меня было большой честью быть там.

— Вы рады? — спросил я. — Я слышал, губернатор Нью-Джерси здесь для того, чтобы вручить Вам награду.

— Это больше похоже на смирение, — ответил он.

— Почему?

— Я знаю силу этой линии, её секреты, записанные в древних текстах, и учение моего мастера. Я просто переводчик этой древней мудрости для современного мира. И если мы заговорили о моём учителе, знаете ли вы историю о том, как я узнал, что может помочь этим пожарным, спасающим людей 11 сентября?

— Как?

— Беспризорники в Мумбае! — сказал он.

— Беспризорники?

— Да, после тысячи дней обучения мой учитель дал мне задание или *сева* (произносится *сей-вах*, то есть служение). Он сказал мне, что первые мои пациенты, которых я должен лечить, находятся в Дхарави, во второй по величине трущобе мира.

Доктор Нарам описал, как он встретил живущих там беспризорных детей в изодранной одежде и с грязными лицами. Он «послушал» пульс каждого из них и дал лекарства из трав, которые, как он думал, помогут им. Но когда он вернулся, то обнаружил, что ничего не сработало, и дети по-прежнему страдали лёгочными заболеваниями, у них были проблемы со сном, их мучили депрессия, тревоги, кашель, а пульс каждого из них по-прежнему показывал накопление токсинов в организме. Сбитый с толку, доктор Нарам проконсультировался со своим учителем, и тот ему сказал, что нужно углубиться в ситуацию и больше узнать об этих детях.

Он вернулся и расспросил у детей, где они живут и работают. Оказалось, что они работают на химическом заводе. Хозяин предприятия не хотел платить за машины для перемешивания химикатов в чанах, поэтому нанял беспризорных детей, чтобы они плавали в них кругами. Доктор Нарам был потрясён и сообщил об этом властям, а затем вернулся к своему мастеру, чтобы узнать, чем ещё можно помочь этим детям.

Вместе они изучили рукописи, чтобы узнать, использовалось ли что-нибудь в древние времена для удаления таких сложных токсинов, как тяжёлые металлы. Они разволновались, когда обнаружили возможное решение! В древности во время войн солдаты окунали наконечники своих стрел и копий в химические яды. Целителям линии Сиддха-Веды нужно было найти способы помочь людям вывести этот яд из организма. Они определили двадцать семь трав (включая куркуму и ним), которые могли помочь вывести токсичные тяжёлые металлы. Основываясь на этих знаниях, доктор Нарам и его учитель создали новую формулу травяного средства, которое могло

Распространённое фото беспризорных детей, делающих «селфи» своими сандалиями. Снимок из Гугл Фото.

помочь в лечении беспризорных детей.

– Травяное средство сработало, и детям стало лучше! Токсины были выведены из их тел, – продолжал он. – Моя вера в принципы моего учителя и в эти древние тексты возросла, когда я увидел, что они помогают в таком драматичном случае. Потом произошла трагедия 11 сентября, и это было то, чего мир и Америка никогда не видели.

Когда доктора Нарама попросили оказать помощь пожарным, которые днём и ночью работали в яме на Граунд Зеро, он знал, что от вдыхания паров и контакта с токсичным мусором у них были аналогичные токсины в организме. Он также знал, что в западной медицине ещё не было способа выведения этих токсинов.

– Для меня было удовольствием и честью служить нуждающимся в помощи людям. – продолжал доктор Нарам. – Я благодарен своему учителю за то, что он научил меня быть полезным людям, находящимся в самых невероятных условиях. Даже у тех, кто ведёт обычный образ жизни, организм в той или иной степени загрязнён. Все вдыхают выхлопы легковых и грузовых автомобилей, едят обработанные или модифицированные продукты, которые часто поливают кислотные дожди, претерпевают воздействие излучения сотового телефона, едят мясо или растения. Они загрязнены и подвергаются солнечной радиации различной степени, связанной с неодинаковой толщиной озонового слоя в атмосфере. Так что, даже если мы не были в тот день в Нью-Йорке, нам всем нужны эти древние секреты для выведения из нашего тела токсинов окружающей среды».

Хотя всё это было потрясающе, но мне необходимо было задать мучивший меня вопрос. Как только я собрался открыть рот, нас прервали, и доктора Нарама пригласили на сцену.

Я сидел в аудитории и читал программу, содержащую больше историй от пожарных и спасателей, которые воспользовались помощью доктора Нарама. Одним из них был Даррен Тейлор – пожарный федерального округа Нью-Йорка. Он написал:

«Меня отправили на Граунд Зеро через два дня после нападения на Всемирный торговый центр. Я занимался поиском людей и извлечением тел погибших, а также общей разведкой и тушением пожаров. Примерно через месяц регулярных работ я ощутил ухудшение состояния здоровья. Я всё чаще простужался, а иногда просыпался ночью с приступом сухого кашля. У меня было состояние подавленности, и это негативно влияло на мою иммунную систему. Моё самочувствие ухудшалось. Когда я впервые услышал об этой программе и травяных средствах, меня это не заинтересовало. Но через несколько месяцев после работ по устранению последствий трагедии в Граунд Зеро симптомы отравления стали усиливаться. Меня это очень беспокоило, и я решил попробовать натуральные средства. Теперь я безмерно рад, что сделал это. После приёма травяных препаратов в течение некоторого времени я обнаружил, что простудные заболевания в значительной степени отступили, и приступы

11 сентября. Пожарный Даррен Тейлор (Пожарный департамент Нью-Йорка) принимал травы доктора Нарама, чтобы вывести токсины из организма, повысить иммунитет, улучшить сон и жить здоровой и счастливой жизнью!

кашля прошли. У меня в теле стало больше энергии, повысилась выносливость, да и в целом я почувствовал себя лучше. Состояние подавленности почти полностью исчезло, и я мог продолжать жить своей жизнью, а болезни остались позади. Сейчас я хорошо сплю и высыпаюсь, и в целом самочувствие отличное. Спасибо всем вам за ваше служение. Удачи в том, чтобы распространить эти знания среди большего числа людей».

В другом отзыве женщина из службы скорой помощи рассказала, что принимала травы около года, и у неё произошло нечто удивительное: исследования показали, что функции лёгких полностью восстановились, и она впервые за много лет смогла отказаться от ингаляторов. Она написала следующее:

«Есть побочный положительный эффект лечения: при помощи трав я полностью бросила курить. Я чувствовала запах сигарет, исходящий от моего тела. Несмотря на то, что я уже год не курила, тяга к курению у меня ещё оставалась. И никотин всё ещё находился в моём теле, но именно травяные средства помогли очистить организм от него. Иногда, когда я ходила в туалет, моя моча пахла пепельницей. Я недоумевала: «Откуда это взялось?» И думаю, что травы вывели никотин из моего тела. За последний год моё здоровье значительно улучшилось, и я уверена, что это благодаря травам доктора Нарама. Думаю, они полностью очищают тело от ядов».

Я продолжал читать историю за историей, похожие одна на другую. Я подумал о том, насколько было важно, что Хосе встретился с доктором Нарамом и создал организацию помощи работникам служб спасения, которые первыми откликнулись на трагические события 11 сентября, ведь им самим тоже потребовалась помощь. Держу пари, когда Хосе впервые встретил доктора Нарама, он понятия не имел, что его жизнь так пойдёт по этому пути.

Потом я подумал о Решме и Раббат. Вероятно, когда она впервые увидела доктора Нарама по телевизору, она понятия не имела, что ей предстоит встретиться с ним ради спасения жизни дочери. Когда доктор Джованни впервые встретился с доктором Нарамом, он не мог тогда и подумать, что вся его жизнь будет посвящена изучению древних секретов исцеления и их применению в лечении своих пациентов. И я размышлял о том, что эти встречи не были случайными, а происходило всё так, как будто кто-то свыше руководил этим.

Именно тогда я вспомнил молитву, которую произнёс, будучи ребёнком, воюя со смертью родной сестры Дениз. Я молился, чтобы

Бог направил меня туда, где я мог бы принести наибольшую пользу, чтобы помогать людям, страдающим от боли.

Я закрыл глаза, и мой разум открылся тайне того, что произошло с тех пор. Смерть моей сестры привела меня к Гэри Малкину и проекту «Мудрость мира». Чтобы помочь ему добиться успеха, я встретился с Гейл Кингсбери, и она познакомила меня с доктором Нарамом. Моя влюблённость в Алисию привела меня в Индию. Ухудшение здоровья моего отца привело меня к более глубокому исследованию древних секретов исцеления и так далее. В каждом случае я был поражён, увидев, что лучшие вещи в моей жизни происходили тогда, когда я пытался помочь другим.

Было ясно, что в те времена, особенно когда моё сердце было сосредоточено на помощи другим, высшая божественная сила привела меня туда, где исцеление было обеспечено для всех. Немного ошеломлённый потоком осознаний, я задумался, куда приведёт меня жизнь сейчас. Услышав голос ведущего, говорящего в микрофон, я открыл глаза и сосредоточил внимание на сцене. После общих представлений и формальностей к микрофону подошла Кристин Тодд Уитмен, бывший губернатор Нью-Джерси. Она поблагодарила доктора Нарама за помощь тысячам пожарных, полицейских и других сотрудников служб быстрого реагирования, принимавших участие в ликвидации последствий трагических событий 11 сентября. Она держала в руках награду, присуждаемую Законодательным собранием штата Нью-Джерси доктору Нараму, и прочитала текст грамоты, в которой говорилось следующее: «Сенат и Генеральная Ассамблея штата Нью-Джерси рады приветствовать и от души чествовать

Доктор Нарам получает награду от штата Нью-Джерси из рук бывшего губернатора штата Кристин Тодд Уитмен за помощь тысячам пожарных и спасателей во время ликвидации последствий событий 11 сентября.

доктора Панкаджа Нарама — высокоуважаемого специалиста по древнему целительству и пульсовой диагностике, известного своими благотворительными усилиями, за проявление сострадания и заботы в служении пострадавшим в результате теракта 11 сентября, за его выдающиеся заслуги перед нашим сообществом врачей, а также за продвижение древней науки исцеления во всём мире».

Губернатор Уитмен закончила читать письмо, а затем попросила доктора Нарама выйти на сцену. Она с гордостью пожала ему руку и вручила награду. Затем подвела его к микрофону, белый костюм доктора Нарама контрастировал с тёмным фоном позади него. Доктор Нарам начал говорить в свойственной ему манере:

«Намасте. Эту награду присудили не только мне, но и основателям организации «Служение тем, кто служит» — Маршалу, Хосе, Нехемии и Розмари. Но настоящими героями дня являются пожарные, полицейские и все те, кто пошли навстречу опасности и рисковали жизнью. Самое меньшее, что мы можем сделать, — это помочь им вернуть своё здоровье и жизнь».

«В моей линии целителей мы не считаем себя героями. Это те, кто приходит к нам, делает нам одолжение, позволяя использовать древние методы исцеления, чтобы помочь им. Мой учитель сказал, что это один из путей к просветлению. Что делают люди для того, чтобы достичь счастья, или того, что мы называем *мокша* — просветления или удовлетворения? Кто-то идёт по пути медитации, кто-то путём молитвы, кто-то добивается успеха в бизнесе или в бою. В Индии мы называем эти пути *кармайог*, *бхактийог* или *гьянийог*. По словам моего учителя, на пути целителя вы получаете просветление или удовлетворение только в том случае, если ваши пациенты счастливы. Помощь людям в их исцелении — это наш источник просветления и счастья. Мы относимся к каждому человеку, как к храму. Можно сказать, что пациент — это храм, или церковь, или мечеть, или *гурудвара*. Это всё названия мест поклонения. Мой мастер учил меня, что Бог пребывает в каждом из нас, так что каждый из вас — храм. Теперь, если это правда, то, когда же Бог становится счастливым? Когда ты чистишь храм! У каждого человека много составляющих: ум, эмоции и душа. Когда они очищаются, каждый из нас переживает физическую, умственную и эмоциональную трансформацию. В результате мы можем продолжать достигать в жизни всё, чего только захотим. Я так благодарен своему учителю за то, что он научил меня принципам древней науки, которая открывает эти более глубокие преобразующие возможности для любого, кто её использует».

Пока доктор Нарам говорил, я думал об улыбке на лице моего отца, когда он показывал мне коробку с лекарствами, в которых больше не нуждался. Я был так благодарен доктору Нараму за то, что он помог вывести токсины из организма моего отца, восстановив баланс его дош. Я улыбнулся тому, что теперь даже знаю, что означает слово «доша»! Я подумал, а какие ещё древние принципы мог бы я изучить, чтобы помочь себе и другим. Я вспомнил об одиннадцатилетней девочке Раббат, которая вышла из комы и сказала: «Мама», и о слезах на глазах у её матери. Я размышлял о ликовании медсестры, когда тот же метод помог и её родной сестре. Я думал о раввине Стивене Роббинсе из Калифорнии, который встал со смертного одра и нуждался в инвалидной коляске, чтобы теперь снова заниматься в тренажёрном зале. Выглядел он и чувствовал себя на десять лет моложе. Я вспомнил мужчину с «замороженным плечом». Помнится, он обрёл полную подвижность плеча. Вспоминается доктор Джованни и пчеловоды, спасающие свои ульи, женщина, родившая ребёнка после менопаузы, и многие другие люди. Все они говорили одно и то же: «Доктор Нарам спас мне жизнь». Я думал о людях с фабрики доктора Нарама (они с такой точностью и любовью изготавливали травяные средства, согласуясь с древними способами исцеления) и обо всех пожарных, которые, благодаря травяным средствам, выздоровели.

«Это известно как *сева* или служение целителя. Мой мастер научил меня, что это *сева* – это не для пациента, а для целителя, – продолжал доктор Нарам. – Мой мастер также учил меня тому, что целитель должен сначала позаботиться о двух препятствиях, чтобы помочь людям. Каковы эти два препятствия? Эго и страх».

«В разгар невероятной опасности эти великие пожарные, полицейские и все те, кто оказывал помощь 11сентября, отбросили эго и страх. Они являются прекрасным примером истинного служения *(сева)*, которое приносит удовлетворение. Мой мастер учил, что Бог здесь, в каждом из вас. И для меня большая честь служить божественному в каждом из вас, чем я только могу».

Публика аплодировала доктору Нараму стоя, и овации долго не утихали. Когда он спустился со сцены, его окружили люди. Наблюдая за ним, я почувствовал, как моё сердце переполняется признательностью за то, что он есть, и за то, чему он посвятил свою жизнь, и как он сумел сделать счастливыми стольких людей.

Когда я вновь направил внимание внутрь себя, то обнаружил, что скептик, которым я был изначально, почти полностью исчез.

Помимо этого, я почувствовал более, чем когда-либо в моей жизни, целеустремлённость и глубинный покой. Я не планировал это путешествие, но, тем не менее, жизнь привела меня на этот путь, и я чувствовал, что на это должна быть причина. Конечно, было ещё много белых пятен – вещей, в которых я пока не мог разобраться. Но вместо того, чтобы автоматически сбрасывать их со счетов, мой разум открылся неослабевающему любопытству к ним, желая проверить на себе и узнать, как они работают.

И только позже в тот вечер у нас с доктором Нарамом снова был момент, когда я наконец смог ему задать свой животрепещущий вопрос.

Животрепещущий вопрос

Когда люди, наконец, разошлись, наступил момент тишины. Мы остались с доктором Нарамом наедине, когда ждали машину, которая вскоре должна была за ним подъехать. Он рассказывал о своём учителе и поделился, что его греет мысль о том, что его любимый Баба Рамдас увидит, как древние секреты самым глубоким образом исцеляют людей во всём мире.

– Знаешь ли ты один из величайших секретов счастья и успеха, Клинт? Благодарность. Всегда отдавай должное тем, кто тебя научил.

Доктор Нарам говорил искренне, из самой глубины души:

– Прежде, чем мой учитель покинул своё тело, он помог мне открыть мою миссию – истинное предназначение всей моей жизни. Он научил меня тому, что эта миссия выходит за рамки наций, религий, политики, каст, вероисповеданий и рас – это для всего человечества. Он сказал, что древнее исцеление подобно цветку лотоса.

– Знаешь ли ты о цветке лотоса?

Сестра доктора Нарама Варша однажды сказала мне, что имя доктора Нарама – Панкадж – в переводе на английский язык означает «лотос».

«Мой учитель сказал, что подобно тому, как ослепительно белый цветок лотоса поднимается

> «Один из величайших секретов счастья и успеха – благодарность. Всегда отдавайте должное тем, кто вас научил».
>
> Доктор Нарам

Учитель сказал, что доктор Нарам должен быть подобен цветку лотоса.

из тёмной грязи, чтобы поделиться своей яркостью и ароматом со всеми, так и эти древние секреты исцеления должны открыться, чтобы обнаружить свою более глубокую исцеляющую красоту и силу всему человечеству. Это не религия, не культ или что-либо подобное. Это просто школа мысли, к которой каждый может присоединиться и извлечь пользу, научившись помогать себе и другим людям всё глубже и глубже исцеляться. Мой учитель также помог раскрыть мою миссию – защищать, сохранять и приносить пользу, благодаря этим секретам, в каждое сердце и в каждый дом на земле».

Я слушал, впечатлённый чувством благодарности, с которым говорил доктор Нарам. Не в силах больше ждать, я сказал: «Доктор Нарам, могу я вам задать важный вопрос?»

Он кивнул.

– Я убеждён, что всё больше людей должны знать, что эти древние методы исцеления являются одной из возможностей выздоровления. То, что вы знаете и делаете, может помочь многим людям на этой планете. Они могут не захотеть делать это, но, по крайней мере, они должны знать, что есть альтернатива.

Наконец, животрепещущий вопрос буквально сорвался с языка: «Чем я могу Вам помочь?»

Вся серьёзность момента прошла, когда доктор Нарам улыбнулся и тихо, но ясно рассмеялся в ответ на мой вопрос. Я был очень смущён, и это, должно быть, отразилось на моём лице. Он сказал: «Спасибо, Клинт. Я хочу помощи и нуждаюсь в ней. Только не от тебя».

> «Эта миссия древнего исцеления выходит за рамки наций, за рамки религий, политики, каст, вероисповеданий и рас. Это для всего человечества. Это школа мысли, где каждый может извлечь пользу, научившись помогать себе и другим, чтобы исцеляться всё глубже и глубже».
>
> Доктор Нарам

Я был потрясён. Я нахмурился, пытаясь понять, правильно ли я его расслышал.

Он сказал: «Я хорошо знаю тебя, твой разум слишком переполнен». – Он снова засмеялся.

– Я... я не понимаю.

Доктор Нарам ласково посмотрел на меня и сказал: «Теперь ты знаешь шесть ключей Сиддха-Веды к более глубокому исцелению. Надеюсь, ты познаешь каждый из них на практике, используя их во благо в своей жизни и жизни других людей. Но прямо сейчас, Клинт, даже если бы я поделился с тобой некоторыми другими секретами – самыми основными, которым научил меня мой мастер, ты бы не понял их должным образом. Ты бы пытался понять их интеллектом, а не сердцем или не интегрировал бы их в своё существо. Как я уже сказал, твой ум слишком переполнен».

В растерянности я спросил: «Тогда что я могу сделать?»

– Я смогу поделиться с тобой столькими вещами, даже более глубокими секретами, как только ты будешь готов.

Он остановился, а затем продолжил: «Но прежде, чем ты действительно сможешь мне помочь, сначала тебе нужно сделать кое-что для себя».

– Я хочу учиться. Я сделаю всё, что угодно! Что Вы хотите, чтобы я сделал?

Доктор Нарам улыбнулся и сказал: «Приходи завтра».

Ваши заметки в дневнике

Чтобы углубить и увеличить пользу от прочтения этой книги, уделите несколько минут тому, чтобы ответить на следующие важные вопросы:

За что Вы больше всего благодарны в своей жизни?

_____

_____

_____

_____

Есть ли в Вашей жизни человек, встреча с которым, по-Вашему, была предначертана, и Вы хотели бы связаться с ним сегодня и выразить ему свою благодарность?

_____

_____

_____

_____

Какие ещё идеи, вопросы или озарения пришли к Вам в процессе чтения этой главы?

_____

_____

_____

_____

ПОСВЯЩЕНИЕ

В знак особой памяти о моей сестре Дениз:
я всегда буду любить тебя.

Возможно, мне не хватило знаний и техник, чтобы помочь, пока ты была жива. Но я посвящаю тебе эту книгу, уповая на то, что она поможет людям обрести надежду и приведёт их к глубокому исцелению.

Ещё я посвящаю эту книгу великому целителю – легендарному доктору Нараму.

Благодарю Вас за то, что всю свою жизненную энергию Вы посвятили освоению и распространению этих древних знаний во благо каждому дому и каждому сердцу на этой земле.

Дорогой читатель!

Спасибо, что прочитали Книгу №1 и вместе со мной «прошли» этот первый год судьбоносного путешествия с доктором Нарамом!

Ниже я разместил
Послесловие (дополнив его тем, что произошло с тех пор, и как это применимо к
Вам), Примечание автора (с информацией о бесценном подарке для Вас) и Приложение
(включая глоссарий терминов, некоторые дополнительные древние секретные лечебные
средства и другая полезная информация).

Однако, сначала я хотел бы поделиться коротким эпилогом, который, уверен, Вам понравится.

ЭПИЛОГ

Божественное руководство, секреты самоизлечения и принципы воплощения мечты в реальность

> *Не пишите своё имя на песке, волны смоют его.*
> *Не пишите своё имя в небе, ветер может сдуть его.*
> *Напишите своё имя в сердцах людей, с которыми вы общаетесь. Вот, где оно сохранится.*
>
> Неизвестный автор

Дакка, Бангладеш (три года спустя)

Самолёт приземлился. Мы с доктором Джованни вошли в здание аэропорта, не зная, чего ожидать.

С тех пор, как мы впервые встретились, прошло около четырёх лет, мы часто вместе путешествовали, но никто из нас раньше не бывал в Бангладеш. Однако наше беспокойство быстро рассеялось. Сотрудники иммиграционной службы и пограничники были дружелюбными, предупредительными и весёлыми. Я узнал, что Бангладеш отделился от Индии и присоединился к Пакистану в 1947 году, прежде чем стал независимым государством в 1971 году. С тех пор женщины дважды в этой стране становились премьер-министрами. Мне пришлось преодолевать свои предрассудки о том, какой должна быть мусульманская страна. В то время как американские СМИ подчёркивали, что некоторые исламские государства не позволяют женщинам даже водить машину, в этой исламской стране уже во второй раз премьер-министром становилась женщина. У нас в Соединённых Штатах ещё не было ни одной женщины-президента.

Получив свой багаж, мы в вестибюле встретились с Калимом Хусейном.

«*Ас-Салам Алейкум*», – произнёс он традиционное в Бангладеш приветствие, что означает «Мир вам».

Перед прибытием я выучил правильный ответ: «Уа-алейкум ас-салам», что означает: «И вам мир».

«Моя дочь очень ждёт встречи с вами», – сказал он.

Мы вышли из здания аэропорта и увидели несколько человек, в том числе красивую молодую девушку. Когда мы подошли ближе, я узнал её глаза и улыбку. Я был просто изумлён.

«Ас-Салам Алейкум, доктор Клинт, доктор Джованни», – произнесла она.

Теперь Раббат было четырнадцать лет. Я задавался вопросом: «*Кто эта девушка, такая красивая, такая умная, такая жизнерадостная?*» Да, это была именно та маленькая девочка, которая несколько лет назад вышла из состояния комы в больнице Мумбая. Хотя за прошедшие три года её внешность полностью изменилась, голос остался прежним. Его нежная и ритмичная интонация ласкала слух и успокаивала душу.

«*Ва-алейкум ас-салам*», – ответил я, едва способный говорить.

От неё невозможно было отвести взгляд. А её английский с тех пор стал гораздо лучше. Раббат излучала невероятную доброту и уверенность. Не раздумывая, я спросил, могу ли я сфотографировать её. Когда она встала рядом с доктором Джованни, я заметил, что они были практически одного роста.

Годом ранее я получил запрос на добавление в друзья в Facebook, но не сразу понял, от кого он был. Я был рад узнать, что это была Раббат! Ко мне вернулись воспоминания и все эмоции, связанные с её удивительным выздоровлением. «Как же интересен этот мир, – подумал я. – Как тесно мы все взаимосвязаны».

Как только мы сели в машину, я спросил её о том, что меня заинтересовало: «Почему твоё имя в Фейсбуке Свон Белла?»

– Вы слышали о книге «Сумерки?» – спросила она.

– Да.

– Это имя главной героини.

– Ты прочитала эту книгу? – поинтересовался я.

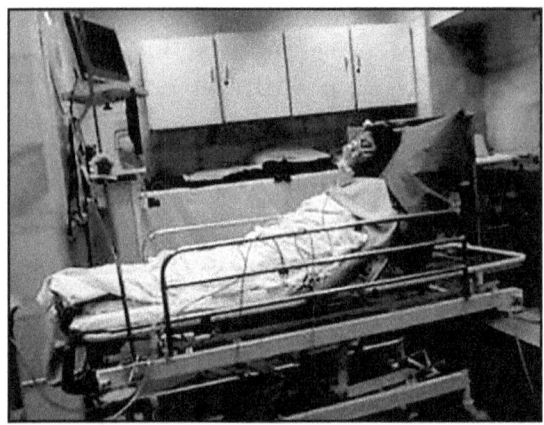

*Сверху: Первая встреча с Раббат в больнице в Мумбае.
Внизу: С доктором Джованни и её отцом в аэропорту Дакки.*

— Нет, мне просто понравилось имя, — ответила она, и мы оба засмеялись.

— Как ты сейчас? — спросил я её.

— Здорова, как бык!

Не успели мы подъехать к её дому, как нас уже встречали мать Раббат, Решма, её брат и другие родственники. Решма была вне себя от радости, приветствуя нас.

— В Бангладеш у нас есть традиция — угощать гостей чем-то сладким, — сказала она, преподнеся тарелку с различными сладостями, которых я раньше никогда не пробовал.

— У нас тоже есть для вас подарок, — сказал доктор Джованни.

— Нет-нет, — сказала Решма, — подарком является то, что вы пришли. Мы так счастливы.

Доктор Джованни передал в подарок несколько браслетов и медальонов от доктора Нарама для Раббат и её семьи.

Хозяева угощали нас фантастически вкусной едой из риса и овощей, а затем подали ещё больше сладостей. Мы разговаривали, иногда с трудом понимая друг друга, но много смеялись и улыбались.

После трапезы Раббат и Дааниш (произносится Дах-ниш, один из её младших братьев), повели нас показывать свою школу.

У Дааниша были такие же тёмные волосы, блестящие глаза и огромный интерес к познанию, как и у Раббат. Спокойный, дружелюбный и явно очень умный, он обладал заразительной жизненной энергией.

Вчетвером мы шли по узкой улочке к школе, проходя мимо небольших продуктовых лавочек и магазинов. По улицам бродили коровы и куры, и мы останавливались, чтобы их покормить. Раббат и Дааниш купили для каждого из нас по кокосу, которые продавали с тележки, и продавец ловко острым ножом открыл их. Мы пили сладкую кокосовую воду, и Дааниш показал мне, как есть белую мякоть кокоса.

За нами следовали несколько маленьких девочек, и я подумал, что они должно быть голодны, поэтому предложил им немного кокоса. Они повернулись и со всех ног побежали, скрываясь за угол. Спустя мгновение мы заметили, как они подглядывали за нами, хихикая и переговариваясь друг с другом. Вскоре я обратил внимание, что все, кого мы встречали, с интересом смотрели на нас.

— Им любопытно, — сказал Дааниш, смеясь. — Они не часто видят иностранцев, как вы.

— Как они могут узнать, что мы иностранцы? — спросил я.

— Вы такой высокий, а ваша кожа так бледна. Вы знаете, как мы называем таких людей, как вы?

— Как?

— Мёртвые люди, — сказал он. — Потому что ваша кожа настолько бледная, что выглядит так, как будто вы уже умерли. Вообще-то, Вы похожи на вампира.

Мы расхохотались, потому что это действительно прозвучало очень смешно. К тому времени, когда мы добрались до школы, за нами уже следовала большая группа детей. Стремясь наладить с ними контакт, я спросил через Дааниша, споют ли они нам песню. Они начали петь национальный гимн Бангладеш, и их юные голоса гармонично слились воедино.

Детей становилось всё больше, к ним присоединилось и несколько взрослых, чтобы посмотреть, что же происходит. Как только дети закончили петь, доктор Джованни встал перед всеми и спел национальный гимн Италии. Выступление было успешным.

Мне не терпелось позвонить домой и рассказать родителям о моём путешествии в Бангладеш и об удивительной и проникновенной встрече с Раббат. Тем более, что я знал, как папа любит слушать обо всех увлекательных и забавных деталях моих путешествий.

Когда Раббат показала нам школу, она объяснила, что здесь преподавание ведётся на английском языке, и что её любимый предмет – математика. И тут же привела такой пример: «Когда я была в коме, главврач больницы рекомендовал отключить меня от системы жизнеобеспечения и позволить умереть. Другой врач дал мне всего десять процентов на выживание. Но доктор Нарам взял эти десять процентов и возвёл их в квадрат».

– Что ты имеешь в виду? – спросил доктор Джованни.

– Ну, возвёл в квадрат! – объяснила Раббат. – Десять в квадрате – это десять, умноженное на десять. Доктор Нарам дал мне стопроцентный шанс на выживание.

Мы все улыбались и смеялись.

– А как ты себя чувствуешь сейчас? – спросил я.

– Теперь я чувствую себя сто десять процентов.

Раббат стала серьёзной.

– Мама рассказала мне, что она все дела бросила, – сказала она. – Когда она отвезла меня в Индию в больницу, все наши деньги были потрачены на лечение. Она была в разлуке с моим отцом, другими детьми, со всей нашей семьёй, домом. Мы очень многого лишились, и всё же она считала, что нашла и выиграла то, что на тот момент было важнее всего – мою жизнь.

Раббат и Дааниш пригласили нас познакомиться с другими родственниками семьи, живущими поблизости. Все угощали нас сладостями, и мы с доктором Джованни, уже абсолютно сытые, из вежливости брали только самые маленькие. Мы познакомились с родителями одного из их младших двоюродных братьев, который, как мы узнали, был болен, его мучила рвота.

Доктор Джованни дал им травяные лекарственные препараты и прописал домашние средства для лечения мальчика.

Когда мы вернулись в дом Раббат, я прочитал первые главы этой книги Решме, Раббат и её семье.

Они внимательно слушали, заново проживая каждую деталь и делясь своими ощущениями.

Я, Решма, Раббат, её отец и доктор Джованни в их доме в Бангладеш.

— Вы поделитесь нашей историей? — спросила Решма.

— Да, думаю, что это даст надежду многим людям, — сказал я. — Полагаю, они будут вдохновлены вашей историей! Следуя велению своего сердца, своему внутреннему голосу, исходящему от Бога, или Духа, или Аллаха, глубокое исцеление, подобное твоему, возможно. Ваша история изменила мою жизнь, надеюсь, она также поможет многим другим.

— Мы были на грани отчаяния, — сказала Решма. — Но было решение и была надежда. Пожалуйста, расскажите нашу историю, чтобы многие узнали о ней. Это чудо, что Раббат с нами!

Зазвонил телефон доктора Джованни. Это был доктор Нарам, он хотел поговорить сначала с Раббат, а затем с Решмой, которая расплакалась во время разговора. Я вспомнил, как впервые увидел её, и насколько эти слёзы отличались от тех, которые я видел на её щеках тогда. Затем она передала телефон мне.

«Теперь ты знаешь, — медленно сказал доктор Нарам, — почему я так хорошо сплю по ночам. Ты увидел несколько случаев, но подумай, сколько их было за последние тридцать шесть лет моей работы и за тысячелетия у моей линии врачевателей. Это не я, я знаю это, но глубоко благодарен за то, что являюсь частью этого. Каждый день я благодарю своего учителя за то, что он научил меня этим секретам, чтобы я мог быть полезен другим».

«Вы очень глубоко помогаете людям», – сказал я, размышляя о том, что видел и испытал после встречи с доктором Нарамом, и как много узнал о человеческом сердце, о надежде, об исцелении и стойкости. – Я хочу, чтобы ещё больше людей смогли бы встретиться с Вами, доктор Нарам».

«Помни, не я помог Раббат, а доктор Джованни. И мне даже не нужно было находиться там, где действовали древние принципы и методы исцеления. И именно вера её матери Решмы создала такую трансформацию. Любой, у кого есть такое горячее желание и вера, может научиться использовать эти древние секреты, чтобы изменить свою жизнь и принести пользу всем страждущим. В каком-то смысле, я полагаю, мы могли бы назвать их секретами самоизлечения».

Перед тем, как завершить разговор, доктор Нарам произнёс: «Вернуть здоровье и жизнь – это одно. Теперь реальный вопрос для Раббат, для тебя, Клинт, для меня и для всех таков: «Что мы делаем с нашей жизнью, пока в нас есть жизнь?» Больше всего я хочу, чтобы ты узнал, чего хочешь и как превратить свои мечты в реальность». Прощаясь, доктор Нарам сказал: «Когда ты действительно поймёшь принципы этой древней науки, Клинт, для тебя изменится всё.»

Только сейчас, спустя более десяти лет с первой встречи с доктором Нарамом, я понимаю, насколько верным оказалось то, что он сказал тогда.

Ваши заметки в дневнике

Каковы наиболее ценные идеи, вопросы или озарения пришли к Вам во время чтения этой книги?

_____
_____
_____
_____

Что бы Вы хотели изменить сейчас, прямо с этого момента, взяв на себя обязательство и впредь так поступать в своей дальнейшей жизни?

_____
_____
_____
_____

ПОСЛЕСЛОВИЕ

Мистические чудеса любви

*«Когда ученик готов, учитель появляется.
Когда ученик действительно готов, учитель исчезает».*

Лао-Цзы

Эта книга рассказала вам о том, как я провёл мой первый год с Доктором Нарамом. Моё путешествие с ним продолжалось более десяти лет, и теперь вы стали его частью.

Я начал эту книгу так: «Вы не случайно сейчас читаете эти слова ... Что-то привело вас к этой книге именно сейчас по определённой причине».

Вы уже знаете причину? Как подействовало на вас прочитанное? Я хотел бы поддержать вас в этом путешествии на вашем пути. В «Примечании автора» после этого послесловия вас ожидает подарок, который включает в себя бесценные ресурсы, собранные именно для вас.

Однако перед этим я хочу от сердца к сердцу поделиться случаем, который произошёл незадолго до публикации этой книги. Это говорит о том, насколько драгоценен каждый день нашей жизни.

19 февраля 2020 года я получил душераздирающую новость о том, что доктор Нарам неожиданно скончался, и мне нужно срочно вернуться в Мумбай. Сначала я отказывался в это поверить. Я думал, что, даже если врачи констатировали смерть, он найдёт способ её избежать.

В этот раз доктор Нарам полетел в Непал и Дубай один. Обычно я ездил с ним в каждый тур, но на этот раз он попросил меня остаться в Индии и участвовать в конференции в Дели. Мы переписывались и созванивались с ним каждый день, он делился некоторыми из своих открытий или тем, что прояснилось для него с опытом. К примеру, он с энтузиазмом говорил мне, что видит двадцать семь основных тенденций и проблем, движущих миром сегодня, включая пандемию коронавирусной инфекции COVID-19, и то, как древние секреты исцеления могли бы помочь в решении каждой из них. Когда мы обсуждали предстоящие испытания, я чувствовал благодарность за всё, с чем мы сталкивались, ведь нам в помощь был доктор Нарам и эти древние секреты.

Один из последних пациентов, который виделся с доктором Нарамом в Дубае, сказал мне: «Он был полон жизненной энергии, затрагивал наши сердца, вселяя надежду, и заставлял нас смеяться. Мы даже не могли подумать, что это наша последняя встреча».

Находясь на борту самолёта, возвращающегося в Индию, доктор Нарам позвонил домой и поговорил с сыном Крушной, женой Смитой и гостями в его доме – Ингой и Джеком Кэнфилдами (Джек является одним из соавторов книги «Куриный бульон для души»). Как и мой отец, они приехали в Индию, чтобы в течение месяца пройти оздоровительный курс панчакармы. Беседа доктора Нарама с каждым из них была полна лёгкости, юмора и любви.

Доктор Клинт Г. Роджерс с Джеком и Ингой Кэнфилд и доктором Нарамом. Фотография сделана за день до того, как доктор Нарам уехал из Индии в Непал.

Как только его самолёт приземлился в Мумбае, доктор Нарам позвонил Винаю, чтобы сказать, что он благополучно прибыл, и спросил, ждёт ли его машина на выходе. Где-то на пути между выходом из самолета и таможней сотрудники аэропорта сообщили, что доктор Нарам внезапно потерял сознание. Его немедленно доставили на машине скорой помощи в больницу, где по прибытии констатировали его смерть. Не делая вскрытия, они утверждали, что причиной смерти стала сердечная недостаточность, и тело было сожжено менее чем через 12 часов. В Индии принято сжигать тело очень быстро, так как существует поверье, что в этом случае дух сможет более свободно двигаться дальше.

Мой разум отказывался понимать происходящее. Я был с доктором Нарамом в Берлине всего пару месяцев назад, когда немецкий врач провёл несколько исследований сердца доктора Нарама, которые показали, что для его возраста сердце в полном порядке. Это было веской причиной, по которой мне трудно было поверить в его смерть.

Так как я всё ещё находился в Дели, я немедленно помчался обратно в Мумбай. Моё тело онемело, я был потрясён! Из аэропорта я поехал прямо в крематорий. Пока мы пробирались в бесконечных пробках на дороге, в моей голове одна за другой сменялись болезненные мысли: «Это не может быть правдой. Он казался таким непобедимым! Как это могло случиться с моим наставником, моим учителем, моим другом?! Он нам нужен!» Моё такси подъехало сразу после того, как семья доктора Нарама с его телом прибыла на место.

Когда я шёл через толпу людей к его телу, я встречался взглядом с каждым человеком, и на меня нахлынул поток воспоминаний. Я знал их истории, и я знал, как глубоко доктор Нарам любил и помогал каждому из них. Я не мог сдержать слёз. По мере того, как реальность его кончины доходила до моего сознания, я всё глубже ощущал тяжёлое бремя утраты – для тех, кто знал его, и для всех тех, кто теперь никогда не встретится с ним.

В последние годы жизни доктора Нарама я был его тенью. Теперь его брат, ученики и самые близкие друзья обнимали меня, многие говорили, как они благодарны за то, что я собрал все истории и секреты из жизни доктора Нарама.

Было трудно сдерживать свои эмоции: представьте, каково это было, когда я подошёл к сыну доктора Нарама. Когда мы впервые встретились, Крушне было десять лет. Теперь ему было двадцать, и в течение многих лет он был одним из моих лучших друзей. Всего за месяц до этого я видел, как Крушна выступал перед аудиторией в 300 000 человек, и его речь тронула сердце каждого. Мы вместе бывали в США, Непале и Европе, много всего пережили, но данный момент был слишком неожиданным для нас. Когда я обнял его за плечи, чтобы поддержать, по моему лицу градом потекли слёзы.

Теперь Крушна утешал меня. Он говорил со мной и другими близкими людьми спокойным, ясным голосом. «Вы знаете, что он – не его тело. Его тело, как рубашка, и теперь он ушёл, чтобы получить новую рубашку. Не стоит оплакивать его смерть, надо праздновать его жизнь».

доктор Нарам открывает своему сыну Крушне секрет.

Я был поражён. Как в этой сложной ситуации Крушна был таким спокойным, мудрым и любящим?! Он переходил от человека к человеку, брал их за руки, иногда дотрагивался рукой до сердца человека или обнимал за плечи и утешал каждого, кого касался.

Наблюдая за всем этим, я чувствовал себя так, словно голос доктора Нарама звучал у меня в голове, и мне вспомнились его сладко-горькие слова. Всякий раз за те годы, что мы провели вместе, доктор Нарам искренне радовался, когда я постигал суть одного из секретов его линии мастеров. Он радостно говорил мне: «Я так рад, что ты наконец постиг это! Теперь ты можешь поделиться этим с Крушной и с другими людьми в будущем». Однако, наблюдая за Крушной сейчас, я чувствовал, что мне бы хотелось у него многому научиться.

За последние десять лет я сделал много фотографий и снял множество видео доктора Нарама по всему миру, документируя его работу целителя, его миссию. По привычке я вытащил свой телефон, чтобы запечатлеть некоторые моменты в крематории, пока это не стало слишком тяжёлым для меня. Было что-то сюрреалистичное в том, чтобы фотографировать его тело, спокойно лежавшее на деревянной доске, покрытое гирляндами цветов. Я положил свой телефон обратно в карман и решил просто присутствовать. Глядя на доктора Нарама, лежащего там, мне очень хотелось, чтобы он встал, рассказал нам историю, которая вдохновила бы нас, заставил нас смеяться, как обычно, и все были бы рады тому, что всё будет хорошо. Но он неподвижно лежал с закрытыми глазами.

После некоторых ритуалов мужчины из семьи доктора Нарама окружили тело и подняли его. Старший брат доктора Нарама Видьютт подал мне знак, и я присоединился к ним, как член семьи. Мы несколько раз обошли вокруг связки дров для погребального костра, а затем положили тело сверху.

Вскоре после этого Крушна, держа перед собой пылающий факел, зажёг последнее ложе упокоения доктора Нарама. Наблюдая, как пламя начинает подниматься и потрескивать вокруг его тела, я стал размышлять обо всех тех годах, когда видел его полным жизни и целительной энергии. Мы задерживались в клинике до трёх-четырёх утра, и у него было даже больше энергии, чем в начале дня.

Когда Крушна стоял рядом с горящим телом, мне вспомнился бесценный момент, который произошел с нами обоими всего за несколько недель до этого. Последний длинный день в клинике в Индии закончился после полуночи, и мы все думали, что едем домой. Однако доктор Нарам удивил нас: своих учеников и Крушну. Он повёз всех нас по улицам Мумбая. Багажник его машины был забит одеялами, и следующие пару часов мы провели в поиске бездомных мужчин, женщин и детей, накрывая их, пока они спали.

Хотя мы делали это не первый раз, я задался вопросом, почему именно сегодня после очень долгого рабочего дня доктор Нарам захотел, чтобы мы все приняли в этом участие? Он ответил мне: «Клинт, несмотря на то, что наш день в клинике закончился, эти люди всё ещё страдают от холода. Мы должны помочь им. Когда я был молод, меня выгнали из дома, мне пришлось спать первую ночь на улице, и я помню, как было холодно и одиноко. Ночью незнакомец накрыл меня одеялом. Я заметил это только тогда, когда проснулся. Я никогда не узнаю, кто это был, но благословил этого человека и пообещал, что в будущем буду помогать тем, кто может находится в таком же положении, как и я». Как, должно быть, ему было тяжело в тот период, и как велика была его благодарность за чью-то заботу и любовь, в которой тогда он нуждался больше всего. «Когда вы делаете подобное анонимно, не требуя ничего взамен, в конечном счёте Бог благословляет вас таким чувством, которое невозможно купить ни за какие деньги», – сказал он.

Теперь, когда огненное одеяло согревало тело доктора Нарама, мне вспомнилось то время, когда я был рядом с ним, и те сотни одеял, которыми мы укрывали спящих на улицах и под мостами, и взгляды некоторых из них, проснувшихся от доброты незнакомцев. У доктора Нарама всегда были еда или деньги и в машине, и в кармане. И где бы мы ни были, он всегда помогал нуждающимся, которые подходили к нему – людям, животным, кому угодно. Он всегда говорил: «Мой мастер учил меня, что Адити Дево Бхава (гость равнозначен Богу) – это не просто концепция, а образ жизни». Я видел, что для него это было именно так. У него всегда что-то находилось для бездомных детей, которые стучались в окна его автомобиля; печенье для голодных уличных собак, которые попадались ему на пути. И если он был в силах помочь, то для него не имело значения, как поздно или насколько долгим был рабочий день.

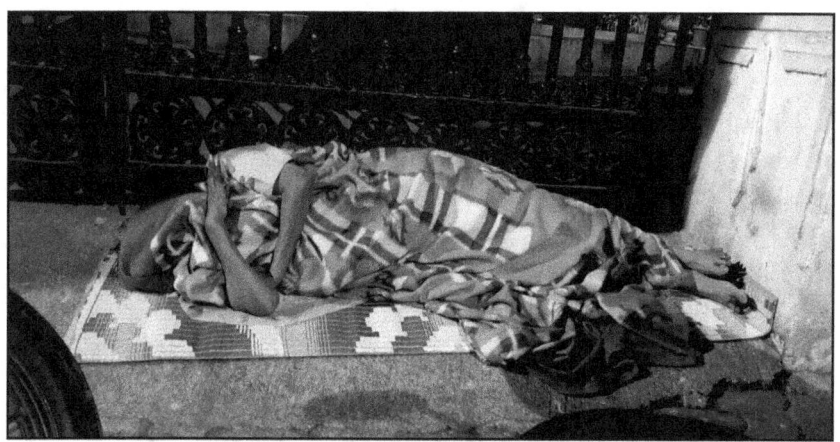

Бездомный, прижимающий к себе одеяло, которым его только что накрыл Крушна.

В ту ночь, когда мы ездили, укрывая людей одного за другим, я видел, как доктор Нарам светится счастьем. Когда мы с доктором наблюдали, как Крушна идёт по улице, чтобы накрыть спящую бездомную женщину и её детей, он вздохнул и сказал мне: «Я хочу, чтобы Крушна знал, что чем успешнее мужчина, тем смиреннее он должен быть. Люди едут ко мне со всего мира не потому, что я "великий врач". Они приходят потому, что я люблю и понимаю их, и потому, что нахожу решение проблем, беспокоящих их более всего. Когда я вижу, что Крушна делает это с такой любовью, гордость за него переполняет меня. Я понимаю, что мне больше не нужно беспокоиться о нём, так как он знает, что нет лучшего благословения, чем искренняя любовь к людям и служение нуждающимся».

Смерть мастера, рождение Движения

В моём первом радиоинтервью после кончины доктора Нарама ведущий задал мне вопрос, которым, как мне кажется, задавались многие люди по всему миру: «Учитель доктора Нарама прожил так долго, а доктор Нарам был ещё так молод, ему было только 65, когда он скончался. Как такое может быть?»

Я начал с того, что ответил радиоведущему: «Возможно, мы не всегда знаем причину происходящего ...» Полагаю, мы принимали всё как должное и предполагали, что доктор Нарам будет жить долго. Но, в конце концов, даже зная и применяя на практике древние секреты исцеления, мы все смертны. Мы не знаем, когда будет наш последний вздох. Я думал о своём опыте с Раббат в реанимации, когда наблюдал, как я дышу, понимая, что каждый вдох и выдох – это подарок.

Когда я сделал паузу для вдоха, я вспомнил прекрасные слова моей сестры: «Правда о смерти заключается в том, что её невозможно избежать. И намного важнее, как ты жил и любил, чем то, как ты умер».

В одно мгновение перед моим мысленным взором пронеслись все, кого доктор Нарам любил: его пациенты, друзья, семья. Я думал о многих студентах, не упомянутых в этой книге, которых он любил. Это Сандхья из Японии; доктор Мехта, Сахадж, Пранит и остальные из Индии; Альваро и Вида из Италии; Сарите, Саша и Ребекка из Англии; Ютта из Австрии; Раду из Румынии; доктор Сиддики из Бангладеш; Ричард из Норвегии; Дипика из Австралии; Суйоги, Элинор, Дубравка, Йонас, Мира, Анна, Пуджа, Мокша и Шитал из Германии и многие другие. Я был благодарен всем практикующим врачам и тем врачам со всего мира, кому он преподавал в Италии, и тем, кто участвовал в сертифицированном курсе доктора Нарама в университете в Берлине. Более чем за тридцать шесть лет он обучил огромное количество студентов, и для меня было большой честью быть одним из них.

Затем я подумал о жене доктора Нарама – докторе Смите, которая работала с ним в течение многих лет и управляла целой клиникой Панчакармы в Мумбае, а также обучала других врачей. Я думал о его сыне Крушне и о том, как доктор Нарам гордился, каким он вырос. Крушна обучался пульсовой диагностике, можно сказать, с младенчества, когда сидел на коленях у папы, и уже тогда он впечатлял своими способностями помогать людям.

Доктор Нарам со своими студентами сертифицированного курса «Лечение древними традиционными методами».

Я также думал об этой книге, что вы сейчас читаете, и обо всех людях, которые через неё узнают о древней науке исцеления. Во всём этом я видел рождение движения, начало которому положил доктор Нарам. Смерть мастера не означала конец этому движению.

Умиротворённость, наполнившая моё сердце, вдохновила меня на ответ радиоведущему. Я ответил ему цитатой Лао-Цзы, которую совсем недавно прислал мой друг Амрута. Казалось, эти слова были отражением именно этого момента: «Когда ученик готов, учитель появляется. Когда ученик ДЕЙСТВИТЕЛЬНО готов, учитель исчезает».

Проявления мистических чудес любви

Только некоторое время спустя я понял, что проблема со словом «исчезнуть» заключается в том, что оно создаёт впечатление, что если человек покинул своё тело, то это конец. Но что, если правда в чём-то другом? Что, если доктор Нарам на самом деле никогда не исчезал, но сейчас с нами больше, чем когда-либо?

С момента кончины доктора Нарама многие люди говорили мне о происходящих мистических явлениях. Несколько духовных лидеров сказали мне почти одни и те же слова: «У вселенной / у Бога, вероятно, была очень большая потребность забрать доктора

Доктор Нарам, Крушна и Смита в Непале.

Нарама так быстро. Чтобы так покинуть тело, душе такого Мастера, как он, нужна очень веская причина. Теперь, когда доктор Нарам не ограничен телом, он может наслаждаться целительской практикой более, чем когда-либо».

Я заметил, что даже если мы не в полной мере осознаём присутствие духа доктора Нарама, то с момента его кончины постоянно происходят какие-то мистические проявления. Можете ли вы просто себе представить, как, улыбаясь, он продолжает помогать людям и творить то, что мы называли чудесами?

В качестве примера: уже десятки людей, в том числе Крушна, Смита, моя подруга Мина (которая в то время ездила в Индию) рассказали мне о замечательных случаях участия доктора Нарама в их жизни после его кончины. Обычно это происходило во сне, а иногда и в состоянии бодрствования. И каждый раз он передавал важное послание для исцеления этого человека или проживание какого-то особенного опыта.

И вы тоже не просто так начали читать эту книгу о докторе Нараме с его историями. Я думаю, таким образом возникла связь между вами, и, возможно, вы тоже будете чувствовать его присутствие. Хотя лично я не видел его с тех пор, как он ушёл, тем не менее и у меня был один совершенно необъяснимый случай, которым я хочу с вами поделиться.

На следующее утро, после молитвенной службы по доктору Нараму, я проснулся около 5:30 утра, чувствуя себя особенно потерянным и одиноким. Тёмное облако надвигающейся депрессии начало окутывать меня. На улице было всё ещё темно, но уснуть мне уже не удалось. Я встал с постели, оделся и пошёл гулять. Через двадцать минут моего бесцельного блуждания я вдруг понял, что кто-то за мной следует. Сначала это испугало меня, но потом я увидел, что это собака. Ноги, голова и хвост были коричневые, на спине – чёрная шерсть, как будто одето пальто, живот и большая часть носа были белыми. Когда я остановился, чтобы разглядеть моего «преследователя», он тоже остановился, чтобы посмотреть на меня, я продолжил движение, – он тоже пошёл за мной. Я был сбит с толку. Почему эта собака идёт за мной?

У меня не было с собой никакой еды, и мои руки были пусты. Это была долгая прогулка, и независимо от того, в какую сторону я поворачивал или по какой тропинке шёл, эта собака оставалась со мной. Это было одновременно и забавно, и приводило в замешательство. Внезапно одна мысль прошла сквозь мою печаль: я вспомнил, что у доктора Нарама всегда было что-то для собак и вообще для любого, кто приходил к нему. Я услышал его голос в своём сознании: «Атити Дево Бхава». (Относитесь к неожиданному гостю так, словно сам бог (богиня) посетил(а) вас. Когда взошло солнце и открылись магазины, я купил печенье для этого нежданного посетителя, который так терпеливо сидел и ждал меня. Однако, когда я положил печенье перед ним, он понюхал, не кусая и не облизывая его, и посмотрел на меня.

Теперь я был ещё более озадачен. Если он не был голоден, то что он хотел от меня?

Я продолжил свой путь и, конечно же, мой «преследователь» поднялся и последовал за мной, оставив печенье для другой собаки или какого-нибудь животного, которому посчастливится его найти. К этому времени вся печаль, которую я испытывал, полностью исчезла, и на её месте появилось игривое чувство, связанное с тем, что происходило. Пока мы шли вместе с моим попутчиком, я начал вспоминать многое из того, чему научил меня доктор Нарам, и в связи с его смертью теперь это воспринималось по-новому. Чувствуя ценность и этого опыта, и саму мистику появления собаки, я достал телефон и записал видео-эфир на Фейсбук, чтобы поделиться со всеми, кто, возможно, также глубоко и тяжело переживал кончину доктора Нарама.

Реакция на видео была феноменальной. Люди со всего мира оставляли комментарии о том, как это помогло им. Сразу после этого я встретился с Крушной, на которого при виде собаки нахлынули дорогие сердцу воспоминания. Мы были невероятно взволнованы.

Однако в тот вечер я столкнулся с проблемой. Я не имел ни малейшего представления о том, что делать дальше с этой собакой, которая наверняка будет лаять или скулить, если я оставлю её за дверью. В конце концов я решил по-настоящему отнестись к этому неожиданному гостю так, будто сам Бог пришёл ко мне. Я бы не оставил Бога спать на улице за порогом своего дома! Итак, я осторожно впустил собаку. Я был приятно удивлён, что она не поцарапала мебель и не мочилась на пол. Благодарю тебя, Господи! Она просто лежала на полу в каждой комнате, в которую я входил, и смотрела на меня. Когда пришло время ложиться спать, она не скулила только тогда, когда лежала на полу рядом с моей кроватью и с моей рукой на её голове.

Столько всего я могу рассказать об этой божественной собаке! Теперь я называю её Бхайрава (что означает священное проявление Бога в виде собаки) или чудо-Майло (потому что я нашел её, когда был на самом дне (разг. англ. май ло), но её появление раскрыло во мне любовь). Её чудесное появление принесло мне глубокое исцеление: её присутствие в моей жизни показало, что на самом

Чудо-собака Майло и я, после одной из наших первых прогулок вместе.

деле мы никогда не бываем одиноки. Вокруг нас всегда есть знаки божественной любви, и всё, что нам нужно, так это искать их.

Когда я впервые услышал о кончине доктора Нарама, я подумал: «Неужели это конец? Что будет дальше?» Исцеливший меня Майло помог понять, что кончина доктора Нарама концом НЕ является. Просто история приняла другой, неожиданный для всех нас оборот, не такой, который бы мы ожидали. У меня есть ещё много историй из прошлого, связанных с доктором Нарамом. Мне хочется ими поделиться, но благодаря Майло, я понял, что и впереди ещё много новых историй.

Я очень рад, что теперь и вы являетесь частью продолжающейся истории. Мне очень любопытно, какую роль вы будете играть в продолжении этой истории, и какую её часть мы будем проходить вместе. Время, проведённое с Майло, напомнило, что мы все вместе, и никто из нас никогда не бывает по-настоящему одинок.

В связи с этим хочу поделиться с вами ещё одним из последних случаев. В тот день, когда моя подруга Мина и я должны были пойти в клинику, Майло всё ещё был со мной. Я не знал, что мне с ним делать. Когда я вызвал водителя из компании Uber, Майло последовал за мной к машине. И как только мы с Миной сели в такси, Майло запрыгнул прямо мне на колени. Водитель был недоволен, но, к счастью, всё равно решил отвезти нас.

Майло всю дорогу просидел у меня на коленях, все 35 минут. Мина заметила, что это очень странное и интересное поведение. Когда же мы приехали в клинику, Майло выскочил из машины и начал вилять хвостом. Я немного нервничал, позволяя ему ходить со мной в коридорах учреждения, но для него это было именно то, чего он хотел. Я объяснял это тем, что многие люди приводили своих животных, чтобы показать их доктору Нараму, и предположил, что персонал будет расположен к нему. Неожиданно в клинике произошла ещё одна удивительная вещь, которую я тоже снял на видео и опубликовал затем на Фейсбук.

На втором этаже здания собака оставила меня и направилась прямо в офис, где доктор Нарам обычно принимал пациентов. Сотрудник открыл дверь, и мы все были очень удивлены, когда Майло вошёл и посмотрел на фотографию доктора Нарама и Смиты с Далай-Ламой, а затем посмотрел на стул, на котором обычно сидел доктор Нарам. Тогда Майло сел прямо перед столом, как будто ему там самое место. Слёзы покатились градом по щекам сотрудников, которые пришли посмотреть, чтобы стать свидетелями мистического

Майло, сидя на полу перед столом доктора Нарама.

поворота событий. Мне даже пришлось ещё раз пересмотреть моё видео на Фейсбук, чтобы убедиться, действительно ли всё произошло именно так или я просто это выдумал?

Поскольку многие сотрудники пришли посмотреть на Майло и сфотографироваться с ним, всё случившееся вновь вызвало одновременно удивление и благоговение у всех нас. Вскоре после этого я закрыл двери в офис. Мина, Майло и я ещё посидели здесь некоторое время. Мина и я закрыли глаза, чтобы помедитировать. В тишине мне вспомнилась наша первая с Алисией поездка в Индию, и то, как я десять лет назад впервые находился в этой самой комнате.

Почти на том же месте, где сейчас сидел Майло, доктор Нарам отвёл меня в сторону, чтобы поговорить со мной. Мне показалось странным, что он выделил меня из всех присутствующих, и поэтому я с любопытством слушал его: «Клинт, не знаю почему, но я верю в тебя. – Он сделал паузу, а затем продолжил. – Возможно, ты здесь по определённой причине. У меня такое чувство, что ты сделаешь что-то великое в жизни, добьёшься успеха в том, что хочешь делать». Положив руку мне на плечо, он посмотрел мне в глаза и сказал: «Главный вопрос заключается в том, что ты хочешь?»

И когда я это вспомнил, моё лицо расплылось в улыбке, и поток слёз прекратился.

Я оставляю тебя с тем же вопросом, дорогой друг.

Что ты хочешь?

ПРИМЕЧАНИЕ АВТОРА

Что дальше?

*Живи так, как будто умрёшь завтра.
Учись так, как если бы жил вечно.*

Махатма Ганди

Итак, что дальше? Люди спрашивают меня: «Клинт, теперь, когда доктора Нарама не стало, как я смогу испытать на себе действие древних секретов?»

Доктор Нарам говорил мне, что в восьмидесяти процентах случаев вы можете исцелить себя сами, предпринимая самые действия. Вам просто нужно применять определённые принципы и иметь небольшую поддержку. Как узнать об этом больше?

Вы можете бесплатно зарегистрироваться прямо сейчас на сайте: www.MyAncientSecrets.com/Belong

1. Вы получите ссылки на видеотренинги доктора Нарама, мои и многие другие, соответствующие каждой главе, с описанием домашних средств, травяных лекарственных средств, мармаа и секретов диеты, словом, всего, что может вам помочь.
2. Если вы хотите поговорить с кем-нибудь о своей ситуации лично, вы увидите, как это можно сделать.
3. Вы получите ссылки на любые мероприятия или тренинги (в прямом эфире и в постоянном доступе в интернете), а также узнаете, как пригласить меня или кого-то ещё для выступления на вашем мероприятии.

4. Вы узнаете больше о прилагаемом к этой книге учебном пособии под названием «Открой себя: применение древних секретов, которые могут изменить твою жизнь» (в него включено в том числе и то, что не вошло в книгу). Это поможет вам персонализировать и применить эту проверенную временем мудрость для вашего физического, умственного, эмоционального и духовного благополучия.
5. В качестве забавного бонуса мы создали для вас игру под названием «30 дней для раскрытия вашей древней скрытой силы». Эта игра может помочь вам обрести более крепкое здоровье, неограниченную энергию и душевное спокойствие.
6. Вы сразу же присоединяетесь к сообществу людей, которые хотят измеить этот мир к лучшему, и станете частью нашей семьи.

доктор Нарам и я на том самом месте, где он проходил обучение у своего мастера.

Мне не терпится увидеть, какие изменения произойдут в вашей жизни, когда вы присоединитесь к нам.

Примечание: Насколько мне известно, это первая книга о древних секретах исцеления доктора Нарама, опубликованная на английском языке. Меня никто не просил её написать и тем более никто не оплатил её написание, просто я почувствовал вдохновение и желание поделиться уникальной информацией. К тому же, эта книга не является исчерпывающим трудом ни о докторе Нараме, ни о Сиддха-Веде, это просто моя точка зрения. Я надеюсь, что мне удалось разглядеть и достойно отразить яркую и динамичную натуру этого особенного человека – мастера-целителя, а также передать эмоции тех, кто поделился со мной своими историями. Некоторые люди, с которыми я беседовал, попросили не называть их имён, поэтому некоторые имена в книге вымышленные. Остальные люди дали разрешение поделиться своими историями публично и, в некоторых случаях, предложили предоставить контактную информацию всем, кто пожелает. В некоторых случаях я создавал персонажи, чтобы помочь людям остаться в тени и в то же время помочь в точности передать их истории. Все, кто поделился своим опытом, выразили надежду и готовность вдохновить своим примером других, когда это будет необходимо. Кроме того, я провёл дополнительное интервью и снял разные видео со многими людьми, упомянутыми в этой книге, к примеру, с Раббат, чтобы вы могли узнать, что сейчас происходит в их жизни. Все эти материалы также можно найти на сайте MyAncientSecrets.com.

Особая благодарность и признательность: Список людей, которых мне бы очень хотелось поблагодарить, настолько длинный, что я решил разместить его на веб-сайте MyAncientSecrets.com. Всем тем, кто каким-либо образом помогал делиться историями, рецензировать, редактировать и оставлять отзывы об этой книге, я выражаю свою глубокую признательность. Благословение вашей любви чувствуется на каждой странице этой книги.

Следующая книга: Поскольку в этой книге подробно рассказывается только о некоторых из огромного множества историй, а также о результатах применения домашних лечебных средств, то необходимо продолжение, и я уже работаю над следующей книгой из этой серии; в неё войдёт ещё больше историй, изменивших жизнь людей. Когда вы присоединитесь к указанному веб-сайту, то сможете быть в курсе происходящего и узнать о выходе следующей книги. MyAncientSecrets.com/Belong.

Ваше путешествие: Махатма Ганди утверждал, что мы все взаимосвязаны. Когда страдает один человек, мы все страдаем в той же степени. И наоборот, когда помогают одному человеку, это также отражается на всём человечестве.

Если эта книга вам чем-то помогла, я приглашаю вас оставить пятизвёздочный отзыв на Amazon.com, а также поделиться новыми знаниями с теми, кого вы любите. Когда мы соприкасаемся с чьей-то жизнью и нам удаётся улучшить её, всё человечество получает такую же пользу.

Эта книга на самом деле не о докторе Нараме, и никогда не была о нём. И она также не обо мне. Возможно, мы никогда не встретимся, возможно, вы не воспользуетесь этим методом исцеления.

Однако, эта книга о вас. Речь идёт о том, чтобы вы увидели божественное внутри себя, которое может привести вас к уникальному опыту, к учителям и исцелению, которые идеальны именно для вас. Я надеюсь, что в результате нашего совместного путешествия, благодаря этой книге, вы почувствуете больше любви, больше желания заботиться о себе и больше трепета перед чудом жизни.

Вы действительно прекрасная, уникальная и сияющая часть божественного гобелена-жизни. Вся жизнь происходит для вас, а не с вами.

И вас направляют (высшие силы). И как доказательство этой реальности — то, что вы читаете эти слова прямо сейчас.

Возможно, во время чтения этой книги вас посетило вдохновение совершить какие-то действия, я рекомендую вам сделать это. Возможно, возникла мысль о ком-то, с кем вы бы хотели поделиться этой книгой. Никогда не знаешь, кому сейчас нужен этот дар любви.

У меня есть к вам последняя просьба.

Предлагаю вам остановиться на несколько минут, закрыть глаза и спонтанно написать ниже всё, за что вы благодарны, что оказало влияние на вашу жизнь. Опишите момент, человека, опыт, словом, всё, что придёт в голову.

_____

_____

_____

_____

_____

_____

_____

_____

_____

_____

_____

_____

_____

_____

_____

_____

Посмотрите ещё раз на свой список и, читая каждое имя, в глубине души скажите «спасибо» жизни. Затем скажите «спасибо» за дар быть самим собой, именно таким, какой вы есть, и именно там, где вы находитесь в данный момент. Спасибо.

Точно так же, как я был направлен помочь своему отцу, многие события идеальным образом складывались на моём пути, чтобы привести меня туда, где я сейчас нахожусь. Правда заключается в том, что вас тоже направляли любовью. Верьте, что вы и дальше будете направляться любовью именно к тому, что подходит именно вам.

Надеюсь, вы всегда помните: с какими бы проблемами вы ни столкнулись, у каждой из них есть решение. Доктор Нарам сказал ещё лучше: «Каждая проблема или вызов таят в себе семена равных или больших возможностей».

Намасте,
Доктор Клинт Дж. Роджерс

P.S. Мне бы хотелось оставаться с вами на связи, чтобы услышать вашу историю о том, что привело вас к этой книге, и ваш опыт её прочтения. Вы можете связаться со мной в Facebook, Instagram или написать мне по адресу: DrClint@MyAncientSecrets.com.

ПРИЛОЖЕНИЕ

ГЛОССАРИЙ

Аам (или ама) – токсины.

Агни – древний термин, используемый для описания огня (или силы) пищеварения.

Аллопатия или аллопатическая медицина – это система медицинской практики, направленная на борьбу с болезнью с помощью средств (лекарства или хирургическое вмешательство), оказывающих влияние, противоположное или несовместимое с действием, вызванным самим заболеванием (определение медицинского словаря Мерриам-Вебстер).

Амрапали – согласно буддийским текстам, считается одной из самых красивых когда-либо рождённых женщин. Используя древние секреты молодости и красоты Сиддха-Веды, которые она узнала от Дживаки, Амрапали поддерживала свою молодость и красоту. Царь, у которого была молодая красивая жена, влюбился в Амрапали, хотя она была старше него на двадцать лет.

«Атити Дево Бава» – индийское предание, означающее: каждого человека, приходящего в вашу жизнь, принимать как Бога, кем бы этот человек ни был и каким бы неудобным ни был его визит. Все ученики и учителя целительской линии Сиддха-Веды от всего сердца почитают каждого человека, который обращается за помощью или приходит учиться.

Атмията (произносится Ахт-ми-я-тах) – это мощный жизненный принцип, которому учил Хариприсад Свамиджи. Его практиковали члены Божественного Общества Йоги: независимо от того, как к вам относятся, вы можете ответить только любовью и уважением.

Аюрведа – наука о жизни; древнеиндийская медицина, насчитывающая 5 000 лет. В центре внимания этой науки не только устранение болезни, но и, в первую очередь, образ жизни, помогающий предотвратить заболевания.

Блоки – (физические, ментальные, эмоциональные; во взаимоотношениях, в духовной, финансовой и других сферах жизни), то есть, когда в жизни на каждом шагу встречаются препятствия, хождение по кругу и преследуют неудачи. Глубокое исцеление наступает тогда, когда мы можем распознать и удалить блоки безопасным способом с долгосрочным результатом.

Более глубокое исцеление – это исцеление, направленное на устранение первопричины болезни на физическом, ментальном, эмоциональном и духовном уровнях, выходящее за рамки лишь поверхностных симптомов заболевания.

Будда – духовный учитель, которого звали Сиддхартха Гаутама. Он родился в Непале около 2 500 лет назад. Сиддхартха известен тем, что отказался от привилегированной жизни во дворце, чтобы следовать пути, ведущему к просветлению, а затем наставлять на этот путь других людей.

Вайдия – в переводе с санскрита означает «врач». Так в Индии называют человека, который практикует исконно индийскую систему врачевания.

Вата – доша или элемент жизни, связанный с ветром/эфиром.

Древние традиции исцеления (ДТИ) – двухлетний сертифицированный курс по изучению древних методов исцеления доктора Нарама и Сиддха-Веды. Первоначально этот курс преподавался в одном из университетов Берлина, теперь преподаётся в университетах по всему миру. Древнее целительство – это не о «борьбе с болезнями», а о создании в организме равновесия, часто достигающегося путём очищения от токсинов. Через такое очищение организм сам себя исцеляет.

Гхи – топленое сливочное масло, которое готовят из качественного сливочного масла путем длительного перетапливания последнего на самом слабом огне. Его используют как в кулинарии, так и в лечебных целях.

Гурудвара – место поклонения людей, исповедующих сикхизм.

Дард Мукти (произносится дахрд мук-ти) – Дард означает «боль», а Мукти переводится как «свобода от»; древние секреты исцеления, которые помогают облегчить различные виды дискомфорта в суставах или мышцах. Дживака – мастер-целитель, который жил в примерно в 500 году до н. э. Известен как первый мастер линии Сиддха-Веда. Он был личным врачом Будды, Амрапали, считавшейся одной из самых красивых женщин в мире, а также индийского короля Бимбисара. Он изучал, записывал тайные знания в рукописях и передавал своим ученикам секреты, которые он открыл для достижения крепкого здоровья, неограниченной энергии и душевного спокойствия в любом возрасте.

Доши – это представленные элементы в теле, существующие в природе (т.е. капха – земля/вода, вата – ветер/эфир, питта – огонь); когда наши доши находятся в равновесии, мы здоровы; когда равновесие нарушено, то возникает дискомфорт и недомогание.

Капха – доша или элемент жизни, связанный с землёй/водой.

Кармайог, бхактиог и гьянйог – разные пути, ведущие к мокше, – состоянию просветления или удовлетворенности (то есть путь медитации, путь молитвы, путь успеха в бизнесе или в бою).

Мармаа Шакти – древняя технология глубокой трансформации, работающая на всех уровнях тела, ума, эмоций и духа. Сознательно или неосознанно каждый человек запрограммирован обществом. Мармаа является древней технологией для перепрограммирования себя, чтобы привести свою жизнь в соответствие с истинной целью жизни. Это может помочь удалить блоки и сбалансировать вашу систему. Мало того, что физическая боль уменьшится или исчезнет, эта древняя технология также может помочь вам достичь всего того, чего вы хотите в жизни.

Мокша – состояние просветления или удовлетворённости.

Намасте (произносится *Нах-ма-сте*) или Намаскар (произносится *Нах-мах-скар*) – приветствие в Индии, которое совершается сложением вместе ладоней перед сердцем, что означает: «божественное/бог/богиня во мне кланяется божественному/богу/ богине в тебе, и я чту то место, где мы с тобой едины».

Не-дуг – так доктор Нарам говорит о дисбалансах: существует дисбаланс, который создаёт «не-дуг» или «не-домогание», и когда вы снимаете блок и восстанавливаете баланс системы, в вашу жизнь возвращается лёгкость.

Пакода (произносится *пах-кхо-да*) – индийское блюдо, похожее на обжаренные в муке луковые кольца, которые доктор Нарам использовал, чтобы избавить меня от сильной головной боли и продемонстрировать принцип, что всё может быть лекарством или ядом в зависимости от того, как / когда / где вы это используете.

Панчакарма или астакарма (произносится как *пахн-ча-кахр-мах и ас-тах-кахр-ма*) – многоэтапное очищение и восстановление основных систем организма – один из шести ключей Сиддха-веды к более глубокому исцелению. Карма означает «действие», а панча – «пять». Таким образом, панчакарма состоит из пяти действий по выведению токсинов из организма или его очищению. В астакарма есть восемь действий или три дополнительных шага для очищения и восстановления равновесия внутри тела.

Панкадж Нарам (произносится Пахн-кадж Нах-рахм) – мастер-целитель (доктор Нарам), о котором говорится в этой книге. Он родился 4 мая 1955 года и покинул своё тело 19 февраля 2020 года.

Питта – доша или элемент жизни, связанный с огнём.

Пульсовая диагностика – древний метод диагностики, при котором целитель прикасается к пульсу пациента и, основываясь на том, как бьётся пульс, определяет дисбаланс и блоки в организме человека, и как они влияют на физическое, психическое, эмоциональное и духовное здоровье.

Сайт бесплатного членства MyAncientSecrets.com — это подарок вам за прочтение этой книги и ресурс для изучения того, как применять эти древние секреты исцеления в своей жизни. Перейдите по ссылке: www.MyAncientSecrets.com/Belong. Сева (произносится сей-вах), что в переводе означает «служение».

Сознательное, подсознательное, сверхсознательное — три уровня сознания, которые активируются через Мармаа Шакти.

Сиддха-Веда (или Сиддха-Рахаршайям) — линия целителей или школа мысли с секретами для глубокого исцеления, которые выходят за рамки Аюрведы, передаются от мастера к ученику с её тайнами или «технологией». Она помогает обнаружить, достичь и наслаждаться в жизни всем, чем вы хотите. Девяносто пять процентов людей на этой планете не знают, чего они хотят; три процента людей знают, чего хотят, но не могут этого достичь; один процент знают, чего хотят, достигают этого, но потом не получают от этого удовольствия, и только один процент людей знают, чего хотят, добиваются этого и чувствуют удовлетворённость результатом.

Шесть ключей Сиддха-Веды к глубокому исцелению — это диета, домашние средства, травяные препараты, мармаа шакти, образ жизни и панчакарма / астакарма. Они помогают людям выглядеть и чувствовать себя молодыми в любом возрасте.

Шакти — определяется как «сила» или божественная сила, позволяющая что-то делать или создавать. По словам доктора Нарама, эта сила уже в вас, и мармаа шакти является древним инструментом, который помогает её высвободить, работая с другими ключами Сиддха-Веды, чтобы помочь людям испытывать крепкое здоровье.

Ягна (произносится *Йаг-нах*) — разновидность ритуала, проводимого с определённой целью.

Сравнение Аллопатии (современной западной медицины), Аюрведы и Сиддха-Веды*

	Аллопатия	Аюрведа	Сиддха-Веда
Сколько лет?	более 200 лет, была так названа впервые в 1810 году	Более 5000 лет	более 2500 лет
Кто основоположник?	Самуэль Ганеман (1755–1843) придумал термин «аллопатия», чтобы отличать её от «гомеопатии»	Один из первых учёных Сушрута сказал, что он научился этому методу врачевания у Дханвантари, воплощённого в то время в короля Варанаси	Дживака (врач Будды и других известных современников)
Как передавалась?	Медицинские школы, по месту жительства	Книги, университеты и практика	Ученичество, то есть передача знаний по непрерывной линии от мастера к ученику и дальше
Какова её основная направленность?	Лечение симптомов заболевания посредством медикаментов и хирургических операций; Тело условно «разделяется» на части, и каждый специалист занимается лечением отдельных органов человека	Определяется как «наука жизни», направленная на здоровый образ жизни, помогает предотвращать или преодолевать болезни (применяет индивидуальный подход, в зависимости от конституции человека (его доши), рассматривает пациента как единое целое, учитывая взаимосвязь тела, ума, эмоций и, с учётом этого, создаёт лечебные средства	Помогает людям достичь крепкого здоровья, неограниченной энергии и душевного спокойствия (осуществляет индивидуальный подход, в зависимости от конституции человека (его доши), рассматривает пациента как единое целое, учитывая взаимосвязь тела, ума, эмоций и, с учётом этого, создаёт лечебные средства; также помогает каждому человеку осознать, чего он хочет, достичь этого и наслаждатьсятем, чего достигли
Какие методы диагностики применяются?	Использование внешних устройств для сбора данных о состоянии пациента (например, температура, артериальное давление, уровень сахара в крови и многое другое)	Использование непосредственного восприятия врача (например, через изучение пульса, анализ состояния языка, наблюдение за изменениями в моче и т. д.)	Использование прямого восприятия врача (например, через изучение пульса и других методов, исходя из ситуации)

Каковы основные Инструменты или методы исцеления?	Лекарства и хирургическое вмешательство	Травяные препараты, домашние средства, диета, образ жизни, панчакарма	Шесть инструментов или «ключей» исцеления: домашние средства, диета, мармаа шакти, травяные препараты, панчакарма/астакарма, образ жизни
Методы проверки эффективности лечения	Двойные «слепые» исследования (которые выделяют переменные параметры и проверяют их в контролируемой среде в течении нескольких месяцев или лет)	Непосредственное влияние травяных средств на здоровье человека, отслеживаемое длительное время у разных людей на протяжении тысячелетий	Непосредственное влияние травяных средств на здоровье человека, отслеживаемое длительное время у разных людей на протяжении тысячелетий
В чём заключаются сильные стороны?	Часто это может быть быстрым решением	Ориентирована на долгосрочный результат	Сосредоточена на более глубоком выздоровлении и долгосрочной пользе; травяные препараты всегда готовятся из высококачественного сырья, не содержащего тяжёлые металлы
В чём заключаются недостатки?	Часто возникают отрицательные побочные эффекты лечения; также постоянно нужно посещать специалиста и либо иметь страховку, либо платить за лечение из собственного кошелька	Часто требует времени, усилий, изменения привычного образа жизни и терпения, чтобы увидеть результаты; различное качество трав, иногда в них обнаруживаются тяжёлые металлы	Долгое ожидание приёма врача из-за большого количества желающих; часто требуется время, усилие, изменение образа жизни и терпение, чтобы увидеть результаты; травяные средства дороже, чем у других производителей, из-за высочайшего качества сырья и прекрасно отлаженного производственного процесса

*На сайте MyAncientSecrets.com вы можете найти более подробную дискуссию о различиях между тремя вышеуказанными методологиями, а также другими формами традиционных и «альтернативных» исцелений.

Заметки из моего дневника
(в бонусном материале СЕКРЕТ для вас)
СЕКРЕТ АМРАПАЛИ

Три древних секрета поддержания здоровья женщин в любом возрасте (от 15 до 60 лет и старше) для оптимального уровня гормонов **

1) Секретное домашнее средство Амрапали от доктора Нарама:

    250 г порошка фенхеля,
    250 г порошка тмина,
    50 г порошка аджвейна,
    50 г чёрной соли,
    50 г семян укропа,
    25 г порошка кориандра,
    10 г порошка асафетиды или порошка хинга.

Смешайте все ингредиенты вместе и разделите общее количество на 60 равных пакетов (многие нетрадиционные ингредиенты можно заказать онлайн).

Перед приемом одной порции препарата замочите смесь в тёплой воде на 30–60 минут. По прошествии этого времени выпейте её всю. Принимайте ежедневно по четыре пакетика в течение всего дня. Курс лечения составляет не менее шести месяцев.

2) Мармаа Шакти секрета Амрапали – на левом запястье под большим пальцем отсчитайте три пальца вниз по руке и нажимайте на эту точку шесть раз. Делайте это много раз в день.

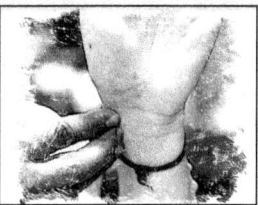 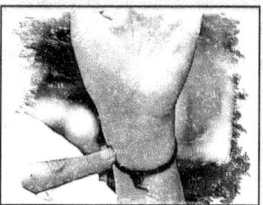

3) Травяные средства. Существовала жидкая и таблетированная форма трав для поддержания нормального уровня гормонов у женщин. Растительные препараты включали в себя такие ингредиенты, как фенхель, шатавари, сельдерей и витекс священный.

** Бонусный материал: вы можете узнать больше секретов Амрапали в свободном доступе на сайте: MyAncientSecrets.com/Belong. Помните, что МЕДИЦИНСКАЯ ОГОВОРКА применяется ко всему, что описывается в этой книге или в интернете.

Заметки из Моего Дневника (Бонусный Секрет для Вас)
ДРЕВНИЕ СЕКРЕТЫ ИММУНИТЕТА***

В 12-й главе рассказывается о том, как доктор Джованни вылечил пчёл в ульях от какого-то вируса травяными препаратами и домашними средствами для повышения иммунитета. Он узнал древние секреты от доктора Нарама, который использовал их в лечении многих людей для достижения крепкого здоровья, неограниченной энергии и душевного спокойствия.

1) Диета: отварите ломтики корня имбиря в воде с 1/2 чайной ложки порошка куркумы и пейте полученный отвар в течение дня. Избегайте пшеницы и молочных продуктов, а также кислых и ферментированных продуктов. Вместо этого ешьте суп из маша и отварные зелёные листовые овощи.

2) Мармаа Шакти: на правой руке нажмите 6 раз на кончик среднего пальца и делайте это много раз в течение дня.

3) Домашнее лечебное средство – мощное древнее домашнее средство доктора Нарама для поддержки иммунитета:

> 1 ч. л. мёда;
> ½ ч. л. имбирного сока;
> ½ ч. л. порошка куркумы;
> ¼ ч. л. порошка корицы;
> 11–12 тулси (листья священного базилика (индийского базилика);
> ⅛ ч. л. порошка гвоздики;
> 1 зубчик чеснока (но если по религиозной причине вы избегаете чеснок, то
> вам лучше его не включать).

Всё размешайте в ½ стакана тёплой воды, принимайте 2–4 раза в день.

4) Травяные средства – доктор Джованни дал средство для поддержки иммунитета, приготовленное из трав, которое включает такие ингредиенты, как гранатовая кожура, индийская тиноспора, корни лакрицы, кора холархенна, корни андрографиса, имбирь и листья тулси.

***Бонусный материал: вы можете увидеть демонстрацию мармаа и способ приготовления этого средства в свободном доступе на сайте MyAncientSecrets.com. Помните, что МЕДИЦИНСКАЯ ОГОВОРКА применяется ко всему, что предложено в этой книге или на сайте в интернете.

Травяные формулы, упомянутые в этой книге

Доктор Нарам создал более 300 травяных формул с разными названиями в разных странах для помощи людям в их глубоком исцелении. Он создал эти средства, используя принципы из древних рукописей, хранившихся у его учителя, а также из своего 36-летнего опыта оказания помощи более миллиону человек. Я видел, как доктор Нарам следовал древним секретным процессам, описанным несколько тысячелетий назад, чтобы выявить алхимические преимущества от комбинации определённых ингредиентов; в то же самое время это сочеталось у него с современными научными методами для обеспечения чистоты, соблюдения стандартов и безопасности создаваемых лекарственных формул. Мне бы хотелось, чтобы все, кто создаёт травяные средства, делали бы это с тем же уровнем мастерства. Для любых травяных средств, которые вы используете, разумно проверить, свежие ли ингредиенты они содержат, и убедиться, что они не содержат тяжёлые металлы.

Исключительно в образовательных целях ниже приводится таблица, в которой перечислены некоторые ингредиенты некоторых травяных составов, упомянутых в этой книге. Этот список не является исчерпывающим или всеобъемлющим. Для получения дополнительной информации по этой теме, пожалуйста, воспользуйтесь поиском в интернете или найдите хорошего наставника.

*Поддержка здорового функционирования:	*Некоторые травяные средства могут включать следующие ингредиенты:
Артериальное давление	кора арджуны, центелла азиатская, пунарнава, пурпурная тефрозия (также шарпунха), чеснок
Мозговая функция	шанкха пушпи, готу кола, водный иссоп (или брахми, бакопа), шатавари, белая тыква, масло семян целаструса
Спокойствие	ашваганда, водный иссоп (брахми, бакопа), готу кола, шанкха пушпи, куркума и солодка
Волосы	кунжутное масло, фрукты амла (филлантус), центелла азиатская, эклипта, ним, фрукты сапиндуса, листья хны
Иммунитет	гранатовая кожура, индийская тиноспора, корни солодки, кора холархены, имбирь и листья базилика
Суставы	циссус квадрангуларис, индийский ладан, листья авраамова дерева (витекс священный), имбирь и смола гуггула

Печень	амла (филантус), индийская тиноспора, боеравия, харитаки (терминалия цебула), андрографис, каперсный куст
Лёгкие	фрукты граната, корни жёлто-фруктовые (соланум вирджинианум), листья ореха Малабар, корни солодки, священный базилик, корни баэльского дерева, ароматные корни деревьев падри
Мужские гормоны	семена кунжута, трибулус, индийская тиноспора, корни ашваганды, корневища индийской кудзу и семена бархатной фасоли
Мышцы/суставы «дард» Помощь, облегчение	мята, вечнозелёное масло (гаунтерия фрагрантиссима), ороксилум, плюхея, масло корицы, имбирь, корни циперуса, куркума, листья авраамова дерева
Кожа	ним, куркума, кокосовое масло, священный базилик, сладкий индраджао, корица, кардамон, индийский лабурнум, фрукты амла (филлантус), дерево сал и чёрный перец
Гормоны женщин	фенхель, шатавари, сельдерей, семена авраамова дерева (витекс священный), аброма прядильная, кора дерева асока и тмин

Примечание о травяных и домашних средствах

Не беспокойтесь, если некоторые ингредиенты или травяные средства недоступны в вашей стране, у вас ещё есть так много других вещей, которые вы можете сделать.

Помните шесть ключей Сиддха-Веды? Вы можете изменить свой рацион питания, нажимать на точки марма-шакти или приготовить домашние средства, используя ингредиенты, которые есть на вашей кухне. Доктор Нарам часто корректировал ингредиенты в травяных средствах в зависимости от конкретного человека, его состояния здоровья на данный момент, его конституции, возраста, пола, а иногда и места проживания. Он также обращал внимание на то, что произошло в теле за время, в течение которого человек их принимал, и вносил изменения по мере необходимости. Вот для чего следует прислушиваться к своему телу, чем бы вы ни занимались, и, если сможете, найдите прекрасного практикующего врача, который мог бы вам помочь. Доктор Нарам говорил: «Путешествие в тысячу миль начинается с одного шага. Начните с того, к чему у вас есть доступ, и делайте всё, что можете сделать». И верьте, что вас направят, если вам понадобится что-то ещё. Что касается любых травяных средств, упомянутых в этой книге или в интернете, пожалуйста, прочитайте медицинскую оговорку.

Забавные фотографии и благословения

Доктор Клинт Дж. Роджерс с суперзвездой Болливуда Амитабхом Баччаном.

Лидер RCC Бхайя Джоши: «Эти секреты являются бесценным сокровищем, которым могут гордиться люди Индии и всего мира».

Доктор Клинт Дж. Роджерс с доктором Брюсом Липтоном, биологом и автором бестселлеров.

Доктор Клинт Дж. Роджерс с Пуначей Мачайей и доктором Дипаком Чопрой.

Пьетро Танзини, мэр Буцины в Тоскане (Италия), называет доктора Нарама «ГУРУ ИСЦЕЛЕНИЯ».

Доктор Дагмар Укер, уважаемый немецкий врач, каждый год приглашала доктора Нарама к себе в клинику в Германии для решения сложных случаев в её врачебной практике, когда ни один врач не знал, как помочь пациенту.

Хорошие новости! Особое благословление всем, кто владеет и делится этой книгой, от многих великих святых и мастеров, в том числе:

Оракула Его Святейшества 14-го Далай-ламы

Его Святейшества Харипрасада Свами

Свами Омкара Дас Джи Махараджи

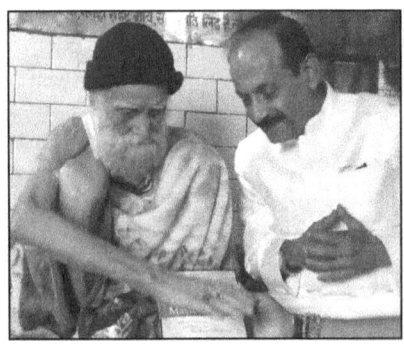

Доктора Тьягинат Агори Баба

Его Преосвященства Намха Дримеда Ранджама Ринпоче

Доктора Еши Дхондена, целителя тибетской медицины.

Подробнее об их благословениях и благословениях других духовных лидеров многих традиций можно найти на сайте MyAncientSecrets.com

Письма святых, учёных и сторонников:
Его Святейшество Харипрасад Свами, Божественное Общество Йоги

Swami Shreeji

H. H. HARIPRASAD SWAMIJI
YOGI DIVINE SOCIETY   Haridham, SOKHADA - 391 745, Dist. Vadodara, Guj., INDIA
Dt: 4 Sep 2018

«Книга доктора Клинта Дж. Роджерса является актом большого сева (служения) человечеству. Мир нуждается в огромной помощи, так как он загрязнён не только образом мышления большинства людей... есть также ментальное, эмоциональное и духовное загрязнение. Древние секреты исцеления, описанные в этой книге, сегодня являются наиболее глубоким решением крупнейших проблем современного мира. Я знал доктора Нарама более 40 лет и очень уважаю его, а также лично встречался с его учителем-гуру Бабой Рамдасом и знаю силу этой непрерывной линии целителей, которая, в конечном счёте, исходит от Дживаки (личного врача Будды). Я видел, как доктор Нарам использует древние принципы исцеления, чтобы помочь людям, которых я посылал к нему с целью обратить вспять и преодолеть ревматоидный артрит, эпилепсию, сильные менструальные кровотечения, инфекцию печени и лёгких, рассеянный склероз, сердечные блоки, рак, бесплодие, миому, диабет, проблемы с щитовидной железой, осложнения во время беременности, высокий уровень холестерина, высокое артериальное давление, выпадение волос, проблемы с мочевыводящими путями, перелом копчика, тяжёлые грыжи, псориаз, аутизм, экзему, шейный спондилёз, проблемы с мозгом, и это перечислено далеко не всё. Доктор Нарам обладает сиддхи (силой) для исцеления, переданной ему благодатью своего мастера. Секреты древнего исцеления, раскрытые в этой книге, сейчас необходимы больше, чем когда-либо».

Его Святейшество Харипрасад Свами (глава общества йоги Йогидивайн).

Sadhu Hariprasaddas

Оракул Его Святейшества Далай-ламы 14-го

Ven. Thupten Ngodup
(The Medium of Tibet's Chief State Oracle)
Nechung Dorje Drayangling Monastery

«Меня очень заинтересовала книга Клинта Роджерса «Древние секреты мастера-целителя», готовящаяся к выпуску, так как она в точности связана с учением Будды: "О, Бхикшу и мудрецы! Как человек берёт пробу золота, растирая, разрезая и плавя его, так и вы внимательно изучите и примите мои слова. Но не потому, что вы меня уважаете".

Клинт Роджерс тщательно изучил целительскую родословную доктора Нарама, посвящённую древним методам лечения множества болезней, особенно в этом столетии, когда существует так много разных видов заболеваний. Очень важно сочетать древние и современные методы исцеления. Моё благословение и молитва об этой книге и о миллионах людей, которые её прочитают, чтобы их жизнь была благословлена глубоким исцелением, счастьем и душевным спокойствием».

Подпись
Достопочтенный Тубтен Нгодуп (Верховный медиум, Государственный оракул Тибета)

Миссис мира, супермодель и врач, выпускница Гарварда

Книга доктора Клинта Роджерса «Древние секреты мастера-целителя» – это подарок, и я хочу, чтобы её прочитали не только родные или близкие мне люди, но и каждый человек на планете. Она написана искренне, от всего сердца, и в ней удачно соединяется мудрость многих поколений с увлекательной историей, в ней есть также «библия» проверенных временем лечебных домашних средств, которые можно принимать при необходимости.

Первая глава меня заинтриговала, и мне не хотелось прерывать чтение... это было так захватывающе. Ко всему прочему, эта книга легко читается, что и заставляло меня продолжать читать, чтобы узнать, что же будет дальше?

Мне понравилось, как все эти современные истории переплетены с древней мудростью (или «гьян», как мы называем это в Индии). Эта книга прикладная, и меня вдохновляет задавать самой себе важные вопросы, которые делают мою жизнь лучше физически, эмоционально и духовно.

Эта книга похожа на Гиту (или Библию, Коран и т. д.) – в каком бы возрасте или на каком бы этапе жизни вы ни находились, обязательно извлечёте пользу, читая её. Каждый читатель может найти для себя мудрость, которую можно применить в данный момент времени в своей жизни. И каждый раз, читая её, находишь что-то новое.

Как мать, я хочу, чтобы каждый ребёнок прочитал «Древние секреты мастера-целителя». Как женщина и модель, я рада применять эти секреты, чтобы выглядеть и чувствовать себя моложе. Как врач, ценю то, как эти секреты исцеления восстанавливают организм изнутри. Я пришла к пониманию, что только эго удерживает любого врача и целителя от принятия эффективности других форм лечения, отличных от тех, которые они практикуют.

В связи с тем, что доктор Нарам так неожиданно покинул земной мир, эта книга доктора Клинта Роджерса нужна именно сейчас, как никогда. Приближаясь к последней главе, я всё острее чувствовала желание, чтобы история не заканчивалась. И я уже с нетерпением жду, когда доктор Клинт Дж. Роджерс опубликует следующую книгу!

Доктор Адити Говитрикар (врач, психолог, выпускница Гарвардского университета, Миссис Мира, супермодель и актриса)
Поликлиника Ви Кеар, Ле Магазин, выставочный зал А. Рупкала, СВ Дорога, Сантакруз-54 | 022-26050846, 91-9820108600 | info@lighhousecounsellingcentre.com

Председатель правления группы компаний Ларсен и Тубро L&T., одной из самых уважаемых бизнес-империй Индии

A. M. Naik
Group Chairman

September 05, 2018

Древние секреты мастера-целителя

Я знаю доктора Панкаджа Нарама более 30 лет и вижу, как его миссия по распространению секретов целительства по всему миру неуклонно растёт.

Я рад, что меня попросили написать рекомендацию для этой книги, поскольку мы разделяем общие ценности, а именно: честность, упорный труд и, что самое главное, неизменную страсть ко всему, что мы в состоянии сделать, включая значимость распространения древних учений целительства в современном обществе.

Доктор Нарам открыл для мира древние методы исцеления, которые были утрачены для многих поколений до этого. Более того, он помог адаптировать эти практики и поделиться ими таким образом, чтобы их смог применять в жизни любой желающий.

Он уже прикоснулся к жизни более миллиона людей по всему миру и, несмотря на это, остаётся предан своему делу, а движение вперёд только набирает силу. В возрасте, когда большинство людей уходят на пенсию, он более, чем когда-либо увлечён работой по защите, сохранению и продвижению в современную жизнь древних секретов исцеления (собранных в древних рукописях гималайских мастеров), чтобы помочь людям всего мира исцелиться.

Я уверен, что вы найдёте историю жизни доктора Нарама, рассказанную университетским исследователем доктором Клинтом Роджерсом, поистине увлекательной и вдохновляющей, поскольку вы откроете для себя сокровища древней мудрости, применимые в повседневной жизни.

Я желаю ему всего наилучшего в его благородных начинаниях.

Best Regards,

А.М. Наик
Председатель группы – Ларсен и Тубро

Larsen & Toubro Limited, Landmark Building, A Wing, Suren Road Chakala, Andheri (East), Мумбаи 400093 Индия Тел: +91226696 5333 Факс: +91 22 6696 5334 электронная почта: amn@larsentoubro.com. www.larsentoubro.com. Зарегистрированный офис: L&T House, N.M. Marg, Ballard Estate, Mumbai-400001, India, CIN: L99999MH1946PLC004768

Йоги Махила Кендра

Swami Shreeji

YOGI MAHILA KENDRA

(Bombay Pumblic Trust Act Reg. No. BRD / E / 2593, Dt. 19-8-1978)
(Income Tax Act Reg. No. 110-Y-1)

President : H.D.H. Hariprasad Swamiji
Secretary : Vitthaldas S. Patel

HARIDHAM, Po. : SOKHADA - 391 745, Di. Vadodara, Gujarat
Ph:(0265) 86011/22/33/44/55,86242, Fax:(0265) 86503,86526,86142

Доктор Панкадж Нарам – мировой авторитет в области секретов древнего исцеления.

Мой Гуру– Его Святейшество Харипрасад Свами Махарадж (основатель и президент Божественного Общества Йогов) – знает доктора Панкаджа Нарама более 40 лет.

Эта книга вдохновляет на использование древних секретов исцеления, которые применял доктор Панкадж Нарам на практике, в своей повседневной жизни. Он помогает людям с помощью специальной диеты, определённого образа жизни, лечебных трав, домашних лечебных средств для получения огромной энергии, достижения здоровой и счастливой жизни.

Меня всегда до глубины души трогала миссия доктора Панкаджа Нарама – принести пользу каждому сердцу и каждому дому на земле через Древнее Исцеление.

Я принимаю его лекарства от диабета и холестерина, и у меня замечательные результаты. Многие садху в Бхакти Ашраме (Йоги Махила Кендра) принимают созданные руками доктором Нарамом лекарства, и они оказали на них невероятный эффект полного излечения. Что бы это ни было: диабет, заболевания щитовидной железы, артрит и боли в суставах, астма и многое другое. Мармаа творят чудеса с людьми, находящимися в критическом состоянии. Доктор Нарам также помог многим из нас перейти на веганскую безглютеновую диету, применяя травяные препараты и панчакарму. Всё это в системе даёт удивительные результаты.

Я благодарю Клинта Дж. Роджерса за эту великолепную книгу, которую должен прочитать каждый человек».

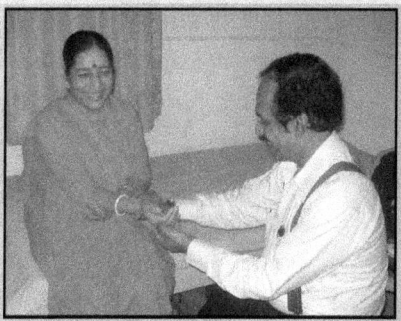

Sadhvi Suhrad

shadhvi suhrad.

Президент Национального исследовательского фонда, автор шести бестселлеров в журнале Нью-Йорк Таймс

The Offices Of
Joel Fuhrman, M.D.

Я ценю дружбу и товарищество Клинта. Его очень заинтересовали проведённые мной обширные исследования о том, что правильная диета может полностью устранить такие проблемы, как диабет, высокое артериальное давление, болезни сердца, ожирение, аутоиммунные заболевания и многое другое. Исследования моей жизни, представленные в моих книгах и телешоу на канале PBS, показывают, что проблемы со здоровьем напрямую связаны с пищей, которую мы едим, и что внесение изменений в нашу пищу может оказать положительное влияние на наше физическое, психическое и эмоциональное здоровье.

Замечательные истории о людях, излечившихся от всех видов заболеваний и недугов, не являются «медицинскими чудесами». Эти результаты вполне предсказуемы, если следовать определённым принципам. Здоровье – это ваше право, и оно доступно каждому человеку. Проблема в токсичных продуктах питания, неправильном образе жизни и лекарствах, которые потребляет большинство людей; лекарства из года в год оказывают давление на ткани организма, пока они, наконец, не разрушатся. Хорошая новость заключается в том, что вы можете излечиться практически от любой болезни и с самого начала избежать недуга, если хотите. Человеческое тело является удивительной самовосстанавливающейся системой, когда вы просто кормите его правильными продуктами и вырабатываете полезные привычки.

Что мне нравится в Клинте, так это то, что он – искатель истины, обладающий любознательностью, что и привело его на уникальный путь к собственной миссии. Он обладает впечатляющими познаниями о полезных, но, в большинстве случаев, неизвестных древних методах исцеления. Однажды, когда мы были вместе в Мексике, моя жена заболела серьёзным расстройством пищеварения (иногда это называют местью Монтесумы). Клинт очень быстро помог ей лекарством, которое ему было известно от доктора Нарама, мы были удивлены и обрадованы тем, что на следующий день она выздоровела. Что я ценю в Клинте больше всего – это его сердце и стремление нести добро всем людям. Я желаю ему и его книге, а также и в миссии помощи человечеству, всего наилучшего.

Джоэл Фурман, доктор медицины Президент Национального исследовательского фонда, Автор шести бестселлеров в журнале Нью-Йорк Таймс

4 Walter E Foran Boulevard, Suite 409,
Flemington New Jersey 08822
Телефон: (908) 237 0200
Факс (908) 237-0210 Веб-сайт:
www.DrFuhrman.com

Другое замечательное письмо можно прочесть в Интернете.

ЕЩЁ ОДНА ЗАБАВНАЯ ИСТОРИЯ ДЛЯ ВАС

В Катманду – это в Непале – есть храм под названием Сваямбунатх (известный как «храм обезьян»). Это место, где доктор Нарам начал обучаться пульсовой диагностике у своего мастера. Готовясь к публикации этой книги, доктор Нарам и я (доктор Клинт) отправились в храм, чтобы возблагодарить Бога.

В какой-то момент я отложил книгу, чтобы сфотографировать её на красивом фоне, и…. произошло самое неожиданное событие!

Агхори Кабирадж, неофициальный смотритель более четырёхсот обезьян, свободно разгуливающих по всей территории, был в шоке, когда увидел фотографии. Он сказал, что никогда раньше не видел ничего подобного. По его словам, это была не просто какая-то обезьяна. Её легко узнать по тому, что у неё нет рук. Она считается самой могущественной «тантрической обезьяной» в храме и прямым

«Тантрическая Обезьяна» без рук подошла, подняла книгу и бережно держит её.

Агхори Кабирадж

представителем Бога Ханумана – Бога в облике обезьяны.

«Я не верю своим глазам, – сказал он. – Произошло чудо!» Агхори Кабирадж подчеркнул уникальную силу этого благословения. «Всё, что написано в этой книге, благословлено Хануманом, и любой, у кого в доме есть эта книга, и в жизни будет благословлён и освящён этой божественной защитой, исцелением и устранением любых препятствий и преград».

Как «западный скептик», я, честно говоря, не знал, что делать в этой ситуации. Тем не менее я действительно почувствовал, что получил благословение во время создания этой книги и был благодарен, что мастер Агхори признал эту книгу, которую вы читаете в настоящий момент, что уже само по себе является явным признаком божественного благословения вашей жизни.

Намасте.

Об авторе

Доктор Клинт Дж. Роджерс – доктор философии, университетский исследователь, у которого не было времени на изучение «альтернативной медицины». Будучи скептиком по отношению ко всему, выходящему за рамки западной науки, он встретил доктора Нарама и соприкоснулся с миром древнего целительства. Значимость всего, чему он стал свидетелем, он преуменьшал и вообще относился к этому с огромным недоверием.

Так было до тех пор, пока современная медицина оказалась бессильной в лечении его папы, и, чтобы сохранить ему жизнь, доктору Клинту пришлось отчаянно искать любое решение. В своём выступлении на конференции TEDx, которое просмотрели миллионы людей, и в этой революционной книге «Древние секреты мастера-целителя» доктор Клинт рассказывает, как именно любовь к отцу подтолкнула его за границы привычного восприятия того, что он считал логичным или возможным, в мир, где «чудеса исцеления» являются повседневным опытом. На момент публикации этой книги доктор Клинт провёл более 10 лет, путешествуя с доктором Нарамом, документируя древние секреты и помогая всё большему числу людей узнать о них.

В дополнение к этой книге и своему докладу на TEDx доктор Клинт разработал и провёл вместе с доктором Нарамом университетский сертифицированный курс в Берлине (Германия) для выдающихся врачей со всего мира, которые захотели изучить и применять на практике эти древние секреты исцеления.

Доктор Клинт в настоящее время является генеральным директором Wisdom of the World Wellness – организации мечтателей и деятелей, ищущих наивысшую мудрость на планете для пользы каждого её жителя.

Он также является попечителем фонда Ancient Secrets Foundation, поддерживающего гуманитарную деятельность доктора Нарама.

Доктор Клинт горячо желает поделиться этой формой глубокого исцеления. И хотя не каждый предпочтёт предложенный метод, но, по крайней мере, люди должны знать, что у них есть выбор.

БОНУС

Откройте для себя древние секреты исцеления, которые могут изменить вашу жизнь

Есть ли у вас или у ваших родных проблемы:
- ✓ физические;
- ✓ психические;
- ✓ эмоциональные;
- ✓ духовные?

Есть ли что-то, что беспокоит вас в течение многих лет, и вы нуждаетесь в помощи?

На нашем сайте в свободном доступе есть все ссылки, видеозаписи и другие материалы, описанные в этой книге, и всё это для вас – подарок от автора. Вы можете зарегистрироваться прямо сейчас: www.MyAncientSecrets.com/Belong

Доктор Клинт Дж. Роджерс и Доктор Нарам

После регистрации на сайте вы для себя откроете:
- ✓ как мгновенно уменьшить тревогу;
- ✓ как сбросить лишний вес и постоянно поддерживать нужный вес;
- ✓ как повысить иммунитет и энергию;
- ✓ как облегчить боль в суставах с помощью правильного питания;
- ✓ как улучшить память и концентрацию;
- ✓ как распознать и обрести свою цель жизни?
- ✓ и многое другое...

Вы получите доступ к видеоматериалам, соответствующим каждой главе этой книги, где демонстрируются описанные здесь секреты, чтобы можно было помочь себе и другим.

К тому же вы можете открыть для себя увлекательную, действенную игру, называемую *«30 дней, чтобы разблокировать свою древнюю тайную силу»*. По мере того, как вы включитесь в игру, вы откроете для себя, как сразу же применять древние секреты исцеления в своей жизни. (ПРИМЕЧАНИЕ: В этой игре вам будет доступно ещё большее количество материалов, которые не вошли в настоящее издание книги.)

Чтобы узнать об этом, пройдите, пожалуйста, по ссылке: MyAncientSecrets.com/Belong

www.ingramcontent.com/pod-product-compliance
Lightning Source LLC
Chambersburg PA
CBHW050311120526
44592CB00014B/1871